Sibylle May

Mit allen Sinnen

*Atem und
Bewegung erleben*

Ernst Klett Verlag
Stuttgart Düsseldorf Leipzig

»Mit allen Sinnen«
Atem und Bewegung erleben
Handbuch

Sibylle May

Bildnachweis:
Fotografie: Ulrike Klumpp (Freudenstadt)
Grafik: Ingrid Engel (Augsburg)

Ulrike Klumpp (Freudenstadt), Titel

AKG (Berlin), Erich Lessing, S. 11
Picture Press Life, Corbis/Burrows (Hamburg), S. 20
 Corbis/Hulme (Hamburg), S. 49
Steffi Kassler (Leipzig), S. 22, 100
Dr. Matthias Boeckl (Wien), S. 37
Cornelia Suhan (Dortmund), S. 59, 108
BAVARIA, Peter Scoones (Gauting), S. 64;
 Leimer, S. 67

The IMAGE BANK, Ross M. Horowitz (München), S. 68;
 Quing Li, S. 114
Museum für Vor- u. Frühgeschichte der Staatlichen
 Museen zu Berlin, Preußischer Kulturbesitz (Berlin),
 S. 65
Mauritius, Picture Partners (Stuttgart), S. 78;
 Rob Goldmann (Stuttgart), S. 80
Cinetext (Frankfurt/M.), S. 87
© VG Bild-Kunst (Bonn) 1999, Joseph Beuys »Sonnen-
 schlitten«, S. 91
Wörter Verlag (Wien), S. 98
Museum für Völkerkunde, Bildarchiv Preußischer
 Kulturbesitz (Berlin), S. 117

Das vorliegende Buch ist sorgfältig erarbeitet worden. Es ersetzt aber keinesfalls die Behandlung von gesundheitlichen Störungen durch den Arzt. Alle Angaben erfolgen ohne Gewähr. Weder Autoren noch Herausgeber oder Verlag können für eventuelle Nachteile oder Schäden, die – bei unsachgemäßer Ausführung – aus den im Buch gemachten praktischen Hinweisen resultieren, eine Haftung übernehmen.

Gedruckt auf Papier, das
aus chlorfrei gebleichtem
Zellstoff hergestellt wurde.

1. Auflage   A 1 ⁵ ⁴ ³ ² ¹ | 2004 2003 2002 2001 2000

© Ernst Klett Verlag GmbH, Stuttgart 2000
Alle Rechte vorbehalten.
Internetadresse: http://www.klett-verlag.de

Redaktion: Friedhelm Lampe, Manfred Ott
Mitarbeit: Redaktionsbüro Dr. Becker, Beckum
Layout, Umschlaggestaltung: Steffi Kassler
Druck: Messedruck Leipzig GmbH
Printed in Germany

ISBN 3-12-939850-3

Inhalt

Vorwort	**5**
Zur Kurseinführung	**7**
Ausschreibungstexte zum Kurs	7
Die Pressemitteilung	7
Wer interessiert sich für Atem und Bewegung?	8
Einen Atem- und Bewegungskurs leiten	9
Informationen für Programmplanende	10
Fachliche Grundlagen	**12**
Ziele	12
Prinzipien	13
Übergreifende Inhalte	15
Grundlagen methodischen Vorgehens	**16**
Aufbau des Kurses	16
Kursphasen	16
Didaktisch-methodische Leitlinien	18
Kennzeichnende methodische Elemente und Strukturen der Kurseinheiten	20
Zur Rolle der Kursleiterin	22
Zum Umgang mit Schwierigkeiten	23
Gesundheitsbildung an Volkshochschulen	**24**
Die Kursinhalte in der Übersicht	**26**
Aufmerksam werden	**27**
Auf einen Blick	27
Übungen	28
Hintergrundmaterialien	33
Altes ausstoßen – Neues aufnehmen	**38**
Auf einen Blick	38
Übungen	39
Hintergrundmaterialien	44
Die Erde berühren und den Himmel erreichen	**47**
Auf einen Blick	47
Übungen	48
Hintergrundmaterialien	53
Sich ausbreiten und begrenzen	**57**
Auf einen Blick	57
Übungen	58
Hintergrundmaterialien	64

69	**Aufrichten oder ins Lot kommen**
69	Auf einen Blick
70	Übungen
75	Hintergrundmaterialien

81	**Räume öffnen**
81	Auf einen Blick
82	Übungen
87	Hintergrundmaterialien

92	**Kräfte spüren – mit Kräften spielen**
92	Auf einen Blick
93	Übungen
98	Hintergrundmaterialien

101	**Sich einstimmen**
101	Auf einen Blick
102	Übungen
106	Hintergrundmaterialien

109	**Dem Fluss folgen**
109	Auf einen Blick
110	Übungen
115	Hintergrundmaterialien

118	**Glossar**

121	**Service**
122	Wichtige Persönlichkeiten der Atem- und Bewegungsarbeit
123	Quellenverzeichnis
124	Literaturtipps

Vorwort

Sie werden als Kursleiterin dieses Buch mit bestimmten Erwartungen in die Hand nehmen. Vermutlich suchen Sie neben der praktischen Unterstützung für Ihre Kursgestaltung auch die Auffrischung Ihrer Grundkenntnisse über Körperarbeit, Atmung und Bewegung.
Diese erhalten Sie in den Hintergrundmaterialien. Sie sind der Anleitung zu den praktischen Übungen beigefügt und beziehen sich auf die im praktischen Teil angebotenen Übungen.

Oft führt eine Wiederholung zu vertiefter Klärung und zu neuen Einsichten.
Mit Hilfe der ausgewiesenen Sekundärliteratur können Sie weiter in die Thematik eindringen.

Ein Buch über einen Übungsweg zu schreiben, in dem es weitgehend um sinnliche Erfahrungen, um Wahrnehmung und um erlebte Bewegung geht, ist ein Widerspruch an sich.
Sinnliche Erfahrungen und Bewegungen zu beschreiben, bedeutet zunächst Reduzierung des Sinnlichen.
Können Worte die Frische des Wassers beschreiben, das über die Hand rinnt?

Schreiben bedeutet im Allgemeinen Systematisieren und analytisches Erfassen. Darin scheint es der Komplexität des Erlebens entgegenzustehen.
Allerdings – und auch dies ist Bestandteil der Atem- und Bewegungsarbeit – ermöglicht der Versuch, Erfahrung in Worte zu kleiden, das Erlebte zu durchdringen, es umfassend zu begreifen und auf andere Situationen zu übertragen.
Die Gestaltkreislehre kann diesen Zusammenhang veranschaulichen. Der Gestaltkreis von Viktor von Weizsäcker zeigt die Funktionen Bewegen und Wahrnehmen, der Gestaltkreis von Piaget die Wirkweisen Denken und Sprechen. Im Begreifen, (Gestalt-Kreis des Begreifens, Stolze 1972) sind die beiden Kreise zusammengefasst und jede Funktion kann mit jeder anderen in einen Wirkungszusammenhang treten *(siehe Glossar, s. ① S. 73).*

Außerdem ist inzwischen bekannt, dass alle geistigen Aktivitäten Formen des Bewegens mit entsprechenden sensorischen Wirkungen sind. Der Geist ist – wie Antonio R. Damasio formuliert – nicht körperlos!
Der Widerspruch löst sich ebenfalls, wenn Sie die Beschreibungen als Anstoß zum Ausprobieren betrachten. Anstoßen heißt, Energie in Bewegung zu setzen. Eine Billardkugel, die angestoßen wird, berührt auf dem Weg zum Ziel im Allgemeinen auch andere Kugeln. Vielleicht ist dieses Bild auch auf diese Lernsituation übertragbar.
Lesen Sie als Kursleiterin beide Bücher, werden Sie die unterschiedlichen Sprachstile bemerken. Der assoziative Stil des Kursbuchs möchte der gesprochenen Sprache nahe kommen, das sachliche Diktum des Handbuchs dient der Informationsvermittlung.

Trotzdem bleibt der Unterschied zwischen dem gesprochenen und geschriebenen Wort bestehen, schließlich muß das geschriebene Wort auf viele weitere Kanäle der Vermittlung verzichten.

Die Übungen beziehen sich hauptsächlich auf die Methode des »Erfahrbaren Atem« von Ilse Middendorf *(siehe Glossar).*

In jedem Kapitel werden außerdem ein oder zwei Bewegungsformen bestimmter Methoden des Lehrsystems »Qigong Yangsheng« von Jiao Guorui angeboten *(siehe Glossar).*
Beide Übungswege haben mich maßgeblich geprägt und beeinflusst.
In den letzten Jahren gab mir Helmuth Stolze weitere wertvolle Anregungen, die Wahrnehmung ganzheitlich zu vertiefen, die Anbindung des Denkens an die Empfindung zu wahren und mich besonders mit der ›Polarität alles Lebendigen‹ auseinanderzusetzen.

Wie ist es zu diesem Konzept gekommen, das in diesem Buch vorgestellt wird?
Ist es möglich, westliche Atemarbeit mit fernöstlichem Qigong zu verbinden?

Ilse Middendorf schrieb mir dazu:
Es sind ja zwei Wege, die das gleiche Ziel meinen, aber aus verschiedenen Richtungen – bzw. Grundlagen kommen.

Die Ausführungen zu den »Fachlichen Grundlagen« erläutern, wie sich gerade über die Klärung der unterschiedlichen Positionen die Gemeinsamkeiten abzeichnen.
So wie manchmal auch in zwischenmenschlichen Beziehungen Nähe erst entstehen kann, wenn die Partner ihre Grenzen kennen und respektieren.

Meine eigenen Erfahrungen und die meiner Kursteilnehmerinnen und die Wahrnehmung ihrer und meiner Bedürfnisse haben mich angeleitet, beide Übungssysteme anzuwenden.
Ich konnte beobachten, dass es in der Kursarbeit Situationen gibt, in denen die klare Struktur mancher Qigong-Übungen es den Teilnehmerinnen erleichtert, sich selbst zu erfahren, Situationen, in denen die Lust an dynamischer und kraftvoller Bewegung und das Motiv, die persönliche Kraft – auch die physische Kraft – zu entwickeln, im Vordergrund stehen.

Um Qigong »mit ganzem Herzen« zu üben, ist es ebenso erforderlich, die Körperwahrnehmung und die Empfindungsfähigkeit ausdrücklich und gründlich zu schulen und dafür zu sorgen, dass Atemfluss entstehen kann. Nur dann wird sich der wohltuende Einklang zwischen Atem und Bewegung entwickeln.

Unterschiedliche Kursstruktur und Bedürfnisse der Teilnehmerinnen bestimmen, ob die Atem- und Bewegungsarbeit oder die Qigongübungen häufiger in den Angeboten erscheinen.
Sie werden selbst erleben, dass es möglich ist, flexibel und variationsreich damit umzugehen. Betrachten Sie also das Buch als Gerüst, das Sie mit Leben füllen. Verstehen Sie Kurs- und Handbuch als Anregung und Ermunterung, sich intensiv mit den angebotenen Übungsweisen zu befassen, sie im Üben zu durchdringen und – sollte es die Situation erfordern – auch Ihrer Kreativität »Luft zu machen«.

Die neun Bausteine sind ein Angebot. Sie können entsprechend modifiziert und untereinander ausgetauscht werden, ungeachtet dessen, dass sie aufeinander bezogen sind und auch eine Steigerung der Übungserfahrung berücksichtigen.
Gleichwohl können die einzelnen Übungselemente variabel eingesetzt werden, sofern die Grundprinzipien und Übungskriterien erhalten bleiben. Außerdem eignen sich Bausteine und Elemente zur Integration in andere Konzepte, z. B. in Qigong-, Yoga-, Feldenkrais-, Eutonie-, Tanz-, Gymnastik-, Wirbelsäulen- und Entspannungskurse.

Die Ausführungen meiner Lehrerinnen und Lehrer, meine eigene Übungs- und Unterrichtspraxis und die Rückmeldungen meiner Kursteilnehmerinnen haben mich zu einer freien Darstellung der unterschiedlichen Übungsweisen inspiriert.

Die Übungsfotos dienen der Erläuterung der Texte, erheben keinen Anspruch auf Perfektion und zeugen von der Lebendigkeit der Situation.

Meinen Kolleginnen Christine Breitenborn und Roswith Schläpfer danke ich für die kritische Durchsicht des Manuskripts.

Heiner Hass und Tom Ligon und auch mein Sohn David haben mich geduldig bei allen computertechnischen Fragen unterstützt.

Polarität alles Lebendigen

Zur Kurseinführung

Ausschreibungstexte zum Kurs

Mit allen Sinnen – Atem und Bewegung erleben

Die Wahrnehmungs-, Spür- und Bewegungsübungen dieser Atem- und Bewegungsmethode berücksichtigen ausdrücklich den individuellen Atemrhythmus, sie vermitteln Ihnen ganzheitliche Entspannung und gleichzeitig das Erlebnis Ihrer persönlichen Kraft. Die Atmung wird mit der Zeit kräftiger und ausgewogener, Muskeln und Sehnen werden trainiert, die Bewegungen harmonischer und die Körperhaltung flexibler. Sie werden insgesamt empfindungsfähiger, beweglicher und gewinnen Kraft für neue Aufgaben und Herausforderungen. Teilweise stammen diese Übungsformen aus der Methode »Der erfahrbare Atem« von Ilse Middendorf und dem chinesischen Lehrsystem »Qigong Yangsheng« von Jiao Guorui.
Zu diesem Kurs ist ein Begleitbuch erhältlich. (VHS-Kursbuch: Mit allen Sinnen, Ernst Klett Verlag ISBN 3-12-939849-x)
Bitte bequeme Kleidung und eine Decke mitbringen.
Max. 16 Teilnehmerinnen

Mit allen Sinnen – Atem und Bewegung erleben

Im aufmerksamen und achtsamen Mitüben erfahren Sie sich selbst in Körperhaltung, Bewegung und Atmung mittels einfacher Spür- und Bewegungsübungen.
Muskeln und Sehnen werden kräftiger, die Bewegungen flüssiger, die Körperhaltung elastisch und die Atemfunktionen gestärkt.
Sie werden wacher und offener für neue Erfahrungen.
Zu diesem Kurs ist ein Begleitbuch erhältlich. (VHS-Kursbuch: Mit allen Sinnen, Ernst Klett Verlag ISBN 3-12-939849-x)
Bitte bequeme Kleidung und eine Decke mitbringen.
Max. 16 Teilnehmerinnen

Mit allen Sinnen – Atem und Bewegung erleben

Wollen Sie sich etwas Gutes tun und sich den Raum geben für Ihre Bedürfnisse und die Entfaltung Ihrer Sinne?
Spür-, Bewegungs- und Atemübungen und Übungen teilweise aus dem Lehrsystem Qigong Yangsheng eröffnen Ihnen ein Erfahrungsfeld für viele neue Entdeckungen.
Zu diesem Kurs ist ein Begleitbuch erhältlich. (VHS-Kursbuch: Mit allen Sinnen, Ernst Klett Verlag ISBN 3-12-939849-x)
Bitte bequeme Kleidung und eine Decke mitbringen.
Max. 16 Teilnehmerinnen

Die Pressemitteilung

Mit allen Sinnen – Atem und Bewegung erleben

Jetzt an Ihrer Volkshochschule:
Mit Übungen aus der Atem- und Bewegungsarbeit (»Der erfahrbare Atem«) und der Traditionellen Chinesischen Medizin (»Qigong Yangsheng«) werden Sinne geweckt, Empfindungen angeregt und das Körperbewusstsein vertieft. Sie erfahren Möglichkeiten, Stresssituationen und Stressbeschwerden zu bewältigen. Sie steigern damit Ihr Wohlbefinden, Ihre psychische Stabilität und Ihre Kontaktfähigkeit zu sich selbst und anderen Menschen.
Zu dem Kurs gibt es ein Begleitbuch (»Kursbuch«), das die Übungsanleitungen und dazugehörige Fachinformationen beinhaltet.

Wer interessiert sich für Atem und Bewegung?

Freude an Bewegung und auch der Wunsch, mehr über die eigene Atmung und den Zusammenhang zwischen Atmung und Bewegung zu erfahren, sind starke Motive für eine Kursteilnahme.

Wer sich selbst wieder mehr Zeit und Aufmerksamkeit schenken und beginnen möchte, die eigenen Bedürfnisse zu respektieren, ist ebenfalls angesprochen. Das mag auch den Wunsch beinhalten, dem sinnlichen Erleben und der eigenen Körperlichkeit mehr Raum zu geben.

Häufig wird die Kursteilnahme mit dem Wunsch nach produktiver Stressbewältigung und der Erfahrung von Stabilität und Kraft begründet. Diese Kursteilnehmerinnen suchen vor allem nach Möglichkeiten, sich zu lösen und Gelassenheit sowie innere Ruhe zu erleben. Sie versprechen sich Erfahrungen und Erkenntnisse, wie sie Stresssituationen verkraften und Stressbeschwerden lindern können. Dass sich auch die Körperwahrnehmung entwickelt, Körpersignale bemerkt und verstanden werden und diese Selbsterfahrung auch zur Selbstfindung beiträgt, ist zu Beginn eine mehr nachrangige Motivation.

Vielen geht es um eine sinnvolle Freizeitgestaltung. Sie erwarten, mit der Teilnahme an einem Atem- und Bewegungskurs etwas für ihre Gesundheit zu tun und erhoffen sich darüber hinaus, dass dies Lust macht und dass sich Kontakte zu anderen Teilnehmerinnen ergeben.

Andere suchen praktikable Hilfen und Anregungen für ihre eigene berufliche Situation, wollen Kraft für die eigene Arbeit schöpfen und hoffen, mit wachsender Konzentrationsfähigkeit und emotionaler Ausgeglichenheit den Anforderungen des Berufsalltags müheloser begegnen zu können.

Zusammenfassend ergeben sich folgende Motive:
- Freude an Bewegung und der Belebung der Sinne
- Stärkung der Atemfunktion
- Kräftigung von Muskeln und Sehnen
- Stressbewältigung durch Entspannung
- Sich selbst wichtig nehmen
- Entwicklung der Körperwahrnehmung zum besseren Verständnis der Körpersprache
- Austausch und Kontakt mit anderen Teilnehmerinnen
- Bereicherung durch vielseitige Übungsweisen
- Steigerung des Wohlbefindens und der Ausgeglichenheit

Einen Atem- und Bewegungskurs leiten

Wenn Sie eine Ausbildung an einem der Ausbildungsinstitute für diese Arbeitsweisen erhalten haben, sind Sie für die Kurse dieses Konzepts hervorragend qualifiziert. Sie werden sich sicher genug fühlen und das »Handbuch« kann Ihnen vielleicht ab und an als Gedankenstütze dienen.

Besitzen Sie in einem vergleichbaren Übungssystem (Yoga, Feldenkrais, Krankengymnastik, Qigong etc.) gute Kenntnisse und haben Sie Ihren eigenen Atem in seiner Ausdrucksvielfalt selbst erfahren, bringen Sie ebenfalls wichtige Voraussetzungen mit.
Denn den Atem zu berücksichtigen und als Medium – wenn auch nur indirekt – einzubeziehen, verlangt von der Kursleitung auch intensive Selbsterfahrung. Die Atem- und Bewegungsarbeit ist ein Instrument, das behutsam gehandhabt werden will.
Erfahrung lässt sich nicht durch Kenntnisse ersetzen. Jedoch sollten Sie in jedem Fall über grundlegende Kenntnisse in Anatomie, Physiologie und Pädagogik verfügen, wenn Sie Kurse dieser Art leiten.
Das »Handbuch« bietet dazu Informationen und Anregungen. Ihre Erfahrungen werden in Fortbildungsveranstaltungen und im selbsttätigen Üben bereichert.
Je komplexer Ihre Erfahrungen sind, desto großzügiger wird sich Ihr Spielraum in der Kursarbeit gestalten, desto flexibler können Sie die verschiedenen Übungsangebote, die im »Handbuch« erscheinen, nutzen.

Wenn für Sie Übungen im »Handbuch« neu sind, ist es wichtig, diese Übungen zunächst eine Weile mit sich »herumzutragen« und auszuprobieren. Nur dann erschließt sich ihr besonderer Charakter und Inhalt. Nur dann können sie überzeugend weitergegeben werden.

Die *Bereitschaft, als Kursleiterin selbst zu üben* und in die Erfahrung zu gehen, verstärkt die Motivation Ihrer Kursteilnehmerinnen zur Selbstübung und ist die Basis einer partnerschaftlichen Beziehung.

Eine *partnerschaftliche Einstellung* zur Kursarbeit gestaltet wesentlich die Lernsituation. Die Lernsituation selbst ist Teil des Lernstoffes und von diesem nicht zu trennen.
Denn Spüren, Bewegen und Atmen in einer angestrengten Atmosphäre wäre widersinnig und mit den Prinzipien des Lernens *(siehe S. 13)* nicht vereinbar. Deswegen kann es klärend sein, sich mit den Zielsetzungen des humanistischen Lernens auseinanderzusetzen, zumal wenn Sie diesen partnerschaftlichen Ansatz vertreten und davon ausgehen, dass alle Ebenen der Persönlichkeit im Lernprozess anklingen.
Was bedeutet es für die Praxis, als Kursleiterin Teil der Lernsituation zu sein und Stoff und Lernsituation nicht zu trennen? Vielleicht kann diese Frage die Reflexion Ihrer Rolle als Kursleiterin in Gang setzen!
Sind Sie vor allem ›in der Wahrnehmung Ihrer Funktion‹ anwesend oder als Mensch, der wie alle anderen »auf dem Weg zu sich selbst ist« (Jean Gebser)?
Sich der eigenen Rolle und Wirksamkeit bewusst zu werden, vertieft Bewusstheit und Verantwortlichkeit im Handeln.
Das kann in diesem Kurs auch bedeuten, dass Sie sich Ihrer eigenen Grenzen und auch der Relativität des Konzeptes bewusst sind. Schließlich gilt auch hier: »Viele Wege führen nach Rom.«

So wie einige Stichworte Ihnen bei der *Vorbereitung der Kursarbeit* helfen, können abschließende Bemerkungen über Ihre Beobachtungen während der Kursarbeit eine *fruchtbare Nachbereitung und Reflexion* in Gang halten.

Fragen können die Selbstbeobachtung anleiten:
- Wie haben sich die Teilnehmenden gefühlt?
- Gab es im Kursverlauf Punkte der Irritation?
- Bin ich mir über die Gründe bewusst geworden?
- Habe ich mich selbst wohl gefühlt?

Informieren Sie sich frühzeitig über Beschwerden Ihrer Kursteilnehmerinnen, die Bewegung, Atmung oder die Fähigkeit zur Selbstwahrnehmung und Konzentration einschränken. Diese Informationen sind wichtig für die Auswahl Ihrer Übungen.

Wenn Sie schließlich berücksichtigen, dass vor allem Lust und Freude den Lernprozess begünstigen, bringen Sie die besten Voraussetzungen für eine produktive Kursarbeit mit.

Informationen für Programmplanende

Mit allen Sinnen – Atem und Bewegung erleben

ist ein Kurskonzept und bietet Bausteine für die Atem- und Bewegungsarbeit in VHS-Kursen. Es kann als eigenständiger Kurs realisiert werden oder auch dadurch, dass Bausteine oder Elemente in andere Konzepte integriert werden.
Zum Beispiel könnten Elemente dieses Kurskonzeptes integraler Bestandteil sein in: Qigong-, Yoga-, Feldenkrais-, Eutonie-, Tanz- und Gymnastikkursen oder in Kursen zum Autogenen Training, und allgemein zur Streßbewältigung.

Methodischer Ansatz

Das Konzept ist hauptsächlich in der Atem- und Bewegungslehre von Ilse Middendorf (»Der erfahrbare Atem«) und in der chinesischen Atem- und Bewegungslehre, dem »Qigong Yangsheng« von Jiao Guorui, verwurzelt.

Im Aufmerksamwerden und Hinspüren wird die Körperwahrnehmung entwickelt. Anregende und dehnende Bewegungen beleben die Körperfunktionen wie Atmung und Kreislauf. Diese ganzheitliche Belebung erleichtert wiederum die Körperbewusstheit. Ruheübungen fördern die Fähigkeit zur Sammlung. Die Konzentration (bzw. Sammlung) in die verschiedenen Zentren (z. B. Nabelgegend) ermöglicht die Erfahrung der Leibräume und der Atemkraft. Zudem werden Muskeln und Sehnen nachhaltig trainiert und Körperhaltung und Bewegungsvermögen geschult bzw. vom Grund her ökonomisiert.

Achtsamkeit und sorgsames Umgehen mit sich selbst werden gleichermaßen geübt. Ziel ist es, diese Erfahrungen in den Alltag zu transferieren und mit Anforderungen konstruktiver umgehen zu können.

Arbeitsformen

Übung in der Gruppe, Partnerübungen, Selbstmassage, Partnermassage, Reflexion, impulsgebende Informationen

Kursmaterialien für die Kursleiterinnen:
Mit allen Sinnen – Atem und Bewegung erleben
VHS-Handbuch
Ernst Klett Verlag, Stuttgart 2000; ISBN 3-12-939850-3
Das Buch beschreibt die Bausteine und enthält weiterführende Fachinformationen für Kursleiterinnen.

Kursmaterialien für die Kursteilnehmerinnen:
Mit allen Sinnen – Atem und Bewegung erleben
VHS-Kursbuch
Ernst Klett Verlag, Stuttgart 2000, ISBN 3-12-939849-x
Das Buch begleitet und unterstützt die Kursteilnehmerinnen. Es enthält die Beschreibung der Übungen, entsprechende Fachinformationen sowie Anregungen und Tipps für den Alltag.

Zielgruppe

Erwachsene
Für Kinder und Jugendliche sollte das Konzept entsprechend modifiziert werden.

Kursleitung

Als Kursleiterinnen sind Atempädagoginnen, Qigong-Kursleiterinnen, Kursleiterinnen aus anderen körperorientierten Übungsmethoden mit entsprechenden fachlichen Voraussetzungen geeignet.
Die Kursleiterinnen sollten genügend psychosoziale Kompetenz mitbringen, die sie befähigt, sich partnerschaftlich auf die Teilnehmerinnen einzustellen und den Kurs im Sinne einer behutsamen Begleitung zu leiten. Daß Sie dabei eventuell abweichende Erfahrungen und Sichtweisen der Übenden gelten lassen, versteht sich in diesem Konzept von selbst.

Organisationsform / Zeitstruktur (Vorschläge)

- Wochenkurs mit 10 Einheiten, 1 Einheit à 2 UStd. pro Woche
- Wochenkurs mit 4 Einheiten, 1 Einheit à 2 UStd. pro Woche
  Kurseinheiten: Aufmerksam werden; Aufrichten oder ins Lot kommen; Räume öffnen; Kräfte spüren – mit Kräften spielen
- Tagesseminar à 8 UStd. mit den Kurseinheiten: Aufmerksam werden; Altes ausstoßen – Neues aufnehmen; Die Erde berühren und den Himmel erreichen
- Wochenendseminar à 12 UStd. mit den Kurseinheiten: Aufmerksam werden; Altes ausstoßen – Neues aufnehmen; Sich ausbreiten und begrenzen; Dem Fluss folgen

Raum und Ausstattung

Für 8 bis 16 Personen sollte der Raum ca. 50 qm groß, gut zu lüften und indirekt beleuchtet sein.
Es werden Hocker oder Stühle benötigt.

Öffentlichkeitsarbeit / Werbung

- Pressemitteilung in lokalen Zeitungen
- Buchauslage in Schaufenstern der örtlichen Buchhandlungen
- Prospekte und Werbezettel zur Auslage bei öffentlichen Einrichtungen (Gesundheitsamt, Krankenkassen, Arztpraxen, Bibliotheken …)

In allen Fällen sollte auf das Begleitbuch zum Kurs hingewiesen werden.

Fachliche Grundlagen

Ziele

Wie bei anderen Übungsweisen der Körperarbeit geht es auch hier um die Gesunderhaltung des Menschen.
Nicht leicht ist es allerdings, den Begriff Gesundheit einzugrenzen. Wenn die WHO in Genf (1946) Gesundheit als den Zustand vollkommenen körperlichen, geistigen und sozialen Wohlbefindens definierte, wird offensichtlich, wie idealistisch dieser Begriff ist. Wir können uns alle günstigstenfalls nur auf dem Weg zu mehr Gesundheit befinden und diese höchstens zeitweise erreichen.
Übrigens hat der Zustand des Sich-gesund-Fühlens, des Wohlbefindens, oft nicht viel mit der objektiv messbaren Gesundheit zu tun. Mit anderen Worten, Gesundheit wird letztlich immer subjektiv erlebt.

Ein Leitziel der Atem- und Bewegungsarbeit kann sein, sich lebendig zu fühlen. Es beinhaltet auch, dass wir uns mit dem, was zu uns gehört – selbst wenn es unvollkommen, unvollständig, noch im Werden oder bereits wieder im Vergehen ist – annehmen können. Das ist ein hochgestecktes, allerdings lohnendes Ziel. Ermöglicht es doch vor allem die Selbstakzeptanz, die Erfordernisse der Lebensorganisation (Existenzsicherung etc.) und die subjektiven Bedürfnisse (emotionale, soziale, kulturelle, transpersonale) in Einklang zu bringen.

Lernziele des Kurskonzepts:

1. Sensomotorische Ziele

- Wiederbelebung der Sinne (der taktilen, kinästhetischen, vestibulären, auditiven, olfaktorischen)
- Entwicklung der Empfindungs- und Wahrnehmungsfähigkeit
- Differenzierung des Körperbildes
- Entdecken der inneren Stimme als Körpersprache
- Beziehungsaufnahme zum eigenen Leib
- Liebevoller Umgang mit dem Körper
- Tonusregulierung (Fähigkeit des Spannungsaufbaus und der Entspannung)
- Training von Muskeln und Sehnen
- Schulung der Koordinationsfähigkeit und des Gleichgewichtssinns
- Förderung der Beweglichkeit
- Erweiterung der Haltungs- und Bewegungsmöglichkeiten
- Erfahrung des eigenen Atems, des individuellen Atemrhythmus
- Wahrnehmung der Gesetze der unbewussten Atemfunktion
- Erleben einer gelösten, vom Atem getragenen Haltung
- Förderung der natürlich fließenden Atmung
- Erfahrung der Stimme als Teilbereich von Atem und Bewegung

2. Psychosoziale Ziele

- Anregung von Lernprozessen im sozialen Bereich in der Gruppen- und Partnerinnenarbeit, soziale Integration
- Stärkung psychischer Stabilität
- Förderung des Selbstbewusstseins durch die Entwicklung des Körperbewusstseins
- Förderung der Eigenaktivität und der Bereitschaft einer am Wohlbefinden orientierten Lebensführung
- Aufbau einer positiven Grundstimmung
- Entwicklung von Willensstärke und Selbstbestimmung
- Entfaltung der Persönlichkeit

3. Kognitive Ziele

- Bewusstwerden der Interaktion zwischen Individuum und Umwelt
- Fähigkeit, Erfahrungen zu verbalisieren
- Einsicht in die Gesetzmäßigkeiten von Atmung, Bewegung, Haltung und Stimme
- Aneignung des erforderlichen Hintergrundwissens im Qigong

Prinzipien

»Ich fühle mich, ich bin!«

Johann Gottfried Herder (1744-1803) stellte diese Aussage Descartes' »Ich denke, also bin ich!« gegenüber und betonte damit die Bedeutung der sinnlichen Erfahrung.
Die Verquickung von Denken, Empfinden und Fühlen, die schon Blaise Pascal (1623-1662) als »Erkenntnisfunktion des Gefühls« und »Leibgebundenheit der geistigen Gefühle« beschrieb, konnte von der modernen neurophysiologischen Forschung bestätigt werden.

Auch diese Atem- und Bewegungsarbeit geht von der Leib-Geist-Einheit aus und davon, dass Körperwahrnehmung und Körperbewusstsein zu mehr Selbstbewusstsein, dem Wissen, wer ich bin, führen.

Körperbewusstsein fördern

Atem, Bewegung und Körpererfahrung bilden eine Einheit. Jede Bewegung und jedes Hinspüren oder Sich-Öffnen für das Innere wirken auf den Atem, genauso wie die Atmung – als Teil der Bewegung im Körperinnern – die Bewegung und gleichermaßen die Fähigkeit, sensorische Informationen wahrzunehmen, beeinflusst.
Der Atemlehrer Cornelius Veening sah den Atem als den Beweger der Kräfte, der löst und sie in dem Maße bewegt, wie wir uns zur Verfügung stellen *(vergleiche ② S. 68)*.
Die Arbeit mit dem »Erfahrbaren Atem« (Ilse Middendorf) basiert auf der Entwicklung der Körperwahrnehmung in Ruhe und Bewegung, der Anwesenheit in bestimmten Körperbereichen und dem allmählichen Bewusstwerden der »Innenbewegung« (Teil davon ist die Atmung) und der Förderung der Atmung durch bestimmte Haltungen, Bewegungen und Berührung.
Im Lehrsystem Qigong Yangsheng werden Bewegungs- und Atemvermögen gleichfalls durch die oben erwähnten Möglichkeiten geübt. Auch hier wird Wert auf die Entwicklung der Körperwahrnehmung, das Bewusstwerden sowohl der äußeren wie der inneren Bewegung, der »Qi-Bewegung«, gelegt.
Das Anschließen an die innere Qi-Bewegung im Qigong ist vergleichbar mit dem kontinuierlichen Strom der Empfindungen, den wir in der Atem- und Bewegungsarbeit gesammelt aufnehmen, wenn sich das Empfindungsbewusstsein entwickelt hat.

»Natürlichkeit ist kostbar!« – Der natürliche Atem wird der »erfahrbare Atem«

Wenn Ilse Middendorf davon spricht, wie wir den Atem und die Atembewegung entgegennehmen, die aus dem »Innern quillt« oder wenn sie sagt: »Wir lassen den Atem kommen, wir lassen ihn gehen und warten bis er wiederkommt«, bin ich an die Worte von Jiao Guorui erinnert, der mit dem chinesischen Sprichwort »Natürlichkeit ist kostbar« darauf hinwies, dass die Atmung – neben den anderen Aspekten des Qigong Yangsheng wie Bewegung und Bewahren der Vorstellungskraft – in natürlicher Weise erfolgen solle.
Vielleicht ist es nützlich, beide Übungsweisen als Wirkeinheiten zu verstehen und sie voneinander abzugrenzen, damit sich dann die Gemeinsamkeiten klarer darstellen können.

Impulse für die Erfahrung bereitstellen

Die Atem- und Bewegungsarbeit – aufbauend auf Dehnung und Lösung, Empfinden und Wahrnehmen – kennt als indirekte Methode mit dem Atem umzugehen vor allem Übungsangebote, die als Anregungen (mittels dehnender Bewegungen, Druckpunktübungen, Vokalraumarbeit, Bewegung aus dem Atem) zu verstehen sind. Sie dienen dazu, die Körperwahrnehmung zu vertiefen und sich selbst in der Ausdrucksgestalt von Bewegung und Atem – auch auf der Gefühlsebene – zu erfahren. Der eigene Atem wird damit »erfahrbar«, wird bewusster.
Mit den Worten: »*Irgendwann habe ich den Blick gewechselt von dem was ich weiß, auf das was ich spüre*« beschrieb eine Kursteilnehmerin diesen Prozess.

Durch den Einsatz dieser diversen Methoden *(s.o.)* wird die Atemfunktion wirkungsvoll angesprochen, reguliert und gestärkt. Die Übungen sind Impulse für die Erfahrung (die Atem-, Spür-, Bewegungs- und Kontakterfahrung).

Raum für das Eigene

In dieser Möglichkeit der Atem- und Bewegungsarbeit bleibt ein Spielraum für die individuelle Interpretation stets erhalten. Ja, gerade das persönliche Verständnis, das Eigene, bereichert die Erfahrung.
Eine Atemschülerin formulierte: *Mein Körper ist das Eigene, das ich zuallererst als Eigenes erkenne.* Diese Grunderfahrung des Eigenen erweitert sich zur Bewegung, zum individuellen Raumempfinden, zum stimmlichen Ausdruck, zum Wort, zur Handlung.
Das Eigene gestaltet sich in besonderer Weise in der »Bewegung aus dem Atem«, die dann möglich wird, wenn Atemräume, Atemkraft und Atemimpuls bereits angeklungen sind.

Diese Bewegung, vom Atem getragen und gestaltet, an die Atemzentren gebunden, ist spontaner Ausdruck des Innenraums, das heißt, auch der seelischen Befindlichkeit des Übenden.

Auch was noch nicht Gestalt annehmen kann, ist so willkommen wie das, was sich bereits in einer Bewegung verwirklichen und darstellen konnte. Willentliche Ergänzung oder Korrektur als äußerer Eingriff könnte hier den Entwicklungsprozess empfindlich stören.

Sind dagegen im Qigong nicht die Bewegungen an eine Form gebunden? Und gilt es nicht, diese Form so gut es geht nachzuvollziehen? Gibt es dann noch Raum für das Eigene?

Qigong – Begegnung mit der »Form«

In der Atem- und Bewegungsarbeit erlebe ich mich losgelöst von Bewegungsbildern, von der Innenbewegung getragen. Im Qigong strebe ich an, eins zu werden mit der Form, mich an vorgegebener Bewegungsstruktur zu erfahren.
Die Auseinandersetzung mit einer Bewegungsgestalt wird zu einer Begegnung, sobald ich die Form als mein Gegenüber betrachten kann und zu ihr eine Beziehung oder ein Kontaktfeld aufbaue.

Dann befinde ich mich mit dieser Bewegungsstruktur in einem gemeinsamen Schwingungsfeld und einem lebendigen Austausch, in dem ich mich täglich anders erleben kann.
Kann ich diesen Bewegungsraum ausfüllen oder nicht und wie empfinde ich mich dabei?

Diese Erfahrung hat immer wieder ein anderes Gesicht und ermöglicht den Zugang zu unbewussten Schichten in ähnlicher Weise wie der Traum Botschaften aus dem Unbewussten übermittelt oder wie das auch die Arbeit mit dem »zugelassenen Atem« in der Atem- und Bewegungsarbeit kann.

Bleibt in der Auseinandersetzung mit der Form noch ein Spielraum für den Ausdruck des Innenraums und die persönliche Gestaltung, den eigenen Raum?
Angemerkt sei, dass es im Lehrsystem Qigong Yangsheng Übungsweisen gibt – die »freien Formen« und Youfagong (Methode der induzierten Bewegung, *vergleiche* ③) – in denen sich die von innen kommenden Bewegungsimpulse außen darstellen. Beide Übungsformen bleiben gleichermaßen an die Übungsprinzipien (*vergleiche* ④ *S. 12*) und die Vertiefungskriterien (*vergleiche* ⑤ *S. 75*) gebunden.

Aus Blau und Gelb wird Grün

Wenn ich Qigong-Übende betrachte, ist jeder – auch wenn er sich getreu an eine gebundene, überlieferte Form hält – unverwechselbar. Das »Eigene« und die »Form« haben sich zu einem Dritten vereinigt, genauso wie ein spezifisches Blau und Gelb zu einem besonderen Grün verschmelzen.
Schon das übergeordnete Übungsprinzip im Qigong Yangsheng, das »eigene Maß« zu achten, sich selbst Maßstab zu sein, auch mitsamt aller Begrenzungen, und der hohe Stellenwert des Begriffs der »Natürlichkeit« in der taoistischen Philosophie – eine der Wurzeln des Qigong – helfen, den Spielraum für das Persönliche zu wahren.
Übrigens fand auch Elsa Gindler – als eine Vorläuferin der Atem- und Bewegungsarbeit – ähnliche Worte, als sie sagte, dass »die Natur zu erlauben« sei.

Die Natur erlauben

Ziel ist nicht die »schöne« Form oder nur die harmonische Bewegung im Qigong Yangsheng, sondern das Lebendigsein im Üben mit der Form.
Die Form will nicht vorrangig perfekt nachgeahmt werden, sondern mit Leib und Seele ausgefüllt und in den Bewegungsfluss integriert sein. Das heißt nicht, dass die Bewegungsstruktur unwichtig sei. Jiao Guorui bemerkte dazu einmal, dass eine Messerklinge lange und gekonnt geschliffen werden müsse, damit sie scharf würde, oder dass ein kostbarer Wein in einem Kristallglas oder ein guter Tee in einer feinen Schale besser schmecke.
Das bedeutet auch, dass sich der Inhalt der Form erst im wiederholten und geduldigen Üben erschließt: Diese Erfahrung macht jede Übende.
Sind dann Innenbewegung und Außenbewegung im Einklang, ist das Verhältnis der Übenden zur Bewegungsgestalt »wie ein ohne Falten angemessenes Kleid« (Jiao Guorui, Unterrichtsnotizen) oder wie eine zweite Haut geworden.

Sich lebendig fühlen im Austausch zwischen Innen und Außen

Nur wenn die Schwingungsfähigkeit des Organismus erhalten bleibt, wenn der ungezwungene Austausch zwischen Innenraum und Außenraum durch die Atmung stattfindet, wenn sich Innenbewegung und Außenbewegung verbinden, dann steigert sich im Üben das Lebensgefühl.
In diesem Sinne, ist das übergeordnete Ziel in der Atem- und Bewegungsarbeit wie im Qigong Yangsheng: sich lebendig zu fühlen.
Dann wird auch im Außen sichtbar, wie Atem- und Bewegungsübungen und Qigong gleichermaßen mit der Schwerkraft spielen und wie aus Bodenkontakt Lebendigkeit und Aufrichtung entstehen.

Übergreifende Inhalte

Die im Folgenden ausgeführten Gesichtspunkte betreffen alle Kurseinheiten, ungeachtet der spezifischen Thematik.

Atem- und Bewegungsarbeit und Qigong sind alte und kunstvolle Übungswege, die immer wieder durch neue Ansätze und Verfeinerungen bereichert wurden.
Die meisten Menschen kennen den Wunsch, sich selbst zu formen und an sich zu arbeiten. Zum Beispiel geht der Psychologe Carl Rogers davon aus, dass jedem Menschen die Tendenz zu Wachstum und Selbstentfaltung zu eigen ist. Hier setzt die Körperarbeit an. Sie stellt Entwicklungsimpulse bereit und stimuliert integrierende Erfahrungen, die den Prozess der Selbstregulierung begünstigen.
Es mag paradox klingen, doch Lernen beginnt hier damit, dass das gewürdigt wird, was ist.
Gerade das fällt vielen Menschen schwer. Es setzt nämlich voraus, dass die mitunter einschränkenden Einflüsse (verinnerlichte verhindernde Umwelt in der Kindheit, »ungünstige« Sozialisation) bewältigt werden können, die den Aufbau von Selbstakzeptanz erschweren. Aus der Selbstannahme entsteht schließlich die entspannte Lernbereitschaft, basierend auf Interesse, Willen und der Zuversicht, die den Lernprozess gelingen lässt.

Interesse, Willen und Zuversicht prägen die Entschlusskraft, die auch über scheinbare Phasen des Misserfolgs und der Frustration hinwegträgt. Der Organismus braucht Zeit, um festgefahrene Strukturen langsam zu verändern. Innen geschieht in diesen Zeiten viel, wenn es auch außen noch nicht sichtbar geworden ist.

Die *Berücksichtigung der folgenden Übungsprinzipien* kann in dieser Phase der rote Faden sein, der über die »Durststrecken« hinwegführt.

Das eigene Maß respektieren

Das bedeutet für die Übungspraxis, dass die Teilnehmerinnen angeleitet werden, der Gruppe gegenüber eine gewisse Unabhängigkeit zu bewahren, sich nicht in eine Gruppennorm zu pressen.
Im Üben mit Lauten kann das beispielhaft besonders deutlich werden, da manche Übende dazu neigen, den eigenen Atemrhythmus außer Acht zu lassen und sich zu sehr der Tonlänge der anderen anzupassen.
In diesem Moment geht bereits die Natürlichkeit verloren, die sich vor allem im Bewahren des eigenen Maßes äußert. Bei diesem Beispiel heißt das, die Tonlänge der Länge des eigenen Ausatmens anzugleichen. Dass beim Üben in einer Gruppe eine gewisse Angleichung der Rhythmen »wie von selbst« geschehen kann, ist damit nicht ausgeschlossen. Das wird sogar als wohltuend erlebt.

Natürlich bleiben – der Atem möchte frei sein

Es gilt zunächst, den Atem durch geeignete Mittel so in Bewegung zu bringen, dass er »frei« und rhythmisch fließt. Natürlichkeit beweist sich immer wieder in der Fähigkeit, dem Atem Freiheit zu gewähren, ihn kommen und gehen zu lassen, wie er möchte.
Das wirkt auf die Bewegung zurück, die sich im Sinne der Natürlichkeit weder »gestelzt« noch übertrieben entfaltet. Gelingen mag das, wenn während des Bewegens der Kontakt zum Innenraum erhalten und die Empfindung, auch für den Bodenkontakt, wach bleibt.

Kleine Lernschritte

Während des Übungsprozesses ist nur ein bescheidenes Maß an Neuem sinnvoll. Im Lehrssystem Qigong Yangsheng hat das Übungsprinzip »Schritt für Schritt üben« einen hohen Stellenwert.
Und auch in der Atem- und Bewegungsarbeit gilt es, immer wieder das schon Bekannte aufzugreifen und das Angebot der neuen Übungsansätze feinfühlig zu dosieren. Denn neue Erfahrungen kommunizieren mit vorhandenen neuromuskulären bzw. psychomotorischen Strukturen.
Und die Umordnung dieser Strukturen und die Integration des Neuen brauchen Zeit.

»Sich an der Welt wärmen«

Die Beachtung der Übungsprinzipien – und darin zeigt sich auch Eigenverantwortlichkeit im Üben – erleichtert den Übungserfolg, bzw. hebt das Übungsniveau. Das Bewußtsein der Eigenverantwortlichkeit und die Fähigkeit zur Selbsttätigkeit führen zur Stärkung des Selbstwertgefühls. Ein sich selbst bewusster Mensch kann mit der Zeit die Einstellung zur eigenen Person, zu den anderen und zur Umgebung so ändern, dass sie lebensunterstützend wird und komplexes Verhalten ermöglicht.
Aufgaben werden dann eines Tages vielleicht zu motivierenden Herausforderungen, die statt Angst Lust und die Bereitschaft sich einzusetzen hervorrufen.
Dann wird es mitunter möglich, »sich an der Welt zu wärmen« (Unterrichtsnotizen) wie Jiao Guorui diese positive, für Üben und Lernen so günstige Einstellung beschrieb. Von Seiten der Übenden wie der Kursleiterin sind dafür ein waches Bewusstsein und die Fähigkeit zur Selbstreflexion Voraussetzung. Denn gerade das Benennen der Empfindungen und das reflektierende Gruppengespräch fördern eine komplexe affektive und kognitive Verarbeitung der Erfahrungen.

Spannungslösung als Voraussetzung

Spielraum und Qualität aller Bewegungen (auch der Atembewegung) sind von den Spannungsverhältnissen im Organismus abhängig. Deswegen beinhaltet wirksame Atem- und Bewegungarbeit zunächst intensive Arbeit am Tonusgeschehen. Am Anfang jeder Verhaltens- oder Zustandsänderung – in diesem Fall der gewünschten Entspannung – steht die bewusste Wahrnehmung der Anspannung. Erst dann kann Anspannung losgelassen werden. Erst dann können Bewegung und Atem fließend werden.

Grundlagen methodischen Vorgehens

Aufbau des Kurses

Der Kurs setzt sich aus neun Einheiten zusammen, die schwerpunktmäßig wichtige Themen der Atem- und Bewegungsarbeit ansprechen.
Eine Kurseinheit bezieht sich auf 60-90 Minuten, je nachdem, wie viel Zeit für die einzelnen Schritte eingeräumt wird.
Betrachten Sie die beschriebenen Übungen als eine Sammlung, die Sie freizügig benutzen können, auch wenn hier ein struktureller Aufbau vorgegeben ist.

Selbstverständlich können Sie die Übungen auch untereinander austauschen, sich neue »Mosaike« zusammensetzen, andere Bewegungsbilder und -melodien entwerfen.

Entwickeln Sie Ihre persönlichen Übungsweisen!

Auch die Übungsbeschreibung selbst ist als eine Art Grundstruktur zu verstehen und lädt Sie ein, nach Notwendigkeit den Schwerpunkt auf ein anderes Übungselement zu legen, kurzum, das Eigene einfließen zu lassen.
Das wird sich auch ganz von alleine ergeben, wenn Sie mit »Leib und Seele« in die Kursarbeit einsteigen.
Selbst die Qigong-Übungsformen lassen einen Bewegungsspielraum (z. B. Schrittgröße, Geräumigkeit der Bewegungen und Krafteinsatz betreffend) zu, der sich an Befindlichkeit und individueller Körperstruktur orientiert.

Trotz des vorhandenen Spielraums kann eine gewisse Systematik (Aufbau einer Übungsstunde) eine wertvolle Hilfe sein.
Betrachten Sie die Reihenfolge der Übungsphasen als lose Kette. Einzelne Phasen sind austauschbar. Die Phasen 1 und 2, ebenso wie Phase 6 sind dagegen immer wichtig.
Die Dauer der einzelnen Phasen ergibt sich aus der unmittelbaren Arbeit.

Der Kurs erhebt keinen Anspruch auf Vollständigkeit und erschöpfende Darstellung der Übungssysteme und Themen.

Es wird grundsätzlich an der Körperwahrnehmung, am Tonus (Wechsel von Lösung und Spannung), an der Erweiterung der Beweglichkeit, an der Atmung, an der Stimme als Teil der Atmung und am Bewegungsfluss geübt.

Die nach der Übungsbeschreibung angeführten Lernziele sind als Auswahl einer Palette von Möglichkeiten zu verstehen.
Sie beziehen sich auf die sensomotorische, kognitive und die psychosoziale Ebene.
Die Gewichtung ist naturgemäß nicht gleich verteilt. Wesentlich in diesen Übungsmethoden ist das sensomotorische Lernen, handelt es sich doch um ein »Lernen durch Tun« und nicht um die intellektuelle Aufarbeitung eines Lernstoffs.
Die Formulierung der Lernziele kann als Instrumentalisierung der Methoden missverstanden werden. Da Erfahrung ein ganzheitlicher Prozess ist, ist diese Aufspaltung in Lernziele widersprüchlich. Die Lernzielformulierung möchte dem erweiterten Verständnis der Übungen dienen und kann die Kursleiterin dabei unterstützen, den Kern der Übung zu erfassen.

Kursphasen

Alle Kurseinheiten setzen sich aus folgenden Kursphasen zusammen:

Einstieg

Vorgestellt werden Beispiele geistiger Anregung in Form eines manchmal literarischen, in jedem Fall zum Kursthema passenden Textes, der Neugierde erregen, die Aufmerksamkeit wecken und dadurch die Erfahrung einleiten kann. Teilweise sind die Textbeispiele provokativ gedacht oder dienen als Übertreibung der Veranschaulichung. Auch dadurch können die Sinne geweckt bzw. ein Zustand der wachen Bereitschaft hervorgerufen werden.

Das besagt nicht, dass konsequent eine Atem- und Bewegungsstunde mit einem Gespräch oder einer Diskussion, ausgelöst durch einen entsprechenden Text, zu beginnen hätte.

Natürlich bleibt es der Kursleiterin überlassen, welchen Einstieg sie wählt.
Das kann auch die Frage nach der Befindlichkeit der Teilnehmerinnen sein oder die Anregung, zu erzählen, wie es mit dem selbsttätigen Üben geklappt hat und welche Empfindungen dabei wahrgenommen wurden etc.
Ebenso passend wie zielführend ist es, manchmal einfach still zu sitzen und abzuwarten, ob überhaupt jemand etwas mitteilen möchte. Körperarbeit kann auch schweigend beginnen.

Anregung

Diese Phase dient der Anregung des Organismus, die Gewebe (auch der Zwerchfellmuskel) werden auf die kommenden Bewegungserfahrungen vorbereitet. Gleichzeitig wird damit die Spannungsregulierung als wesentliche Voraussetzung, überhaupt differenziert spüren zu können, eingeleitet.

Zur-Ruhe-Kommen, Bei-Sich-Ankommen

Das Zur-Ruhe-Kommen ist relativ zu verstehen, denn möglicherweise ist es zu diesem Zeitpunkt noch nicht möglich. Auch das Bei-sich-Ankommen wird manchmal nur ein Versuch sein. Dennoch ist diese Phase die Voraussetzung für die weitere Arbeit. Erst wenn genügend Sammlung bzw. Aufmerksamkeit für sich selbst geweckt ist, kann die Körperwahrnehmung lebendig werden, ist Öffnung nach innen möglich.

Die Phasen der Anregung und Sammlung dienen dazu, sich im Raum einzufinden, mit der eigenen Befindlichkeit in Kontakt zu kommen und haben mit dem ›Einstieg‹ im Hinblick auf den Übungsprozess eine *öffnende Funktion*.

Arbeit an der Körperbasis

Jetzt geht es um den Anschluss an die vitalen Kräfte und um die Entwicklung des Bodenkontakts. Das ist unverzichtbar für die Belebung der Atmung, den Aufbau der Körperbewusstheit und die Beziehung zu sich selbst und den anderen.
Wenn der Bauchraum als Teil des Fundaments (Füße, Beine, Becken) lebendig wird, können vielleicht später, um mit Helmuth Stolze zu sprechen »die gewonnenen Einsichten … sozusagen nur noch in den Bauch fallen«, das heißt, sie können dort verdaut und verarbeitet werden *(s. ⑥ S. 381)*.

Arbeit am Mittenbereich

Zunächst meint diese Arbeit das Zwerchfell, das hier beheimatet ist.
Zwerchfell und Lendenmuskulatur werden durch die Übungen am Mittenraum wirksam angesprochen.
Dadurch erhält auch der Rücken seine Elastizität zurück und kann sich flexibler den Gegebenheiten anpassen.
Weil sich in diesem Bereich unmittelbar alles Seelische äußert, spricht die Arbeit am Zwerchfellbereich auch die emotionale Ebene an. Manche Übende können sich hier müheloser wahrnehmen als im Becken. Sie erleben das Hinspüren in diesen Raum sogar als intensivere persönliche Zuwendung als die Sammlung im Becken. Vorangegangene Erfahrungen und das Persönliche spielen dabei eine große Rolle.
Im Allgemeinen wird als Körpermitte der Nabelbereich, der Harapunkt oder der Punkt Qi Hai (Meer des Qi) verstanden.

Hara und Qi Hai liegen etwa 2-3 Fingerbreit unter dem Nabel.
Die Zwerchfellbewegung setzt die Beckenorgane und -gewebe in Schwingung, so dass dort auch der Ansatz der Bauchatembewegung empfunden werden kann.
Den Zwerchfellbereich als Körpermitte zu erleben, ist eine weitere Erfahrungsmöglichkeit. Hier ist die Atembewegung manchmal besonders deutlich zu spüren.
Ilse Middendorf nennt diese Leibgegend auch die »obere Mitte«. Für mich sind das Zuordnungen, die nur durch die eigene Erfahrung lebendig werden und Substanz erhalten.
Manchmal erscheint die »Arbeit am Mittenbereich« nicht ausdrücklich im Text, dann ist die Anregung der Zwerchfellgegend bzw. der »Mitte« bereits indirekt erfolgt.

Arbeit am oberen Bereich

Bestimmte Übungen erfassen den oberen Brustraum, Schultern, Arme und Kopf. Dieser Bereich kann als Raum der Gestaltung und des Ausdrucks erlebt werden. Schließlich sind es die Hände, das Gesicht mit den Augen und die Stimme, mit denen wir uns selbst hauptsächlich in Erscheinung bringen. Gleichzeitig finden hier die geistigen Prozesse statt. All das klingt an, wenn von Erfahrungen berichtet wird. Wie schon bei der vorangegangen Phase tritt das Individuelle jetzt stärker in Erscheinung.

Schließen

Während dieser Phase werden alle Bewegungen ins Zentrum zurückgeführt. Damit ist auch die mögliche innere Bewegtheit gemeint.
Hier kann bereits der Beginn des Transfers in die Alltagssituation erfolgen. Denn Abschließen hat die Funktion der Nachbesinnung, der Fragestellung: »Was habe ich erlebt?«
»Was sagt mir diese Erfahrung?«
»Kenne ich diese Erfahrung bereits?«
Diese Fragen können wichtige Übertragungsmöglichkeiten eröffnen.

Variationen

Sie können als Anregung für eine flexiblere Gestaltung der Kurseinheiten betrachtet werden. Sie stellen Beispiele dar, wie die Kurseinheit ergänzt bzw. verändert werden könnte. Selbstverständlich gibt es sehr viele andere Möglichkeiten.

Zeitangaben

Auch sie sind nur als grobe Orientierung gedacht und können ebenfalls entsprechend variiert werden.

Didaktisch-methodische Leitlinien

Ganzheitliches Lernen

Bekanntlich ist Lernen besonders effizient, wenn es ganzheitlich geschieht, wenn also die emotionale, die sensomotorische und die kognitive Ebene des Lernprozesses angesprochen werden. Mit allen Sinnen ist ein ganzheitlich angelegtes Konzept. Lernen in der Atem- und Bewegungsarbeit und auch im Qigong vollzieht sich in der kontinuierlichen körperlich-sinnlichen Aneignung neuer Erfahrungen. Je mehr Kanäle der Wahrnehmung genutzt werden können, um so nachhaltiger ist der Lernprozess, desto müheloser wird das Neue gespeichert und auf andere Situationen übertragen.

Es ist Lernen mit »Herz, Hand und Kopf«.

Die Sinneserfahrung – nach Aristoteles die Grundlage jeglichen Lernens – ist die Basis des Lernerfolgs. Üben mit Atem und Bewegung ist »Lernen durch Tun«, also handlungsorientiertes Lernen. Dieses ist so anschaulich wie der Gebrauch von bildhaften Metaphern *(siehe »Vorstellungskraft« S. 46)* in den Übungsanleitungen oder die Beobachtung des Lernerergebnisses bei den Mitübenden.

Gefühle dürfen sein

Mit einer anschaulichen, bildhaften und die Gefühle zulassenden Sprache, vor allem jedoch mit der Offenheit der Lernsituation selbst wird besonders die emotionale Komponente des Lernens aktiviert.
Dazu gehören inneres Beteiligtsein der Kursleiterin und das, was sie davon mitteilt; die Art und Weise, wie sie die Übungsangebote formuliert, der Tonfall usw.
»Offenheit« bedeutet hier »zulassen«. Ist die Kursleiterin bereit, ihr Kurskonzept zu ändern, wenn es die Situation erfordert? Und ist sie innerlich darauf eingestellt, Gefühlsäußerungen zu »hören« und aufzunehmen?

Probieren geht über Studieren

Das Sich-Einlassen auf die Übungen löst einen Fluss sensomotorischer Informationen aus *(siehe Propriozeption S. 33)* und – wenn genügend Offenheit da ist – die Bereitschaft der Übenden, mit den unterschiedlichen Arbeitsmitteln (Dehnen, Bewegung, Verlagerung der Schwerkraft, Tasten, Berühren, Massage, Tönen, schweigendem Tönen und aufmerksamem Hinspüren) zu experimentieren.
Doch schon Aufmerksamkeit allein bewirkt messbare Gefäßerweiterung, das heißt, bessere Durchblutung und Anregung.

Der Gestaltpsychologe Fritz Perls soll gesagt haben, dass »›awareness‹ per se heilsam« sei.
Das bezieht sich vor allem auf den rezeptiven Wahrnehmungsmodus, die »absichtslose« Bewusstheit während der Übungen (vergleiche Petzold, Integrative Therapie).

Denken schadet nicht

In diesem Ansatz der Atem- und Körperarbeit wird neben dem rezeptiven auch das reflexive Gewahrsein angestrebt. Die Wahrnehmungen werden verbalisiert und mit den anderen Gruppenteilnehmerinnen ausgetauscht. Dadurch kommt über das Verstehen – manchmal durch die Spiegelung im anderen – ein Integrationsprozess zustande, der schließlich zu einer Erweiterung des (Körper-) Bewusstseins und zur Klärung des Ich-Bewusstseins führt. Dabei geht es um Wahrnehmung, Einsicht und kognitive Verarbeitung der Erfahrungen. Die Wahrnehmungs- und Kognitionsprozesse können weitgehend von der Kursleiterin initiiert und gefördert werden. Wichtig ist die stimulierende Aufbereitung der Lernsituation, das heißt, die Wahl und der Bedeutungszusammenhang der einzelnen Übungselemente.

Wer wagt gewinnt

Ein Kind lernt durch Beobachtung und Nachahmung die angemessene Bewegung zu finden. Es übt manchmal unermüdlich, bis sich der Erfolg einstellt. Und manchmal wagt es sich über seine Grenze hinaus. Erwachsene haben diese Ausdauer und auch den Mut zur Nachahmung häufig verloren und brauchen Ermutigung.
Jetzt ist es nützlich, wenn die Anleitende in der Lage ist, flexibel mit Motivationen und Lernverstärkern umzugehen. Dazu gehört auch, dass sie kraft ihrer Persönlichkeit (Lernen durch Imitation) den Weg über die Ermüdung hinausweisen kann.
Lernen vollzieht sich dabei im Lernenden, noch ehe das neue Verhalten bewusst ausprobiert wurde, durch *Assoziationen und sensorische Vorgänge*. Diese Lernform ist auch für Erwachsene in der Atem- und Bewegungsarbeit und im Qigong relevant. Beispielhaft dafür ist, wie rasch sich ein bestimmtes Atemmuster oder eine Tonussituation im positiven wie im negativen Sinn überträgt. Das findet als gegenseitige Beeinflussung im zwischenmenschlichen Kontakt dauernd statt.

»Aha-Erlebnisse«

Optimal ist es, wenn die Übenden die ökonomischen Haltungen und Bewegungen und die erhellenden Erkenntnisse selbst entdecken. Wenn sie z. B. selbst bemerken, welch aufrichtende Kraft der »aufsteigende Atem« besitzen kann.
Lernen durch Entdeckung findet gleichzeitig auf der emotionalen, sensomotorischen und kognitiven Ebene statt. Es begünstigt die allmähliche Neustrukturierung des Verhaltens, stärkt das Selbstwertgefühl und unterstützt die Entwicklung der Selbsttätigkeit.

Bedürfnisse ernst nehmen

Oft sind die Bedürfnisse der Teilnehmerinnen für die Kursleiterin sichtbar und spürbar.
Wenn nicht, können Sie sich als Kursleiterin beispielsweise fragen:
»Ist es für diese Übenden notwendig, zuerst den Unterschied zwischen angespanntem und lockerem Gewebe zu erfahren?«
»Die Atemdominante liegt jetzt bei einigen zu weit oben. Muss ich heute besonders intensiv den ›unteren Raum‹ üben lassen?«
»Viele sind ›abgespannt‹ und müde. Sind jetzt anregende und tonusregulierende Übungen angezeigt?«
Auch direktes Fragen nach den Bedürfnissen ist möglich und empfehlenswert. Die Auswahl der Übungen sollte sich auch nach den geäußerten Bedürfnissen richten.
Manchmal gilt es sogar, die Bedürfnislage einer einzelnen Teilnehmerin zu berücksichtigen. Das wirkt in angemessener Dosierung motivierend auf die gesamte Gruppe. Damit fühlen sich alle Teilnehmerinnen auch in ihrer eigenen Befindlichkeit ernst genommen.
Die Planung einer Kurseinheit steht somit hinter den intuitiven, sich aus der aktuellen Situation ergebenden Einfällen der Kursleiterin.

Erfahrungen zulassen

Emilie Châtelet, Mathematikerin und Philosophin des frühen 18. Jh., schrieb: »*Erinnert Euch bei allen Euren Studien, dass die Erfahrung der Stab ist, den die Natur uns Blinden gegeben hat ...*« (Madame du Châtelet: Rede vom Glück, Friedenauer Presse, Berlin 1999)
Vor dem Hintergrund der Grobziele (Dehnung, Lockerung bestimmter Köperzonen, Vertiefung der Atmung, Entwicklung der Körperwahrnehmung) geht es immer wieder darum, den Übungserfahrungen Raum zu geben und weniger darum, dass festumrissene Ziele in instrumenteller Weise erreicht werden.
Diese Form des Übens ist weniger ziel- als prozessorientiert zu verstehen. Das Üben selbst und die Erfahrungen sind wichtiger als das rasche Erreichen von Ergebnissen.
Der Empfindungsstrom – während des Übens ins Bewusstsein gehoben – ermöglicht, die Körpersituation neu einzuschätzen, Bewegungseinschränkungen und Bewegungsmöglichkeiten zu erkennen, unterversorgte und gut durchblutete Gewebe wahrzunehmen. Das hat unmittelbaren Einfluß auf die Atmung.

Zeit lassen

Sich der eigenen Erfahrungen gewahr zu werden verlangt Zeit zum Hinspüren. Eine lernfreundliche Kursstruktur berücksichtigt das unterschiedliche Zeitmaß der Übenden.
Zwang, Zeitdruck und forcierter Einsatz einer Methode würden lediglich psychischen Widerstand hervorrufen und das Abwehrreflexsystem *(s. S. 76)* des Körpers wecken.
Es versteht sich von selbst, dass nicht jede Übende sogleich oder je alle Zielvorstellungen *(s. S. 12)* erreicht oder erreichen soll, zumal wenn die Übungsprinzipien »eigenes Maß«, »Natürlichkeit« und »Schritt für Schritt üben« berücksichtigt werden.

Erfahrungen reflektieren

Der Stellenwert, den die Reflexionsphase bei diesen Übungsweisen hat, wurde teilweise unter dem Absatz über die kognitive Verarbeitung *(S. 18)* erläutert.
Abgesehen von der Vertiefung und Sicherung des Lernergebnisses und des Gesprächskontaktes mit den anderen Gruppenteilnehmerinnen ermöglicht das Reflektieren der Erfahrungen ohne Umwege Bezüge zum Alltag herzustellen.
Die Erfahrungen bleiben dann nicht mehr isoliert im »Schonraum« der Übungsgruppe stehen, sondern gewinnen an »Fleisch und Blut«, können auf den Boden der Realität gestellt werden.

Achtsamkeit

Die erweiterte Körperwahrnehmung ist in der Atem- und Bewegungsarbeit der wichtigste Lernverstärker.
Jiao Guorui sprach zum Beispiel davon, dass sich Veränderung im Bereich der Haaresbreite vollzieht. (Unterrichtsnotizen)
Als Kursleiterin können Sie auch kleinere Veränderungen der Empfindungen und des Wohlbefindens, wenn sie im Gruppengespräch geäußert wurden, aufgreifen und verstärken und dadurch weitere Lernschritte vorbereiten. Immer mehr wird dann die veränderte Körperempfindung zur verstärkenden Rückmeldung. Die Fähigkeit der Selbstwahrnehmung wächst und diese Erfolgserlebnisse »streicheln« die Motivation.
Die Interaktion ist um so wirkungsvoller, wenn die veränderten Körperempfindungen von emotionalem Genuss und körperlichem Wohlsein begleitet werden *(siehe »Eutonus«, S. 106)*.

Kennzeichnende methodische Elemente und Strukturen der Kurseinheiten

Üben in der Gruppe und Gruppengespräche

Die Gruppensituation bietet die Möglichkeit, die Verschiedenartigkeit der Erlebnisse bei ähnlichem Tun zu erfahren. Die Gruppe kann das Gefühl von Geborgenheit und Aufgehobensein vermitteln. Erfahrungen können in einem geschützten Raum zugelassen und mit den anderen geteilt werden. Die Gruppe gibt auch die Chance, die anderen Übenden so wie sich selbst anzunehmen und in Eigenart und »Schwäche« zu tolerieren und anzuerkennen. Die Eigenschwingung der einzelnen Teilnehmerin wird in das Gruppengeschehen integriert und trägt zur Gruppenatmosphäre bei. Jede Teilnehmerin trägt ihre individuelle Farbe, ist sowohl Teil einer bestimmten »Bordüre« und zugleich Teil des Ganzen. Das Bild eines vielfarbigen Teppichs mit reicher Musterung mag das veranschaulichen.

Das Eigene verkörpern und Teil des Ganzen sein

Der sprachliche Austausch leitet an, die Erfahrungen auf eine bewusste Ebene zu heben und sich um Genauigkeit in der Formulierung zu bemühen. Die Kreisform, in der die Übungen und Gruppengespräche im Allgemeinen stattfinden, war schon Bestandteil uralter Rituale und stellt für die Gruppe ein verbindendes, die Gruppenenergie bewahrendes Element dar.

Am Anfang war das Wort?

Jedes Wort, das wir hören und das vom Gehirn empfangen wird, setzt über ein Bild – auch wenn dieses Bild unbewusst bleibt – eine Gedankenbewegung in Gang, die in rascher Folge auf die anderen Gewebe des Körpers einwirkt. Dieser Prozess bleibt meistens unbewusst. Es sind Mikrobewegungen, die während des Denkens ausgelöst werden, bevor sich Denken vielleicht später zu einer äußerlich sichtbaren Bewegung umsetzt.

Worte haben wie die Bilder, die sie erzeugen, einen affektiven Gehalt. Die Wortwahl bestimmt, welche Bilder und Gefühle ausgelöst werden. Das ist nicht immer eindeutig und vor allem sehr subjektiv.

Aufforderungen, die mit »soll«, »muss«, »brauche« gebildet werden, erinnern schnell an Pflicht, Zwang und Anstrengung. Kann dann »Üben« noch Spaß machen?

Manchmal schleichen sich in die Formulierungen auch unbeabsichtigte Entwertungen ein, nach dem Motto: »Dass Sie das können, hätte ich nie gedacht.«

Selbst sich anschließende Komplimente können die Entwertung nicht annullieren.

Ich halte auch die aufrichtige positive Deutung von schwierigen Übergangsphasen des Lernprozesses für äußerst wichtig. Auf diese Weise wirkt Sprache motivierend und positiv verstärkend.

Die innere Teilnahme und Einstellung der Kursleiterin zur Kurssituation sind jedoch meiner Ansicht nach bedeutungsvoller als Wortwahl und Eloquenz.

Besteht eine tragende Beziehung zwischen Kursteilnehmerinnen und Kursleiterin, sind »Versprecher« auf beiden Seiten nicht schwerwiegend und können sogar vertieften Kontakt und klärende Gespräche auslösen.

Wenn es außerdem gelingt, auch das bisweilen Komische der menschlichen Erfahrung zu sehen und mit den Übenden in ein erlösendes Lachen einzustimmen, steht einer fruchtbaren Verständigung nichts mehr im Wege.

Nachspüren

In der Atem- und Bewegungsarbeit folgen Phasen des Nachspürens als einfühlendes Mitschwingen grundsätzlich auf jede Übung bzw. jeden Übungsabschnitt.

Meistens wird erst im Nachspüren die Reaktion des Organismus offensichtlich. Diese Reaktionen sind oft sehr fein und bedürfen der aufmerksamen Zuwendung.

Nachspüren heißt Zeit und Raum zu geben, sich selbst, den anderen, der Erfahrung. Wenn genügend Raum da ist, können sich Erfahrungen ausbreiten und Erlebnisse entfalten. So wie Essen verdaut werden möchte, »setzen« sich im Nachspüren die Erfahrungen und können integriert werden. So gesehen ist Nachspüren ein Vorgang des Speicherns.

Nachspüren ist also so wichtig wie die Übung selbst. Die Übung verliert an Gehalt, wenn Nachspüren nicht ermöglicht wird.

Vom Sinn des Wiederholens

Die Anregung, zu Hause zu üben, also selbstständig zu werden, bedeutet grundsätzlich auch, zu wiederholen. Wiederholt wird jedoch lediglich das Gerüst der Übung, nie die Erfahrung selbst. Eine authentische Erfahrung lässt sich nicht vollständig wiederholen.

Wiederholen heißt auch, sich selbst ein Geschenk zu machen, etwas für sich selbst tun.

Diese Bereitschaft, sich selbst achtsam zuzuwenden und zu unterstützen ist vielleicht der Kernpunkt des Selber-Übens. Die Überwindung der Schwelle, die Auseinandersetzung mit der Trägheit ist entscheidend. An diesem Punkt werden die Kräfte konzentriert und produktiv auf die eigene Person gerichtet.

Für den Übungserfolg ist es meist effizienter, in kürzeren Einheiten und dichteren Intervallen als in längeren Einheiten und großem Abstand zu üben.
Darauf kann hingewiesen werden, auch auf die Möglichkeit, nur eine Übung auszuwählen und sich dieser intensiv zu widmen.

Transfer in die soziale Realität

Die Übenden erhalten im Laufe der Zeit eine Fülle von teilweise neuen sensorischen Informationen über sich selbst, ihre Einstellungen, Werte und Emotionen, über die Atmung, über ökonomische wohltuende Bewegung, über das Wesen von Spannung und Lösung.
Jetzt wird es wichtig, dass sie diese Erfahrungen in den Alltag integrieren können. Das geschieht – abgesehen davon, dass durch das Prinzip der Selbstregulation ein Veränderungsprozess angeregt wurde – auch durch Selbsttätigkeit im Üben. Die Selbsterfahrung im Kurs wird dann zur praktischen Orientierungshilfe im Alltag.
Oft geht es darum, sich von lieb gewordenen Gewohnheiten, die sich über Jahre »eingefleischt« haben, zu distanzieren, damit wieder Raum für neue produktive Verhaltensweisen entsteht.
Der Organismus braucht die Chance, positive Empfindungserfahrungen häufig zu wiederholen, damit sich Körpergefüge und vegetative Reaktionen verändern können.
Allerdings ist auch die Häufigkeit zu relativieren. Ehrgeiz oder übertriebenes Gesundheitsbewusstsein kann vom Wesentlichen wegführen.
Das »eigene Maß« oder das »Maß der Mitte« (Glaser) ist auch hier das entscheidende Kriterium.

Partnerinnenarbeit

Eine sinnfällige Begründung für die Partnerinnenarbeit bietet unter anderem das Transsensus-Konzept in der Psychotonik von Volkmar Glaser. Der Transsensus (s. S. 63), der sich in der Kontaktaufnahme zum Raum, zur Bewegung, aber besonders zur Partnerin aufbaut, wirkt motivierend, tonusregulierend und damit befreiend für die Atmung.
Vorausgesetzt ist, dass keine massiven Kontaktstörungen vorhanden sind und die sensible Nähe-Distanz-Grenze zur Partnerin beachtet wird.
Manchmal mag es in der Partnerinnenarbeit sogar um die Einhaltung eines »Zwischenraums« gehen.
Erst Abstand macht manchmal Nähe möglich. Das Üben mit einer Partnerin gehört somit in den Bereich des sozialen Lernens und bietet viele Möglichkeiten der Übertragung in den Alltag.

Korrigieren?

Direkte Korrektur bewirkt manchmal das Gegenteil des Erwünschten, nämlich durch den verstärkten Einsatz des Willens: Willküratmung oder unnatürliche Bewegung. Dagegen kann im Qigong – sofern sich die Übende in der Gruppe aufgehoben fühlt – eine achtsame Korrektur den Übungsprozess entscheidend fördern.

Der Verzicht auf Korrektur verlangt Vertrauen in die Selbstheilungskräfte der Teilnehmerinnen und in die Wirksamkeit von Propriozeption und Tonusregulierung (Prozess der Selbstregulation), die bei ausreichender Anregung und Lösung in Gang kommen. Jedenfalls wird damit die Eigenständigkeit angeregt und die Teilnehmerinnen werden ermuntert, mit Bewegungen zu experimentieren und zu spielen.

Die Bedingungen der konkreten Lernsituation, auf alle Fälle aber die Einstellung der Beteiligten zueinander bestimmen, ob in angemessener Form korrigiert werden kann und wie Korrektur aufgenommen wird.

Mit respektvoller innerer Haltung können Sie als Kursleiterin manchmal durch eine behutsame Berührung oder ein passendes Wort eine effiziente Hilfestellung geben und so auch die kinästhetische Wahrnehmung der Übenden, die in der Lage ist, das persönliche Körperbild zu ergänzen, unterstützen.

Das kann bewirken, dass die Übung sich vertieft, intensiver und persönlicher erlebt und diese Art der Korrektur sogar ausdrücklich gewünscht wird.

Manchmal ist der Kompromiss die Lösung, nicht die Einzelnen direkt anzusprechen, sondern die ganze Gruppe allgemein auf etwas hinzuweisen.

Grundlagen methodischen Vorgehens

Zur Rolle der Kursleiterin

Kursleiterin als Lernpartnerin

In der Atem- und Bewegungsarbeit »verkörpert« die Kursleiterin, ebenso wie in anderen Übungssystemen, die Methode. Das verpflichtet sie einerseits zum Selber-Üben, zur kritischen Selbst-Reflexion und auf der anderen Seite ermöglicht die Selbsterfahrung, bescheiden zu bleiben und die eigene Begrenztheit wie die der Kursteilnehmerinnen zu akzeptieren. Das fördert Respekt, Geduld und die Einsicht:
»Der Lernprozess hört nicht auf! Und ich bleibe Lernende.«
Vor allem ausreichende Sachkompetenz und Übungserfahrung ermöglichen eine partnerschaftliche Einstellung der Kursleiterin. Partnerschaftliches Lernen erfordert eine transparente Arbeitsweise:
Es sollte klar sein, warum der Kurs so aufgebaut ist, warum in dieser Weise geübt wird und worauf diese Übungen hinzielen.

Persönlichkeit und Haltung der Kursleiterin

Es versteht sich von selbst, dass inneres Beteiligtsein, Präsenz und Einfühlungsvermögen der Kursleiterin das Kursgeschehen entscheidend mitbestimmen. Deswegen muss die notwendige und angemessene Distanz nicht verloren gehen. Das Wahren persönlicher Grenzen ergibt sich aus der gegenseitigen respektvollen Haltung.
Das ist vor allem dann wichtig, wenn Teilnehmerinnen therapeutische Erwartungen hegen, die die Kursleiterin im Rahmen ihres Kurses zwangsläufig enttäuschen muss.

Kritische »Methoden-Distanz«

Starke Verbundenheit mit einer bestimmten Methode kann manchmal dazu führen, dass es an genügend produktiver Distanz fehlt, die ermöglichen würde, auch die Grenzen der eigenen Arbeitsweise zu erkennen.

»Dickhäuter« sind empfindsam!

Die alte Sufigeschichte: »Der Elefant im Dunkeln« erzählt von der Relativität der Erfahrung und des Erkennens:
»Ein Wanderzirkus hatte einen Elefanten in einem Stall in der Nähe einer Stadt untergebracht, in der man noch nie einen Elefanten gesehen hatte.
Vier neugierige Bürger hörten von dem verborgenen Wunder und machten sich auf, um vielleicht im Voraus einen Blick darauf zu erhaschen. Als sie jedoch zu dem Stall kamen, fanden sie, dass es kein Licht darin gab. Sie mussten ihre Untersuchung also im Dunkeln vornehmen.
Der eine bekam den Rüssel des Elefanten zu fassen und meinte folglich, das Tier müsse einer Wasserpfeife ähneln; der zweite erfühlte ein Ohr und schloss, es sei eine Art Fächer; der dritte, der ein Bein anfasste, konnte es nur mit einer lebenden Säule vergleichen; und der vierte schließlich, der seine Hand auf den Rücken des Elefanten legte, war überzeugt, eine Art Thron vor sich zu haben.
Keiner von ihnen konnte sich ein vollständiges Bild machen, und den Teil, den ein jeder erfühlte, konnte er nur in Begriffen beschreiben, die ihm bekannte Dinge bezeichneten ... Jeder der vier war sicher, dass er recht hatte.«
(erzählt von Idries Shah in: Die Sufis)

Eine Erfahrung bleibt immer subjektiv und kann deswegen auch nicht »richtig oder falsch« oder gar »gut oder schlecht« genannt werden.
Derartige Zuordnungen würden die Erlebnisfähigkeit einschränken und die Motivation ersticken. Die Eigenkompetenz der Teilnehmerinnen bedarf der bestätigenden Unterstützung, damit selbsttätiges Üben entstehen kann. Auch frühere Erfahrungen, vielleicht mit anderen Übungsweisen, möchten gewürdigt werden.

Die Formulierung: »Haben Sie Lust, dieses oder jenes auszuprobieren?« lässt den Übenden genügend Freiraum, Erfahrungsfelder zu erweitern.

Gleichzeitig wird damit auch betont, dass die Übungen als Angebote und Möglichkeiten zu verstehen sind. Ein Angebot kann ich annehmen oder zurückweisen. Angebote machen neugierig. Und Neugierige verlieren die Scheu vor dem Üben und Experimentieren.
Diese Haltung beinhaltet auch, dass andere Methoden als gleichwertig anerkannt und die eigenen Erfahrungen und Übungsweisen nicht zum Maßstab erhoben werden.

Zum Umgang mit Schwierigkeiten

Atem- und Bewegungsübungen sind für manche Teilnehmerinnen eine Herausforderung.

- Für einige ist bereits die Anleitung, nach innen zu spüren und dabei die Augen zu schließen, mit Unbehagen verbunden. Selbstverständlich können und sollen in diesem Fall die Augen geöffnet bleiben.
- Bei anderen kommen vielleicht Ängste hoch, wenn es darum geht, das Gewicht zum Boden zu lassen. Das wird bisweilen in der Phantasie gleichgesetzt mit »Fallen, Stürzen oder Sich-Verlieren«.
Auch dann ist es sinnvoll, nicht darauf zu insistieren, sondern andere, kleinere Spür-Angebote zu machen; vielleicht nur die Hand schwer werden zu lassen, im Sitzen den Boden unter den Füßen zu spüren, sich anzulehnen. Erwähnen Sie, dass die Übung ein anderes Mal vielleicht ganz anders erlebt wird.
- Dasselbe gilt, wenn es als beunruhigend erlebt wird, sich vom Platz zu entfernen und im Raum zu bewegen oder einen Raum zu durchqueren.
- Sogar das Liegen auf dem Boden kann Beklommenheit und Unruhe (Angst vor Auflösung oder Schwäche) hervorrufen. In diesem Fall setzen sich diese Teilnehmerinnen wieder auf ihren Hocker und übertragen die Aufgabe so gut es geht in die sitzende Haltung. Sie können auch die Übung »nur« innerlich in Gedanken nachvollziehen.
- Auch Versagensängste können auftauchen: die Übungsanleitung nicht zu verstehen oder »nichts zu spüren«, keine Empfindungen wahrzunehmen.
In diesem Fall ist besonders viel Fingerspitzengefühl angebracht. Hinspüren kann nicht erzwungen werden. Das ist wichtig zu betonen. Spüren oder Nichts-Spüren stehen ohne Bewertung gleichwertig nebeneinander.
Vielleicht helfen in diesen Situationen die Erinnerungen an frühere positiv erlebte Erfahrungen. Wichtig sind jetzt kleine Lernschritte, die auch geeignet sind, innere Widerstände gegen Veränderung nach und nach aufzulösen.
- Manche leiden unter dem Konflikt zwischen Wollen und Können, möchten rasch etwas erreichen, setzen sich selbst unter Leistungsdruck und sind schnell enttäuscht, wenn die erhoffte Verbesserung noch auf sich warten lässt. Ermutigung und das Herausstellen und positive Bewerten auch kleiner Veränderungen führen über diese Klippe.
- Die gut gemeinte Absicht, »richtig« atmen zu wollen, ist ein häufig auftretendes Hindernis. Dann gilt es, den Atem in den Hintergrund zu rücken und nicht mehr zu beachten, ihn zu »vergessen«.
Das Schwergewicht liegt in diesem Fall um so mehr auf der Wahrnehmung der Gewebeempfindungen und der Bewegung.
- Andere wiederum wollen schon im Voraus alles verstehen, ohne in die eigene Erfahrung zu gehen.
Wahrscheinlich möchten sie damit sicher gehen, dass sich die Erfahrungen auch einstellen. Für diese Übenden ist es wichtig, zu verstehen, dass sie Erfahrungen nicht vorbestimmen, sondern nur zulassen können und dass sie sich in einem Lernprozess befinden, dessen Ausgang ungewiss ist.
- Wenn unter Leistungsdruck geübt wird oder wenn sich die einzelne Teilnehmerin zu sehr dem von der Mehrzahl vorgegebenen Gruppentempo unterordnet, ist es kaum möglich, die angestrebte Lockerung und Lösung zu erzielen. Dann können Störungen während des Übens auftreten. Deswegen ist es sinnvoll, immer wieder darauf hinzuweisen, dass es keinen Erfolgs- bzw. Erfahrungszwang gibt und vor allen Dingen, dass jeder sein eigenes Zeitmaß besitzt. Und dass diejenige Teilnehmerin ein »hohes« Übungsniveau erreicht hat, die das eigene Maß möglichst exakt trifft.
Pausen sind möglich und wünschenswert, um sich selbst genügend Zeit zu geben und wieder in den eigenen Rhythmus zurückzufinden.
Sonst verfestigen sich Anspannungen trotz sorgfältiger Anleitung und behutsamer Korrektur.
- Während der Partnerinnen-Übungen kann es manchmal zu Widerständen gegenüber gegenseitiger Berührung oder Massage kommen. Diese Widerstände möchten respektiert werden. Oft lösen sie sich mit wachsender Vertrautheit von selbst auf.
Dasselbe gilt auch für die Stimmarbeit, die integraler Teil der Atem- und Bewegungsübungen ist. Sobald diese methodischen Mittel geläufig geworden sind, machen sie den meisten Teilnehmerinnen Freude.
Wesentlich ist, dass passive Erwartungshaltungen der Teilnehmerinnen in aktives Beteiligtsein umgewandelt werden. Das gelingt vor allem dann, wenn die Übungen als wohltuend empfunden werden und wenn das, was einzelne an Erfahrungen beitragen, von der Kursleiterin aufgenommen und wertgeschätzt wird.
- Vorstellungsbilder sind ebenfalls nur Angebote, die abgelehnt werden können. Manche Kursteilnehmerinnen neigen dazu, Bilder festzuhalten oder sich mit einer Vorstellung zu identifizieren und darüber die Empfindungsebene zu verlassen. Die Empfindungen sollten im Vordergrund stehen bleiben.
- Generell gilt, dass Druck und zu drängendes Nachfragen nach den Empfindungen und/oder dem eigenständigen Üben zu Hause eher Widerstand wecken.

Gesundheitsbildung an Volkshochschulen

Warum interessieren sich Menschen für Gesundheit?

Gesundheit besitzt für viele Menschen einen hohen Stellenwert. Die Motive für die Beschäftigung mit Gesundheitsfragen sind verschiedenartig. Ausschlaggebend sind unter anderem Wünsche nach

- Leistungsfähigkeit,
- körperlicher Fitness,
- Schönheit
- und Wohlbefinden.

Je nach individueller Lebenslage und eigenem Gesundheitsverständnis kann der Zugang von Menschen zur Gesundheit recht unterschiedlich sein. Erst im Laufe der Beschäftigung damit werden Zusammenhänge zwischen Bewegung und Entspannung, Ernährung und Körpererfahrung deutlich.

Was lässt sich an Gesundheit lernen?

Bildung kann niemanden gesund machen, obwohl statistisch gesehen die Chance, lange gesund zu bleiben, mit höherem Bildungsstand steigt. Gesundheitsbildung selbst kann Gesundheitsbewusstsein vermitteln und Möglichkeiten aufzeigen, sich selbst etwas Gutes zu tun. Eine Möglichkeit, Gesundheitsbewusstsein etwas genauer zu definieren, beschreibt Peter Paulus:

- Vernetztes Wissen über körperliche, seelische, soziale und ökologische Zusammenhänge von Gesundheit: Gesundheitsratschläge bleiben nicht isoliert bestehen, sondern verbinden sich zu einem sinnmachenden Lebensmotto.
- Die Überzeugung, selbst etwas zur Gesundheit beitragen zu können, Möglichkeiten haben, so zu handeln, dass sich mehr Wohlbefinden einstellt. Gesundheit wird nicht schicksalhaft von aussen bestimmt, ist aber auch nicht erzwingbar.
- Respekt und Achtung im Umgang mit sich selbst und seiner Körperlichkeit, im Umgang mit anderen und mit der Natur. Gesundheit ist nicht etwas, was gegen andere, sondern gemeinsam mit anderen entwickelt werden kann.

Was verstehen Volkshochschulen unter Gesundheit?

Je nach kultureller Herkunft, Alter, Geschlecht, ihrer sozialen Lage und ihren Vorerfahrungen mit Krankheit verstehen Menschen Unterschiedliches unter Gesundheit. Professionelle Definitionen von Gesundheit sind so verschieden wie die von Laien. Übereinstimmend wird heute aber gesehen, dass Gesundheit nicht nur körperliche, sondern auch seelische, soziale und ökologische Aspekte umfasst. Gesundheit entspricht einer Balance zwischen Anforderungen an eine Person und Ressourcen, die sie zur Bewältigung hat. Reichen die Ressourcen aus, bleibt der Mensch gesund, reichen sie nicht, wird er krank. Arbeitslosigkeit oder schwierige Arbeitsbedingungen, Wohnsituationen und umgebende Umwelt, die genetische Disposition und das eigene Verhalten, alles kann zu Gesundheit oder Krankheit beitragen. Gesundheitlichen Schutz können ganz unterschiedliche Dinge bieten, wie z. B.

- ein starkes Immunsystem zu haben,
- ausreichend zu schlafen,
- einen Sinn im Leben zu finden,
- Vertrauen in sich selbst und in die Zukunft zu haben,
- sich unterstützender sozialer Bindungen gewiss zu sein.

So wird Gesundheit zu einer täglich neu zu meisternden Aufgabe.

Welches Konzept steht hinter der Gesundheitsbildung?

Grundlage der Planung und Durchführung von Angeboten ist der »Rahmenplan Gesundheitsbildung an Volkshochschulen« von 1984, ergänzt durch weitere qualitätssichernde Veröffentlichungen. Absicht der Gesundheitsbildung an Volkshochschulen ist es, ein lebendiges Forum für gesundheitsbezogene Interessen der Menschen zu bieten.

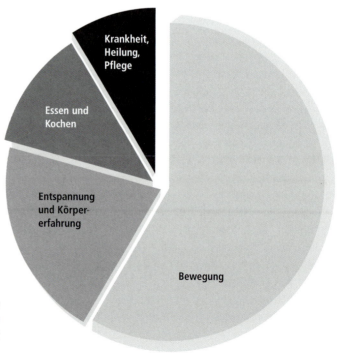

Was Teilnehmende in der Gesundheitsbildung interessiert

Was Gesundheitsbildung ist

▸ Sie versteht Gesundheit und Krankheit in fließenden Übergängen als Prozess, der zum Leben gehört.
Sie bietet Menschen die Möglichkeit, den für sie persönlich passenden Weg zu finden.
Sie hilft, unterschiedliche Ursachen für mögliche Erkrankungen erkennen zu können.
In der Gesundheitsbildung an Volkshochschulen wird freiwillig, gemeinsam und selbständig gelernt.
Sie will mehr Selbstbestimmung über Gesundheit ermöglichen, und dazu befähigen, auf Lebensbedingungen Einfluss nehmen zu können.
Sie hat zum Ziel, die Handlungschancen von Menschen in gesundheitlichen Belangen zu erweitern und zu verbessern.
Gelernt wird mit allen Sinnen. Es geht um Lernmöglichkeiten im Denken, im Handeln und im Fühlen.
Sie verbindet Lernen mit dem Alltag und der eigenen Lebenswelt. Sie ist konkret und praxisnah.
Sie setzt bei den subjektiven Erfahrungen und Lerninteressen der Gruppe an und fördert ein Bewusstsein für die Mitwelt.

Was Gesundheitsbildung nicht ist

▸ Gesundheitsbildung grenzt Krankheit oder Kranke nicht aus.
Sie gibt niemandem die Schuld an Krankheit.
Sie wendet sich gegen fremdgesetzte Normen für Gesundheit und Krankheit.
Sie gibt keine Heilsversprechen.
Gesundheitsbildung geht über Information und Aufklärung hinaus. Sie ist nicht Erziehung, weil Gesundheit anderen nicht beigebracht werden kann.
Sie will nicht belehren, sondern Erfahrungsräume schaffen
Sie setzt keine unerfüllbaren Ansprüche und schafft keine zusätzlichen Belastungen.
Sie zielt nicht nur auf die eigene Person, sondern auch auf die sozialen und natürlichen Lebensbedingungen.

Mit rund 100 000 Kursen und mehr als eineinhalb Millionen Teilnehmerinnen und Teilnehmern leisten Volkshochschulen einen wichtigen Beitrag zur Gesundheitsförderung.
Das Angebot der Volkshochschulen besteht flächendeckend und wohnortnah. Es wird besonders intensiv von Frauen genutzt.

Vielfältigste Themen sind in der Gesundheitsbildung sinnvoll. Die Erfahrung zeigt aber, dass sich die Unterschiedlichkeit der Motive auf wenige Bereiche konzentriert. Im Vordergrund stehen der Wunsch nach Bewegung und nach Entspannung, die Neugierde auf Botschaften aus anderen Kulturen und aus dem eigenen Körper, das Bedürfnis nach Rezepten und Handlungsalternativen. Praxis und Wohlbefinden sind die tragenden Säulen.

Wie arbeitet die Institution?

Volkshochschulen arbeiten im öffentlichen Auftrag. Sie sind weder ideologischen noch kommerziellen Interessen unterworfen. Als kommunale Einrichtungen berücksichtigen sie örtliche Wünsche und Bedingungen.

Volkshochschulen und ihre Verbände bemühen sich gemeinsam um Qualität. Regional und bundesweit findet ein ständiger professioneller Austausch pädagogisch Planender und Unterrichtender statt, der durch Fortbildung, Beratung und Materialien für Planung und Durchführung unterstützt wird. Kurskonzepte und Lernmaterialien sind ein Teil davon.

Die Kursinhalte in der Übersicht

Titel	Inhalt
Aufmerksam werden	Selbstwahrnehmung; Lockerungsübungen; Anatomische Grundkenntnisse des Atemprozesses I
Altes ausstoßen – Neues aufnehmen	Anatomische Grundkenntnisse des Atemprozesses II; die Ausatmung fördernde Übungen
Die Erde berühren und den Himmel erreichen	Bodenkontaktübungen, Lockerungs- und Atemübungen für Brustkorb, Schultern, Arme und Kopf
Sich ausbreiten und begrenzen	Bewegungsrichtungen Öffnen und Schließen; Das eigene Maß; Selbstorganisation; Bauchraum
Aufrichten oder ins Lot kommen	Balance und Aufrichtung; Ökonomische Haltung im Sitzen und Stehen; Verhaltensmuster
Räume öffnen	Atemräume; Gleichgewichtsübungen, Balance, Mitte, Richtung
Kräfte spüren – mit Kräften spielen	Kraft des Ausatmens; Regulierung der Kräfte; die Atemregulation
Sich einstimmen	Stimm- und Atemübungen; Tonusregulierende Übungen; Stimmorgane
Dem Fluss folgen	Übungen des Bewegungsflusses; Umgehen mit Blockaden; Bewegung aus dem Atem; Fließsysteme

Aufmerksam werden

Auf einen Blick
Selbstwahrnehmung ermöglicht das Bewusstwerden der Empfindungen und Gefühle und das Erkennen der eigenen Bedürfnisse.

Ziele der Kurseinheit:
- Atembewegung und das Verständnis für die Beeinflussbarkeit und Abhängigkeit der Atmung von Berührung, Sammlung, Kontakt erfahren;
- Fähigkeit entwickeln, bestimmte, die Atemmuskulatur und die Atmung lösende und regulierende Bewegungen auszuführen;
- Bereitschaft aufbauen, mit sich selbst und einer Partnerin durch Berührung in Kontakt zu treten und sich über die gewonnenen Erfahrungen auszutauschen.

PA = Partnerinnenarbeit
Das gilt für diese und alle folgenden Kurseinheiten.

Phasen und Übungen	Methode	Zeit
Einstieg »Aufmerksam werden« Vermittlung der Bedeutung von Ruhe, Sammlung, Empfindung, Selbstwahrnehmung	Gespräch	3-5 Min.
1. Zur Ruhe kommen Hinspüren	Berührung, Tasten, Sammlung, Hinspüren	10 Min.
2. Anregungsphase Dehnen, Federn	Bewegung	10-15 Min.
3. Arbeit an der Körperbasis Im Schneidersitz mit Becken kreisen; PA: Partnerin vom Boden aus hochziehen; Gehen mit hängendem Oberkörper	Bewegungen, PA, Kontakt	10-15 Min.
4. Arbeit am oberen Körperbereich PA: Arm ausschütteln; Schulterkuppe und Ohr nähern sich	PA, Kontakt, Bewegung	10-15 Min.
5. Schließen Hände auf den Nabel legen	Spürübung	10 Min.
Variationen zu 4. PA: Schulter der Partnerin in die Hand nehmen Mit der Schulter kreisen	PA, Berührung, Tasten, Kontakt Bewegung	10 Min.

Übungen

Einstieg

»Aufmerksam werden« hat hier die Bedeutung von »zu sich selbst kommen, nach innen gehen«. Es geht darum, Empfindungen und Gefühle wahrzunehmen, die eigenen Bedürfnisse kennen und verstehen zu lernen und allmählich dafür zu sorgen, dass sie wenigstens teilweise – zumindest im für die Gesundheit notwendigen Maß – erfüllt werden. Wenn das gelingt, entsteht die Möglichkeit, die eigene Kraft zu erleben und zu nutzen. Voraussetzung ist, zur Ruhe zu kommen, denn die Ruhe schafft erst den Raum, in dem sich das Innenleben entfalten kann und wahrnehmbar wird. Im Gruppengespräch können diese Inhalte den Teilnehmerinnen näher gebracht werden.

Ziele:
- Die Nützlichkeit der Selbstwahrnehmung entdecken
- Erkennen, dass Lernen nur durch Wahrnehmen möglich ist
- Verstehen, dass Ruhe den Prozess der Selbstwahrnehmung ermöglicht

1. Zur Ruhe kommen

Nur in einem relativen Ruhezustand kann die innere Bewegung wahrgenommen werden. Ruhe entsteht erst durch Hinspüren, Aufmerksam-Werden und Nach-innen-Schauen. Zur Ruhe kommen und Hinspüren bedingen und fördern einander wechselseitig.

Hinspüren

Auf dem Hocker sitzend wird die Hand leicht und dennoch Kontakt haltend zwischen Brustbein und Nabel gelegt. Dabei werden die entstehenden Empfindungen aufmerksam entgegengenommen. Diese akzeptierende Haltung wird auch durch die innere Einstellung der Kursleiterin zu sich selbst und zu den Teilnehmerinnen begünstigt. Alle Regungen, die auftauchen und Ausdruck finden – durch spontane Gefühlsäußerung oder in Sprache umgesetzt – sind gleichermaßen bemerkenswert und werden gehört, ohne dass sie kommentiert werden müssen. Es ist nicht der »kritische Beobachter«, der sich tastend spürt, sondern der an Sinnen reiche Mensch. Entdeckerfreude wirkt fördernd. Ausgeprägter Forschergeist dagegen hat oft einen überwachenden, urteilenden Blick im Schlepptau. Sich selbst zu entdecken hat dagegen schon in der Kindheit Lust und Vergnügen bereitet.
Wenn eine Atemschülerin fragt, ob im Alltag überhaupt »Platz zum Spüren« ist, zweifelt sie gleichfalls daran, ob sie Gelegenheit hat, mit ihrem Körper Freundschaft zu schliessen.
Denn Freundschaft ist nur möglich, wenn Kontakt entsteht. Stellen Sie sich als Kursleiterin auch die Frage, ob Sie von Leib oder Körper sprechen. »Leib«, im Sprachgebrauch ungewohnt, bezieht auch die geistig-seelischen Ebenen der Erfahrungen mit

Hinspüren

ein, müsste jedoch als Begriff kurz erklärt werden. Vielleicht ist eine alternierende Verwendung gut möglich.
Wenn Sie sagen: »Berühren Sie Ihren Körper (Leib?) zwischen Brustbein und Nabel!«, erwähnen Sie bereits ein weiteres Element des Übens: die Berührung.

Die Teilnehmerinnen können sich dann bewusst machen, dass Tasten Berührung ist, und dass Berührung wirkt. Wie Berührung wirkt, haben alle schon unzählige Male sowohl angenehm wie auch vermutlich schon schmerzlich erfahren. Möglicherweise findet darüber ein sprachlicher Austausch statt.
Das Verbalisieren der Erfahrungen verstärkt den Lernerfolg (s. S. 19). Auch knüpfen Sie damit behutsam an Erfahrungen außerhalb der Übungssituation an und ermöglichen einen Transfer in andere Erlebnisbereiche: zwischenmenschlichen Kontakt, Beziehung zu Tieren, zur Natur, zu Dingen.

Das Aufgreifen dessen, was wir längst wussten, nur vergessen haben, hat motivierenden, weil bestätigenden Charakter. Das ist besonders zu Beginn eines Kurses sehr wichtig. Die Übenden spüren sich in dieser sanften, tastenden Berührung an vielen Stellen ihres Körpers und kommen in Kontakt mit ihrer Atembewegung. Sie können gegebenenfalls jetzt kurz erklären, wie es zur Atembewegung kommt (s. S. 35).
Auch ist es sinnvoll, den Begriff der Sammlung zu erläutern, der nicht zu trennen ist von dem Zustand der relativen Ruhe. Sammlung beinhaltet, aufmerksam zu werden, das Innere (die innere Bewegung) wahrzunehmen. Sammlung ist mit Konzentration vergleichbar. Konzentration meint die Einengung des Bewusstseinsfeldes auf einen bestimmten Gegenstand, in diesem Fall auf den ganzen Körper, das Innere oder einen Körperbereich. Vielleicht betont der Ausdruck »Sammlung« stärker den offenen Charakter dieser Gedankenbewegung (s. S. 34).

Machen Sie es von der Gruppe abhängig, in welcher Reihenfolge und wie lange die Hände auf die verschiedenen Körperzonen gelegt werden. Sicher sind die Rückmeldungen der Gruppe aufschlussreich. Machen Sie unbedingt deutlich, dass reichlich Zeit für Spüren, Wahrnehmen und sprachlichen Ausdruck gegeben wird. Dies gilt auch für die im Folgenden vorgeschlagenen Übungen.
Und – das ist sehr wichtig – betonen Sie, dass es nicht darum geht, auf jeden Fall etwas oder sogar etwas Bestimmtes wahrzunehmen. Es findet kein Wettbewerb im Einsammeln von Empfindungen statt!
Manchmal führt just die Akzeptanz des »Nicht-Spürens« oder »Nicht-Fühlens« zu einer Fülle von Empfindungen – vielleicht mit der Frage: »Wie fühlt sich das ›Nicht-Spüren‹ an?« Gehen Sie bewusst und vorsichtig mit der Formulierung Ihrer Fragen um. Wird die Frage zu »eng« gestellt, kann sie direktiv wirken, ist sie zu »weit« gefasst, verliert sie ihren Aufforderungscharakter.

Ziele:
- Kontakt mit sich selbst aufnehmen
- Wahrnehmen verschiedener Empfindungen, evtl. Gefühle
- Wahrnehmen der Atembewegung
- Erkennen, wie Berührung und Hinspüren die Atmung beeinflussen
- Fähigkeit, mit der Zeit die Selbstwahrnehmung in Worte zu fassen

2. Anregungsphase

Dehnen

Im Sitzen oder Stehen werden Arme, Beine und Rumpf ganz nach Belieben gedehnt, so wie es dem Bedürfnis der Teilnehmerinnen entspricht.
Betonen Sie, dass Dehnungen nicht mit Streckungen zu verwechseln sind. Dehnungen entstehen aus der Wahrnehmung der inneren Befindlichkeit und sind eher sanft. Allerdings können die Dehnungen in der Vorstellung über die Hautgrenzen hinauswachsen.
Damit das Dehnen nicht stereotyp und unpersönlich ausgeführt wird, leiten Sie diese Dehnungen nur kurz durch eigene Bewegungen an. Überlassen Sie die Übenden ihren eigenen individuellen Bewegungen. (Dehnen ist auch im Liegen wirksam.)

Da der »Atemapparat« Teil des Rumpfes ist und alle Teile des Körpers miteinander in Verbindung stehen, müssen sich Veränderungen, die durch Bewegungen (also auch Dehnungen) entstehen, auf die Atmung auswirken. Reflektorisch wird mit dem Dehnen der Einatmungsimpuls angeregt. Mit dem Nachlassen der Dehnung löst sich die Ausatmung. Hier kann erwähnt werden, dass Atemgeräusche und Laute, so wie das sanfte Ausatmen aus dem Mund, die Ausatmungsfunktion und den Prozess der Entspannung unterstützen. Dehnbewegungen lösen spontane (unwillkürliche) Atemzüge aus. Dann stellt sich auch »von alleine« die entlastende Atempause ein.
Sie können als Kursleiterin zum richtigen Zeitpunkt – nicht zu früh – darauf aufmerksam machen.
Allein langsames und maßvolles Dehnen ist lösend. Denn nur dann wird der Dehnungsreflex (Kontraktion des Muskels als Reaktion auf Krafteinwirkung) außer Kraft gesetzt und der Muskel kann sich sanft verlängern und lösen. Muskelverlängerung und Muskelentspannung wirken bereits beruhigend.
Interessant ist, dass die Sinologin Ute Engelhardt in ihren Ausführungen zu »daoyin«, den »Übungen zum Leiten und Dehnen« und »yangsheng« (»Lebenspflege«) die Bezeichnung einer Übung mit »Schulterschmerzen dehnend lösen« übersetzt. Das wirft ein Licht auf die Wirkung, die dehnenden Bewegungen schon im chinesischen Altertum zugesprochen wurde. »Daoyin« ist die ursprüngliche Bezeichnung für die Atem- und Bewegungsübungen der Traditionellen Chinesischen Medizin, Qigong (s. ⑦ S. 12).

Ziele:
- Wahrnehmen und Bewusstwerden des spannungslösenden Effekts der Dehnung
- Anregung der Atmung durch die Dehnungen
- Erkennen, dass ein Zusammenhang zwischen Muskeldehnung und Einatmung besteht

Dehnen

Aufmerksam werden

Mit dem Becken kreisen

Federn
Im schulterbreiten Stand mit annähernd paralleler Fußstellung wird das Gewicht von einem Fuß auf den anderen verlagert und dabei gleichzeitig gefedert oder etwas kräftiger geschüttelt. Die Bewegung pflanzt sich von dem Federn der Fußgelenke aus über die anderen Gelenke nach oben fort. Möglichst alle Gelenke, auch die Wirbelgelenke und Kiefergelenke werden bewusst in die Bewegung einbezogen. Dabei ist es wichtig, den Atem freizugeben und Atemgeräusche zuzulassen. Empfehlenswert ist es, die Gruppe ab und zu daran zu erinnern. Das Federn kann nach einer kleinen Pause des Nachspürens wiederholt werden. Bei akuten Bandscheibenbeschwerden, in der Schwangerschaft und bei starker Menstruation ist diese Übung nicht empfehlenswert.

Ziele:
- Lockern der Gelenke
- Anregen der Atmung
- Erkennen, wie sich Lockerheit günstig auf die Atmung auswirkt
- Verstärkung des Bodenkontakts

3. Arbeit an der Körperbasis

Im Schneidersitz mit dem Becken kreisen
Auf dem Boden mit gekreuzten Beinen sitzend wird um beide Sitzknochen gekreist, rund und in alle Richtungen. Die Hände können auf die Oberschenkel aufgestützt werden. Der Oberkörper sollte so unbewegt wie möglich bleiben, damit die Becken-Lendenmuskulatur *(s. S. 55)* aktiv werden muss.
Weisen Sie auf alle Fälle darauf hin, dass der Atem sich so verhalten darf wie er möchte. Auch hier darf die Ausatmung aus dem Mund fließen. Atemgeräusche und Laute sind durchaus willkommen. Die Sitzknochen werden durch das Kreisen in Struktur und Beschaffenheit lebendig. Der kreisende Druck wirkt wie eine Druckpunkt-Massage, die atemanregend wirkt.

Ziele:
- Lockerung der Beckenboden-Muskulatur
- Lockerung der Becken-Lenden-Muskulatur
- Anregung der Atmung im Beckenbereich

Partnerinnen-Arbeit: Vom Sitzen zum Stehen kommen
Die Partnerin zieht die Sitzende an den ausgestreckten Armen nach oben. Dies wird mehrere Male und im Wechsel geübt. Diese Fragen bieten sich an:
»Wie kommen Sie am leichtesten und bequemsten nach oben? Wie verhält sich Ihr Atem? Wie stehen Sie, wenn Sie Ihre Partnerin hochziehen wollen, am günstigsten?«
Sollte diese Übungsform Schwierigkeiten bereiten, ist es nützlich, zur Vorbereitung oder ersatzweise die Partnerin nur vom Hocker hochzuziehen.

Ziele:
- Entdecken der Ausatmungskraft
- Herausfinden, wie hilfreich ein stabiler Stand bei Krafteinsatz (Hochziehen) ist

Vom Sitzen zum Stehen kommen

Gehen mit hängendem Oberkörper

Den Rücken so weit beugen, dass vor allem Kreuzbein und Lendenwirbelsäule gedehnt werden, und mit schwerfälligen Schritten und lockeren, leicht gebeugten Knien im Raum herumgehen. Die Vorgabe, dass die Bewegung so aussieht, als würde etwas, z. B. Kartoffeln, vom Boden aufgehoben, macht die Anleitung anschaulicher. Die Arme hängen dabei herunter, ohne unbedingt den Boden zu berühren. Das Körpergewicht wird jeweils auf den vorderen Fuß verlagert. Zur Vorbereitung ist es zweckmäßig, durch Klopfen das Kreuzbein und den Lendenbereich anzuregen.

Ziele:
- Dehnen von Kreuzbein und Lendenwirbelsäule
- Erspüren der genauen Gewichtsverlagerung
- Verstärken des Bodenkontakts
- Anregen der Atmung im Becken- und Lendenbereich

Gehen mit hängendem Oberkörper

4. Arbeit am oberen Körperbereich

Partnerinnenarbeit: Arm ausschütteln

Eine Person sitzt, eine andere schüttelt ihr erst den einen, dann den anderen Arm eine Weile in angemessener Stärke, bis Lockerung entsteht, der Arm entspannt herunterfallen kann und angenehm schwer auf den Oberschenkeln liegen bleibt.

Ziele:
- Lockern von Schultergelenken, Armen und Händen
- Beleben der Atmung durch zwischenmenschlichen Kontakt in der Partnerinnenarbeit

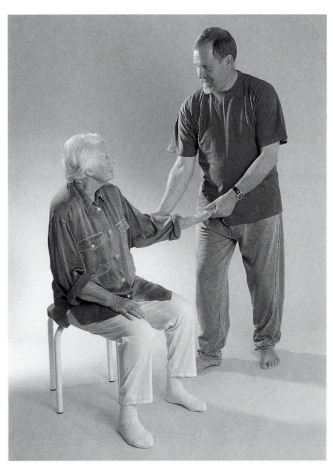

Arm ausschütteln

Ohr und Schulterkuppe einander nähern

Die Übenden sitzen auf dem Hocker. Ob Sie jetzt schon generell etwas über das Sitzen (s. S. 64) sagen wollen, hängt davon ab, wie die Teilnehmerinnen sitzen. Vielleicht genügt für den Anfang der Hinweis, dass die Knie in Beckenbreite geöffnet sind und der Rumpf locker über die Sitzknochen aufgerichtet wird. Das Ohr neigt sich zur Schulterkuppe, die dem Ohr etwas entgegenkommt.

Die Bewegung passt sich dem Atemrhythmus an. Während der Dehnung, die an der Halsseite entsteht, kommt reflektorisch die Einatmung und, wenn Kopf und Schulter wieder zurückschwingen, geht die Ausatmung.

Ziele:
- Durch die Dehnungen von Nacken und Hals den Atem anregen
- Wahrnehmen, wie lösend es ist, die Bewegung mit dem eigenen Atemrhythmus zu verbinden

Aufmerksam werden

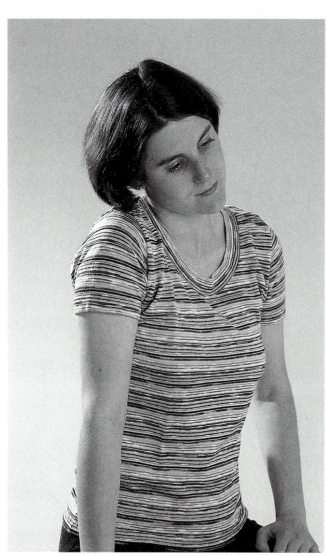

Das Ohr neigt sich zur Schulterkuppe

5. Schließen

Hände auf den Nabel legen

Zum Schluss werden beide Hände auf den Nabelbereich gelegt, verweilen dort und nehmen noch einmal wahr, was unter den Händen und in den anderen Körperbereichen zu spüren ist.

Ziele:

- Wahrnehmen der Empfindungen unter den Händen
- Einstellen auf das Ende des Übens

Variationen

**Noch eine Partnerinnenarbeit:
Schulter der Partnerin in die Hand nehmen**

Die Schulter der Partnerin wird zunächst ertastet, dann mit beiden Händen umschlossen. Der Druck der Hände sollte weder zu leicht noch zu fest sein. Die Partnerinnen tauschen sich darüber aus. Die Hände bleiben dann eine Zeitlang liegen – so lange wie es für beide angenehm ist. Mit der Zeit kann sich die Schulter unter den Händen entspannen.

Ziele:

- Bereitschaft, den Kontakt der Hände zuzulassen
- Fähigkeit, behutsam die Schulter der Partnerin zu berühren
- Erkennen, wie Berührung Spannung abbauen kann

**Statt »Ohr und Schulterkuppe einander nähern«:
Mit der Schulter kreisen**

Auf dem Hocker sitzen: Zunächst wird eine Schulter – der Arm hängt dabei an der Seite locker herunter – sehr langsam, sanft und fein kreisend bewegt. Je spürsamer die Bewegungen sind, desto stärker wird das Gewebe durchblutet, desto klarer wird die innere Struktur der Schulter. Dabei kann es sehr wohltuend sein, die Bewegungen dem Atemrhythmus anzugleichen. Bevor auch die andere Schulter bewegt wird, schult es die Wahrnehmungsfähigkeit, die Schultern zunächst miteinander zu vergleichen.

Ziele:

- Lockern der Schultergelenke
- Wahrnehmen der feinen Knochenstruktur der Schulter

Hintergrundmaterialien

Ruhe

Damit ist ein Zustand relativer innerer Ruhe gemeint, der die wesentliche Voraussetzung für die Entstehung eines Übungszustandes ist. Manchmal wird der Zustand relativer innerer Ruhe auch von einem äußeren Ruhezustand begleitet, manchmal von äußerer Bewegung. Die innere Ruhe ist relativ, weil sie stets auch innere Bewegung beinhaltet. Damit ist das angesprochen, was an Empfindungen, Gefühlen, Vorstellungen, Gedanken in unterschiedlicher Intensität auch im Ruhezustand – eben »innen« – abläuft. So wird im Lehrsystem Qigong Yangsheng die Ruhe sogar als spezifischer Zustand der Bewegung betrachtet, als »Ruhedynamik« (Jiao Guorui, Unterrichtsnotizen).

Dore Jacobs sagt: »Die Ruhe spricht.«

Und in Anlehnung an Ilse Middendorf kann der Ruhezustand auch als Öffnung des inneren Raums erlebt werden, in dem sich die »leiblichen« Prozesse entfalten und erfahren werden können.

Berührung

Berührung wird zunächst über die Haut erfahren. Sie ist die vielfältigste und reichste Quelle der Empfindung, und das ausgedehnteste Organ unseres Körpers mit zahlreichen sensorischen Möglichkeiten. Heute ist bekannt, wie notwendig fürsorgliche, teilnehmende taktile Stimulierung für die gesunde Entwicklung des Kindes, ja selbst für die Gesundheit des erwachsenen Individuums ist. Das Bedürfnis nach Kontakt gehört zu den Grundbedürfnissen. Beruhigender Körperkontakt ist im hohen Maße stressabbauend. Taktile Entbehrung kann zu einer Reihe von emotionalen Störungen führen. Als Beispiel sei hier nur die nachgewiesene Beziehung zwischen taktiler Entbehrung und Gewalttätigkeit genannt.

Tastsinn oder Berührungssinn

Das Tastgefühl unterscheidet sich in jeder Hinsicht von den anderen Sinnesempfindungen. Es fordert unbedingt die ungeteilte Gegenwart des Körpers, den wir berühren und unseres eigenen Körpers, mit dem wir berühren *(nach Ortega y Gasset s.⑧ S. 84)*.

Für Voltaire sind tastende Hände die Metapher für sinnliche Erkenntnis und der Philosoph Berkeley nennt den Tastsinn sogar Fundamentalsinn. Das bestätigt sich durch die Beobachtung, dass der Tastsinn beim menschlichen Embryo schon nach sechs Wochen aktiv wird. (Der sechswöchige Embryo bewegt sich, wenn er berührt wird.)

Mittels Tastsinn entsteht ein Bild von Form, Beschaffenheit und Temperatur der Objekte. Tastnervenendigungen versorgen die Haut und verteilen sich in unterschiedlicher Dichte. Die sensorischen Erfahrungen durch Tasten können sehr intensiv sein und sich in manchen Bereichen wie der Erotik mit anderen Sinnen verbinden. »Mit anderen Worten, meine taktile Oberfläche ist nicht nur die Schnittstelle zwischen Körper und Welt, es ist auch die Schnittfläche zwischen meinen mentalen Prozessen und meiner körperlichen Existenz. Indem ich mich an der Welt reibe, definiere ich mich für mich selbst.« *(s.⑨ S. 117)* Wenn ich taste, erfahre ich nicht nur etwas über das, was ich ertaste, ich erhalte auch Informationen über mich selbst. Doch nicht nur das: Tasten ist auch ein Vorgang der gegenseitigen Einflussnahme. Durch Tasten wirke ich ein und nehme wahr und dabei werde ich gleichzeitig verändert, weil ich mich währenddessen selbst bewege, empfinde und wahrnehme.

Propriozeptiver Sinn

Indem ich mich bewege, berühre ich mich selbst, »reibe mich in mir« und wecke dadurch die zahllosen Berührungsrezeptoren im Gewebe. Diese inneren minimalen Druck- und Reibungsprozesse in Gelenken, Sehnen, Muskeln und Blutgefäßen informieren mich dabei über meinen aktuellen Zustand (A. Montagu). Dieser Vorgang wird Propriozeption (kinästhetischer Sinn, Muskelsinn oder Bewegungssinn) genannt. Propriozeption leitet sich von »property (Besitz)« ab und heißt so viel wie: sich selbst in Besitz nehmen.

»... es ist dieser lebensnotwendige ›sechste Sinn‹, durch den der Körper sich selbst erkennt und mit vollkommener, automatischer, augenblicklicher Präzision die Positionen und Bewegungen aller beweglichen Körperteile, ihr Verhältnis zueinander und ihre Ausrichtung im Raum erfasst.« *(s.⑩ S. 68)*

So betrachtet bildet Bewegung die Grundlage der Wahrnehmung. Dass innere Bewegung (siehe »Innenbewegung« und Gedanken und Gefühle) ebenfalls die Wahrnehmung beeinflusst, wird an anderer Stelle *(s. S.116)* erörtert. Im Zustand absoluter äußerer Ruhe wäre zumindest dieser Teil der Empfindungswahrnehmung nicht aktiv. Aber gibt es überhaupt diesen Zustand, ist nicht auch die äußere Ruhe relativ? Im Lehrsystem Qigong Yangsheng von Jiao Guorui wird darauf hingewiesen, wie sich der Zustand äußerer Ruhe nicht nur mit der Wahrnehmung der inneren Bewegung verbindet, sondern diese feine innere Bewegung auch in minimaler Form sichtbaren Ausdruck findet. Damit wird auch die äußere Ruhe relativ und der propriozeptive Sinn ist wieder wach. Wird die äußere Bewegung langsam und im Zustand innerer Ruhe ausgeführt, ist die Aufnahmefähigkeit für die propriozeptive und taktile Wahrnehmung besonders hoch.

Darauf basiert zum Teil die Wirksamkeit der Atem- und Bewegungsarbeit, auf die hier Bezug genommen wird.

Kleinkinder lernen durch Bewegung (Ingangsetzen der Propriozeption), Kontakt (Tastsinn), Klänge und Bilder die Welt und sich selbst kennen. Sie entwickeln so die Fähigkeit, auf Angebote dieser Welt zu antworten, ihr zu begegnen. Dieses Prinzip des sensomotorischen Lernens liegt ebenfalls der Atem- und Bewegungsarbeit zugrunde. Hirnphysiologische Untersuchungen bei Kindern haben gezeigt, »dass sämtliche Sinne genutzt werden müssen, damit sich das Gehirn überhaupt entwickelt, eine Struktur bilden, die Wahrnehmung verarbeiten kann. Babys kommen zwar bereits mit Milliarden von Nervenzellen auf die Welt, die auch schon in einem vorläufigen Grundmuster miteinander verbunden sind. Die ›Feinabstimmung‹ aber geschieht erst durch Stimulation von außen. Über die Nervenbahnen gelangen die Sinnesreize in die ›Zentrale‹ und erregen dort Neuronen, die sich miteinander verschalten. »Dabei gilt das Prinzip ›fire together, wire together‹ – verdrahtet wird, was gemeinsam feuert. Und je vielfältiger die Signale, desto mehr Schaltstellen, Synapsen entstehen.« *(s. (11) S. 48)*

Zur Bewegungslosigkeit durch Krankheit gezwungen, kann ein Organismus dennoch über seine Vorstellungskraft – eine vorgestellte Bewegung – die propriozeptiven Organe pflegen und sensorische Unterversorgung vermeiden.

Propriozeptoren

Die Propriozeptoren – Rezeptoren der Muskelspindeln, Sehnenorgane, Gelenk- und Hautrezeptoren haben die Aufgabe, alle sensorischen Stimulierungen in alle Schichten des Nervensystems zu übermitteln.

Empfindungsbewusstsein

A. Damasio unterscheidet zwischen Hintergrundempfindungen und Gefühlsempfindungen. Beider können wir gewahr werden und das Empfindungsbewusstsein bezieht sich auf Empfindungen wie auf Gefühle. Bestimmte Hintergrundempfindungen sind stets vorhanden und abrufbar:
»Die Hintergrundempfindung ist unser Vorstellungsbild von einer Körperlandschaft, die nicht durch Gefühle erschüttert wird … Das somatische Hintergrundempfinden setzt nie aus, obwohl wir es manchmal kaum bemerken, weil es keinen bestimmten Teil des Körpers, sondern den übergreifenden Zustand praktisch aller seiner Bereiche repräsentiert.« *(s. (12) S. 208)*

Das Empfindungsbewusstsein entwickelt sich nun aus der Fähigkeit, die vielseitigen sensorischen Signale, welche die Sinne übermitteln, zu bemerken und zu beachten. Empfindungsfähig werden wir durch das Lenken unserer Aufmerksamkeit auf die inneren Prozesse. Es ist manchmal nützlich, zwischen Empfinden und Fühlen zu unterscheiden. Denn unsere Empfindungen bringen uns mit der Realität in Kontakt, während Gefühle, die Empfindungen begleitend, diese nach einem mehr oder weniger subjektiven System interpretieren. Die Empfindungsfähigkeit ermöglicht einerseits das Wahrnehmen des ganzen Körpers, seiner Funktionen, auch der Atembewegung, und der Gefühle. Antonio R. Damasio bezeichnet Empfindungen wie Gefühle als kognitive Wahrnehmungsbilder, »ebenso abhängig von zerebraler-kortikaler Verarbeitung wie jede andere Vorstellung«, mit deren Hilfe der Körper »vergeistigt« wird. *(s. (13) S. 218)*
Helmuth Stolze betont, wie das Erspüren des Körpers (das kinästhetische Bewusstmachen) sowohl in Ruhe wie in Bewegung zum Erlebnis des ganzen menschlichen Körpers als einer unteilbaren Einheit führt. Und dass auf diesem Weg dem Körper nicht durch äußere Übungen, sondern durch innere Erfahrung zur Regeneration verholfen werden kann. *(vergleiche (14) S. 43)*
Schon der Begriff »kinästhetisch« weist auf die Einheit von Bewegen und Wahrnehmen hin. Bewusstes Hinspüren ermöglicht es, mit Erfahrungen, die noch unbewusst waren, in Kontakt zu kommen. Diese Erfahrungen können sich – wenn dafür genügend Zeit ist – in Bilder umsetzen und von der Wahrnehmung berührt werden. Die spannungslösende Kraft des Atems verstärkt diesen Prozess zusätzlich – und das Unbewusste wird zugänglich. Hinspüren und Atmen sind also Mittler und Vermittler in Richtung sowohl des Unbewussten wie des Bewussten.

Sammlung

Das Lenken der Aufmerksamkeit auf bestimmte Körperbereiche oder eine spezifische Frage, ein Bild etc. kann als »Sammlung« bezeichnet werden. Die innere Sammlung ist Bestandteil aller Methoden der Körperwahrnehmung, sei es in der Körperarbeit oder in den unterschiedlichen Versenkungspraktiken. Die Chinesen sagen: »Gedanken sind wie umherspringende Affen.« Nach einiger Übung gelingt es, die Vorstellung und Empfindung in dem bestimmten Bereich zu bewahren und assoziative Zerstreuung zu vermeiden. Vielleicht entfaltet sich dann die Heilkraft, die beispielsweise die Vertreter der transpersonalen Medizin der Aufmerksamkeit nach innen zusprechen.

Atembewegung

Als Atembewegung wird das Weiter- und Schmalerwerden des Körpers – am deutlichsten an der Leibesmitte, aber auch sonst an der ganzen Körperoberfläche mehr oder weniger gut spürbar – verstanden. Die Atembewegung geht von der Zwerchfellbewegung aus. Das kraftvolle und elastische Zwerchfell sinkt während der Einatmung nach unten und komprimiert die Bauchorgane, der Bauch wölbt sich dabei etwas nach vorne. Das kann als Bauchatmung bezeichnet werden. Die sogenannte Bauchatmung steht also in einem direkten Verhältnis zur Zwerchfellbewegung nach unten. Die Rippen, die sich während der Einatmung auch zu den Seiten entfalten, vergrößern damit den seitlichen Atemraum. Das ist die Flankenatmung, die in Bezug zur Rippenbeweglichkeit steht. Der gesamte Brustkorb, auch der obere, weitet sich mit dem Einatmen und schafft Platz für die Ausdehnung der Lungen.

Manchmal wird der Begriff »Brustatmung« verwendet, um damit einen Zustand zu beschreiben, in dem sich die Atemdominante im oberen Brustkorb befindet.

Die natürliche Atmung bezieht den ganzen Rumpf, ja den gesamten Körper, mit ein, das heißt, Bauchatmung, Flankenatmung und Brustatmung gleichermaßen. Zusammen ist das die »Vollatmung«. Bestimmte Körperhaltungen, Bewegungen, körperliche Befindlichkeiten und auch geistig-seelische Zustände betonen mal den einen und mal den anderen Teilbereich der Atmung. Wenn sich die Atmung frei entwickeln darf, entsteht ein natürliches Gleichgewicht und der Atem erobert sich die Körperräume, die er für seine Entfaltung braucht. Von therapeutischen Zielen abgesehen (Beispiel: spezielle Atemweise während der Geburt etc.), führt die willkürliche Betonung eines Teilgebiets der Atmung (auch der Bauchatmung) zu Unausgewogenheit sowohl des Atemrhythmus als auch mit der Zeit der Körperstruktur und beeinflusst ungünstig andere Körperrhythmen und -funktionen.

Zwerchfell

Das Zwerchfell setzt alle Gewebeschichten des Körpers in Schwingung. Je nach Ausmaß der Entfernung von dieser Bewegungsquelle ist die Atembewegung deutlich oder weniger deutlich zu spüren. Das Zwerchfell (Diaphragma) besteht aus dem Rippenanteil, der Zentralsehne und den Schenkeln, die an der Wirbelsäule aufgehängt sind und scheidet Brust- und Bauchhöhle voneinander. Es ist an den Rippen, am Brustbein und an der Lendenwirbelsäule befestigt. Der Rippenanteil und die Schenkel werden unterschiedlich innerviert.

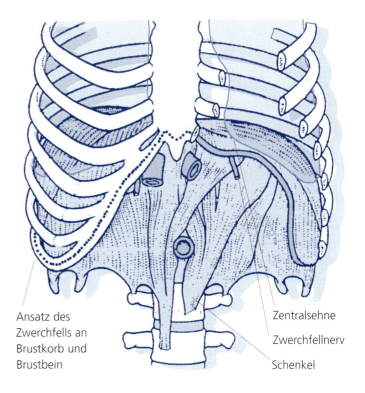

Ansatz des Zwerchfells an Brustkorb und Brustbein

Zentralsehne
Zwerchfellnerv
Schenkel

Zwerchfell

Die Innervation erfolgt über die einzelnen Wurzeln des *Zwerchfellnervs* (Nervus phrenicus), der im Bereich des 3.-7. Halswirbels den Rückenmarkkanal verlässt. *(vergleiche 15 S. 33)* Der *Akupunktur-Punkt »Dazhui«* befindet sich unterhalb des Dornfortsatzes des 7. Halswirbels – eine wichtige Empfindungszone, auch im Qigong.

»Dazhui« heißt »großer Wirbel« und wird auch »Punkt aller Strapazen« genannt. Mangelnde Durchlässigkeit in diesem Bereich wirkt sich auf den gesamten Organismus aus.

Atemmuskulatur

Hauptatemmuskel ist das Zwerchfell, dem die Interkostal- (Zwischenrippen-), Atemhilfs- und Bauchmuskeln zugeordnet sind. Von Bedeutung ist auch die Becken-Lendenmuskulatur. Jedoch die gesamte Muskulatur ist für die Atmung wichtig; denn nur wenn der ganze Körper relativ locker ist, kann die Kompressionswelle ungehindert durch den Körper schwingen. Die Atemmuskeln sind die tätigsten Muskeln und werden unwillkürlich oder willkürlich innerviert.

Die *Zwischenrippenmuskeln* (Interkostalmuskeln) lassen zu, dass sich der Brustkorb erweitert und ermöglichen gemeinsam mit den *Sägemuskeln* (Mm. serrati post. inf.), dass sich die Rippen während der Ausatmung wieder anlegen und senken.

Die *Atemhilfsmuskulatur*, bestehend aus den Halsmuskeln, den *Treppenmuskeln* (Mm. scaleni), Kopfbeuger (M. sternocleidomastoideus) und der *Trapezmuskel* (M. trapezius) arbeiten nur bei stark vergrößertem Atemvolumen, bei Anstrengung, Erregung etc.

Ist die *Bauchmuskulatur* (Abdominal-M.) ausreichend tonisiert, unterstützt sie während der Ausatmung das Zwerchfell, in seine kuppelförmige Position zurückzuschwingen. Erst dann ist das Zwerchfell imstande, den notwendigen Druck für die erneute Einatmung zu gewinnen. Doch darf das während des Übens auf keinen Fall mit einem forcierten Einsatz der Bauchmuskulatur verwechselt werden. Die Bauchmuskeln arbeiten erst bei starker Atmung aktiv mit. Daraus wird ersichtlich, wie wichtig Elastizität und ausreichende Versorgung der Atemmuskulatur sind. Sie kann deswegen auch ohne Übertreibung als »*vital pump*« bezeichnet werden, erinnert dieser Ausdruck doch auch an die starke Verbindung zur Herzmuskulatur.

Lendenmuskel (M. psoas), *Darmbeinmuskel* (M. iliacus) und *quadratischer Lendenmuskel* (Quadratus lumborum) sind die für die Atmung entscheidend wichtigen Becken-Lendenmuskeln. Sind Psoas und Iliacus angespannt, wird die natürliche, leicht lordotische Form der Lendenwirbelsäule so vergrößert, dass die Zwerchfellbewegung im Rücken behindert wird. Da der quadratische Lendenmuskel die Ausatmungsbewegung unterstützt, hemmt er bei chronischer Kontraktion die Rippenbewegung während der Ausatmung.

Muskeln, auch die Atemmuskeln (das Zwerchfell, *s. S. 78*, besitzt sehr wenig Muskelspindeln, aber viele Golgi-Sehnenapparate) werden über die empfindlichen Steuerungsorgane Muskelspindeln und Golgi-Sehnen-Organe stimuliert, die das Zentralnervensystem (das motorische Steuerungssystem in Rückenmark und Hirnstamm und das motorische Steuerungssystem im Kleinhirn) auf dem Laufenden halten. Diese Vorgänge spielen sich unwillkürlich ab und lösen keine Sinneswahrnehmung aus. Muskelspindeln sind kleine Bündel von Muskelfasern, um die sich sensorische Endungen schlingen, die alle Veränderungen im Muskel registrieren und weiterleiten. Sie arbeiten mit den Golgi-Sehnen-Organen zusammen, die in den Collagenbündeln der Sehnen sitzen und die Spannungsdehnung in den Sehnen messen. Bei Überlastung verhindern sie sofort weitere schädigende Spannung. Allerdings wird der Golgi-Reflex auch von Impulsen der Großhirnrinde beeinflusst. Das kann sich positiv oder negativ auf die Schwellenwerte der Golgi-Sehnen-Organe auswirken, da das relative Niveau der allgemeinen Erregung durch Stimmung, Emotionen, Gedanken und Einstellungen bestimmt wird. Ein Beispiel dafür ist die Anspannung und die darauf folgende Bewegungshemmung der Atemmuskulatur bei Angst.

»Mentale Zustände in den höheren Gehirnzentren nehmen oft entscheidend Einfluss auf die Ruhespannungswerte, auf den Grundtonus *(s. S. 78)*.

Muskelspindeln und Golgi-Sehnen-Organe sind letztlich nur Mechanismen, die auf das Überschreiten ihrer Reizschwellen reagieren; der Geist ist es, der diese Schwellen setzt und verändert.« *(s. ⑯ S. 432)*

Atemwege

Die Atemwege, innere wie äußere, beginnen bei der Nase. Von dort aus wird die Luft durch ein differenziertes Röhrensystem zu den Lungenbläschen geleitet. Nicht nur, dass die Luft in der Nase gefiltert, gewärmt und befeuchtet wird, der mehrfache Richtungswechsel des Luftstroms durch die engen Nasenwege sorgt reflektorisch für eine Vertiefung und Verlängerung des Einatmens. Demzufolge ist die Nasenatmung der Mundatmung überlegen, die nur bei verstärkter Atmung automatisch und natürlich in Anspruch genommen wird. Allerdings ist es möglich, wenn die Ausatmungsfunktion gestärkt werden soll, übungshalber durch den Mund auszuatmen. Bei bestimmten Atembeschwerden ist es sogar ratsam, durch die leicht aufeinander gelegten Lippen auszuatmen (Lippenbremse), damit ein Bronchiolenkollaps während der Ausatmung vermieden wird.

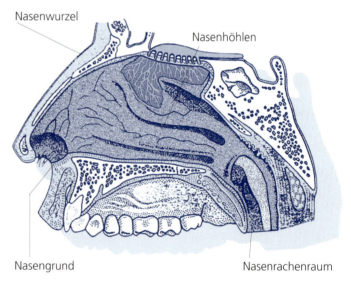

Nasenwege, oberster Abschnitt der Atemwege

Lockere Mund-, Rachen- und Kehlkopfmuskulatur begünstigen die Stimm- und Sprachbildung und ebenfalls die allgemeine Atemfunktion.

Sowohl die *Luftröhre* als auch die *Bronchien*, zu denen sie sich verzweigt, benötigen zu ihrer Stabilisierung flexible Knorpelspangen, um die Öffnung während der Einatmung zu erhalten. Überhaupt verändert sich dieses baumartige Röhrensystem permanent während der Atemphasen in Länge und Durchmesser seiner Röhren. Gerade diese Elastizität kennzeichnet ein gesundes Bronchialsystem.

»Urhöhle« – eine »gefährliche« Öffnung?

In der *Lunge* befinden sich in etwa 300 Millionen Lungenbläschen *(Alveolen)*, deren gemeinsames Volumen sich bei tiefer Einatmung auf maximal 100 Kubikmeter erweitert. Die Lunge besitzt Reinigungs- und Abwehrmechanismen, die den Organismus vor schädlichen physikalischen und mechanischen Stoffen (Viren, Bakterien, Allergenen u. a.) schützen und von anfallenden Schlacken entlasten. Dazu zählen die reinigende, klärende Sekretbildung und der Sekrettransport, der Hustenmechanismus und das angeborene und erworbene immunologische Abwehrsystem *(s. (17) S. 63)*.

Vegetative Reaktionen

Die Kursteilnehmerinnen werden im Laufe des Übens und während des Nachspürens gehäuft vegetative Reaktionen zeigen, wie Tränen, Gähnen, Husten, Niesen, Räuspern, Stöhnen, Seufzen etc. Das sind Versuche und effiziente Möglichkeiten des Organismus, wieder ins Gleichgewicht zu kommen. Es mag vorteilhaft sein, wenn Sie als Kursleiterin hin und wieder erwähnen, wie natürlich diese Reaktionen sind und welche wohltuend lösende Wirkung sie haben.

In Bayern war es üblich, Gähnen mit dem Ausspruch »Gottseibus« zu begleiten. Was soviel heißt wie: »Verschluck nicht den ›Gottseibeiuns‹«. »Gottseibus« umschreibt in magischer Abwehr das Wort »Teufel« (Abwehrzauber). Vielleicht wurde befürchtet, dass eine große Öffnung (des Mundes) gefährlich werden könnte.

Bedeutung des Schließens

Darunter wird neben dem bewussten Zurückführen der Bewegung in das Körperzentrum auch das klare Beenden der Übungssequenz verstanden. Das ist sehr wichtig, zum einen, um aus dem Übungszustand heraus und zurück in den Bereich der Alltagserfahrungen zu gehen, zum anderen, um die gewonnenen Erfahrungen und die zugewachsene Kraft zu speichern. Ohne einen klaren Abschluss besteht die Gefahr, dass sich die Eindrücke zu rasch zerstreuen und verwischen. »Keinesfalls ist die Abschlussübung als kurzes und wenig bedeutsames Anhängsel der eigentlichen Übung anzusehen …« *(s. (18) S. 151)*
»Schließen« ist darüber hinaus ein Begriff der traditionellen chinesischen Medizin, der eine der Wirkungsrichtungen des Qi beschreibt.

Im Handbuch werden verschiedene Möglichkeiten des Abschlusses vorgestellt:
1. Nierenpunkte massieren
2. Um die Gürtellinie streichen
3. Hände auf den Nabel legen
4. Um das Dantian kreisen
5. Die Handmitten waschen
6. Hände unter das Brustbein legen
7. Eine Hand legt sich auf den Nabel, die andere unter das Brustbein

Altes ausstoßen – Neues aufnehmen

Auf einen Blick

Vollendete Ausatmung schafft Raum für die nächste Einatmung. Nur wenn sich die Lunge ausreichend geleert hat, kann sie sich gründlich mit sauerstoffangereicherter Luft füllen.

Ziele der Kurseinheit:
- Kenntnisse über den Atemprozess gewinnen, insbesondere die Ausatmung;
- Verständnis für den rhythmischen Ablauf der Atmung aufbauen;
- Bestimmte Haltungen und Bewegungen entwickeln, welche die Muskulatur lösen, Körperhaltung und Atmung regulieren, die Ausatmung fördern;
- Bereitschaft aufbauen, sich auf die Gruppensituation und die Übungsangebote einzulassen.

Phasen und Übungen	Methode	Zeit
Einstieg Bedeutung von Ein- und Ausatmen in der Traditionellen Chinesischen Medizin	Gespräch	3-5 Min.
1. Anregungsphase Dehnen; Klopfen des ganzen Körpers; vom Kreuzbein ausgehend zu den Knien streichen	Bewegung, Selbstmassage	10 Min.
2. Zur Ruhe kommen »Stehen wie eine Kiefer«	Ruhehaltung, Sammlung	5-7 Min.
3. Arbeit an der Körperbasis Kreuzbein klopfen; Kreuzbein streichen; Sitzknochen innerlich ertasten; Gewichtsverlagerung von einem Sitzknochen auf den anderen	Selbstmassage, Tast- und Spürarbeit, Bewegung	15 Min.
4. Arbeit am Mittenbereich Zwerchfell durch Streichen beleben; Hände vor der Mitte öffnen und schließen; Hände auf die Mitte legen und spüren	Selbstmassage, Bewegung, Sammlung	10-15 Min.
5. Arbeit am oberen Körperbereich Ohr massieren; Lauschen	Selbstmassage, Bewegung	5-7 Min.
6. Schließen Nierengegend massieren; um die Gürtellinie streichen; Hände auf Nabel	Selbstmassage, Sammlung	5-7 Min.
Variationen **zu Einstieg:** Geschichte: »Der alte Mond« **zu 5.:** Sitzen, Partnerin legt eine Hand auf 7. Halswirbel und 1. Brustwirbel	Erzählen einer Parabel Partnerinnenarbeit, Tast- und Spürarbeit	5 Min. 5-7 Min.

Übungen

Vom Kreuzbein bis ...

... zu den Knien streichen

Häufig wird bemerkt: »Ich fühle mich wacher, erfrischt, belebt, wärmer, es prickelt ... etc.« Vertiefend wirkt, wenn Sie die Übenden daran erinnern, dass die Klopfmassage durch alle Gewebeschichten dringt und den Gewebestoffwechsel, insbesondere den Gasaustausch in den Zellen (Innere Atmung) und die Blut- und Lymph-Zirkulation anregt. Es kann auch im Stehen geklopft werden.

Ziele:

- »Wecken« des Empfindungsnervensystems
- Kontaktaufnahme mit sich selbst
- Verbalisieren der Empfindungen

Vom Kreuzbein aus bis zu den Kniekehlen streichen

Stehend beide Hände mit der Handinnenfläche auf das Kreuzbein legen und von dort aus kräftig über das Gesäß und die Rückseite der Oberschenkel bis zu den Kniekehlen streichen. Dabei ergibt sich eine natürliche Beugung der Knie und des Rumpfes. Der Rücken wird leicht gedehnt. Während sich die Hände von den Kniekehlen seitlich weg nach oben bewegen und der Rumpf sich schwingend aufrichtet, löst sich die Ausatmung reflexartig. Unterstützend können Sie darauf hinweisen, dass die Ausatmung auch aus dem Mund ausströmen darf.
Das verstärkt die Funktion des Ausatmens.

Ziele:

- Anregen der Atmung, Fördern der Ausatems
- Erfahren, dass Ausatmen und Entspannen sich gegenseitig fördern

Einstieg

In der traditionellen chinesischen Medizin werden Atem-Ruheübungen »Tuna-Übungen« genannt. Das heißt so viel wie »Altes ausstoßen, Neues aufnehmen« oder »Auswerfen und Assimilieren«. Damit wird der Atemprozess als solcher anschaulich beschrieben. Dass damit zunächst die Kohlendioxydabgabe und Sauerstoffaufnahme gemeint sind, wird jede Teilnehmerin wissen. Weitergehende physiologische Erläuterungen *(s. »Grundfunktionen der Atmung«)* erfolgen im Laufe der praktischen Übungen.

1. Anregungsphase

Dehnen *(s. S. 29)*
Klopfen des ganzen Körpers im Sitzen
Es werden Hohlfäuste gebildet. Das heißt, der Daumen liegt außen und die Innenhand bleibt höhlig gerundet. Die Handgelenke lockern sich schüttelnd. Von den Fußsohlen ausgehend wird nach und nach ein Bein klopfend massiert, der Wirkung in Ruhe nachgespürt und die Empfindungen mit dem noch nicht geklopften Bein verglichen. Anschließend kommt das andere Bein an die Reihe, das Gesäß, das Kreuzbein, der Rücken, soweit erreichbar, der Schultergürtel und schließlich an den Händen beginnend die Arme. Wer möchte, kann auch die Vorderseite des Rumpfes mit sanfter Klopfmassage, evtl. nur mit den Fingerkuppen, bearbeiten. Wichtig ist, dass genügend Zeit zum Spüren und für den verbalen Ausdruck der Körperempfindung da ist.

2. Zur Ruhe kommen

»Stehen wie eine Kiefer«
(Vorbereitungs- und Ruheübung aus dem Lehrsystem Qigong Yangsheng von Jiao Guorui)
Die Füße stehen zu Beginn locker mit etwas nach außen gestellten Spitzen zusammen. Nachdem das Gewicht nach links verlagert wurde, geht der linke Fuß einen schulterbreiten Schritt zur Seite. Jetzt wird das Gewicht gleichmäßig auf beide Füße verteilt. Die Füße stehen parallel. Mit der Lockerung des Lendengürtels sinkt das Becken ein wenig und die Knie beugen sich leicht. Das Kreuzbein befindet sich in aufgerichteter Position und der Beckenboden parallel zum Erdboden. Darauf hinzuweisen kann nützlich sein.

»Stehen wie eine Kiefer«

Die Arme und Hände gehen an den Seiten langsam in eine bogenförmige Haltung.

Achten Sie darauf, dass Lendenmuskulatur, Gesäß und Knie locker bleiben. Das ist leichter, wenn die Beinmuskeln aktiviert sind, was bereits durch das aufmerksame Hinspüren möglich ist. Die Ellbogen sind trotz der Bogenform der Arme entspannt. Die Sammlung ruht im Nabelbereich. Der Atem kommt und geht in natürlicher Weise.

Erwähnen Sie auch, dass das Vorstellungsbild »Kiefer« in China eine Metapher für Langlebigkeit, äußere und innere Aufrichtung und Stabilität ist. Es kann auch eine andere Baumart gewählt werden, wenn »Kiefer« keine positive Resonanz wecken sollte. Als »Stehen wie ein Baum« findet sich diese Haltung in mehreren Qigong-Übungssystemen.
Diese Ruhehaltung ist im wahrsten Sinn eine Übungshaltung. Es ist wichtig, sich darauf einzustellen, dass dabei die unterschiedlichsten Empfindungen auftauchen können. Alle Spannungen melden sich zu Wort und rücken in das Bewusstseinsfeld. Nur so ist es mit der Zeit möglich, diese Spannungen loszulassen. Das Stehen in einer Ruhehaltung (die Zeitdauer richtet sich stets nach dem eigenen Maß und sollte nie überfordernd sein) ist gleichzeitig eine sehr hilfreiche Arbeit am »Körperbild«. Der Nabelbereich, auf den sich dabei die Aufmerksamkeit richtet, gilt als Zentrum des Körperschemas *(s. S. 45)*, als Mitte des Leibes.

Ziele:
- Bewusstes Wahrnehmen der Gewichtsverteilung auf beide Füße
- Bewusstes Wahrnehmen der Atembewegung in dieser Haltung
- Bewusstes Wahrnehmen von bestehenden Spannungen
- Fähigkeit, durch die Sammlung in einen besonderen Übungszustand zu gehen

3. Arbeit an der Körperbasis

Klopfen des Kreuzbeins
Das Kreuzbein wird mit federnden Fäusten geklopft, bis es sich warm anspürt und als belebt empfunden wird.

Ziele:
- Struktur und Form des Kreuzbeins erspüren
- Beleben des Kreuzbeins

Streichen des Kreuzbeins zu den Seiten
Dann kann mit flächigen Händen von der Mitte zu den Seiten kräftig und gezielt gestrichen werden. Dabei löst sich von selbst die Ausatmung, wenn die Hände sich schwungvoll seitlich vom Körper weg bewegen.

Ziele:
- Dehnen der Iliosakralgelenke
- Anregen des Atemflusses

Sitzknochen innerlich ertasten
Die Sitzhöcker, in gewisser Weise »die Füße des Beckens«, sind für die Beckenstellung und Aufrichtung des Rumpfes im Sitzen und Stehen von herausragender Bedeutung. Voraussetzung ist auch hier das Bewusstwerden der knöchernen Struktur, der Stellung und der Lagebeziehung zu den anderen Teilen des knöchernen Beckens. Manchmal ist es hilfreich, einen Anatomieatlas heranzuziehen. Wenn ausreichend Zeit ist, könnte an dieser Stelle auch das knöcherne Becken mit Schambein, Sitzknochen und Kreuzbein aus Plastilin geknetet werden.

Ziele:
- Erfahren, welche Aufgabe die Sitzbeine für das Becken besitzen
- Erkennen der Form der Sitzbeine

Gewichtsverlagerung von einem Sitzknochen auf den anderen
Das Gewicht wird exakt auf einen Sitzknochen verlagert, der andere Sitzknochen angehoben. Die Füße bleiben jedoch beide auf dem Boden. In die Mitte zwischen den Sitzknochen zurückschwingen, das Gewicht ist dann wieder gleichmäßig auf beide Sitzknochen und auf beide Füße verteilt. Die Ausatmung kann beim Niederlassen auf beide Sitzknochen herausströmen, bei der Gewichtsverlagerung auf die Seite und die Erhöhung des Druckes auf einen Sitzknochen erfolgt reflektorisch die Einatmung.

Üben Sie als Kursleiterin in dieser Weise mit, vermittelt sich der Ablauf ohne Worte. Diese Übungsweise wirkt besonders spannungsregulierend. Zwerchfell und Becken-Lendenmuskulatur lockern sich. Dadurch vertieft sich die Atmung. Auf natürlichem Wege stellt sich der dreigliedrige Atemrhythmus ein. *(s. »Atemrhythmus«, S. 44)*

Nehmen Sie in der Gruppe wahr, wie sich die Atemfrequenz verlangsamt, wie die Ausatmung kräftiger – vielleicht auch geräuschvoller – geworden ist und wie häufig gegähnt wird, dann vertieft es den Lerneffekt, wenn Sie diesen Prozess thematisieren. Weisen Sie dann auf die Funktion der Atemruhe (die Atemmuskulatur kann sich währenddessen regenerieren) hin. Die Teilnehmerinnen beschreiben ihre Erfahrungen und Sie erläutern den charakteristischen Rhythmus der Atmung: Ein – Aus – Pause.

Ziele:
- Auslösen spontaner unwillkürlicher Ausatmung
- Erleben der Ausatmung als Entlastung
- Erfahren der Atempause
- Erfahren der Spannungsregulierung durch gelöste Atmung

4. Arbeit am Mittenbereich

Zwerchfell durch Streichen beleben
Klären Sie die Lage des Zwerchfells, indem der Zwerchfellrand abgetastet und mit weichen Bewegungen der Hände um den Mittenbereich (damit ist die Zwerchfellgegend gemeint) gestrichen wird, bis Belebung entsteht und das Gewebe mit den darunter liegenden Rippen gut spürbar ist *(s. »Zwerchfell«, S. 35)*.

Ziele:
- Kenntnisse über die anatomische Lage des Zwerchfells gewinnen
- Beleben des Zwerchfells, des Rippenrings und des Lendengürtels

Hände vor der Mitte öffnen und schließen
Die Hände in Höhe der unteren Rippen, also unter dem Brustbein leicht übereinander legen und im eigenen Rhythmus der Atmung zu den Seiten öffnen und wieder vor der Mitte schließen. Zunächst braucht nicht festgelegt zu werden, ob die Öffnung zur Seite im Ein- oder im Ausatmen erfolgt. Mit Sicherheit werden Fragen nach der »richtigen Atmung« gestellt.
Hier bietet es sich an, einen kleinen Exkurs über die Bewegung und Lageveränderung des Zwerchfells, die Ausdehnung des Brustkorbs und das Weiter- und Schmalerwerden des Rumpfes zu geben. Abbildungen werden dienlich sein *(s. »Atemmechanik«, S. 44)*.

Im Anschluss daran können Sie anregen, dass sich die Hände synchron zur Einatmungsbewegung zu den Seiten und in der Ausatmungsphase wieder aufeinander zubewegen.

Geben Sie unbedingt den Hinweis, dass die Bewegung der Hände mit dem individuellen Atemrhythmus verbunden und achtsames Spüren sehr hilfreich ist. Manche Teilnehmerinnen neigen dazu, die Öffnung zu den Seiten zu übertreiben und dadurch nicht im Rhythmus ihrer Atmung zu bleiben. Das vorsichtige Bewusstmachen und vielleicht die Bemerkung: »Manchmal ist weniger mehr!« kann an das eigene Maß erinnern. Genaues Aufnehmen der Erfahrungen der Teilnehmerinnen ist an dieser Stelle besonders wesentlich. Wer noch Lust hat, kann auch die andersartige, jedoch gleichwertige Variante üben: in der Ausatemphase öffnen sich die Hände zu den Seiten und schließen sich während der Einatmung wieder vor der Mitte. Es gibt kein »Richtig oder Falsch«. Die Frage nach dem Erlebten und den Kontrasten zwischen den beiden Möglichkeiten kann zu regem sprachlichen Austausch motivieren.

Ziele:
- Kenntnisse über die Atemmechanik gewinnen
- Erfahren der weitenden Einatembewegung und schmälernden Ausatembewegung
- Erfahren des rhythmischen Ablaufs der Atmung
- Erfahren, wie sich die Bewegung dem Rhythmus anpasst

Hände auf die Mitte legen und spüren
In der Sammlung auf diese äußerst empfindsame Stelle unter dem Brustbein und zwischen den Rippen (Bereich des Sonnengeflechts) schwingt die Anregung zurück in belebte Ruhe. Setzen Sie an dieser Stelle eine Motivation und erwähnen Sie, wie günstig sich der Übungszustand, den die Teilnehmerinnen gerade erleben, auf Atemfrequenz und Atemtiefe *(s. S. 44)* auswirkt.

Hände vor der Mitte öffnen und schließen

Lauschen

5. Arbeit am oberen Körperbereich

Ohren massieren
Das äußere und innere Ohr und der Sternocleidomasteodeus *(s. »Atemmuskulatur«, S. 35)* werden sanft und gezielt massiert.

Ziel:

 Bewusstwerden des inneren und äußeren Ohrs und seiner Beziehung zur Halsmukulatur

Lauschen
Auf beiden Sitzknochen aufgerichtet sitzen: Hals und Ohr so zu einer Seite dehnen, als würde von dort ein angenehmer leiser Ton – der die Hörerin anzieht – erklingen. Der Kopf legt sich dabei auf die andere Seite. Wieder zur Mitte zurückschwingend löst sich die Ausatmung von selbst. Es wird im Wechsel mit der linken und rechten Seite geübt.

Zur Erweiterung und Verstärkung können anschließend zusätzlich das Gewicht auf einen Sitzknochen verlagert, der Arm an dieser Seite leicht angehoben und Hals und Ohr wie vorher zur Seite gedehnt werden.

Nacken und Schultergürtel können sich dabei gut lösen. Das Sitzen auf dem Hocker wird dann als müheloser empfunden und es entsteht ein Gefühl der Leichtigkeit, das über die Körperempfindung hinausgeht.

Ziele:

- Erfahren von Lockerung der Hals-, Nacken- und Schultermuskulatur
- Erfahren von Lösung in der Ausatmungsphase
- Verständnis für den Zusammenhang zwischen muskulärer Entspannung und innerem Wohlbefinden entwickeln

6. Schließen

Nierengegend massieren
Der Bereich der 10.-12. Brustwirbel und der Lendengürtel werden mit kreisenden Bewegungen ausgestrichen. Die Hände streichen intensiv und gezielt, damit die Wärme das Gewebe durchdringen kann.
Die »Nierenpunkte reiben« *(s. S. 43)* wird diese Bewegung im Lehrsystem Qigong Yangsheng bezeichnet. Die Nierenpunkte liegen beiderseits der Wirbelsäule, jeweils 2-3 cm neben dem Zwischenraum von 2. und 3. Lendenwirbel

Ziel:

 Entspannen und Beleben des Lendenbereichs

Um die Gürtellinie streichen
Die Hände umfahren mit einer entschiedenen Gebärde die Gürtellinie, von der Lenden-Wirbelsäule über die Beckenkämme bis zum Nabel.

Ziele:

- Verbindung zwischen Hinter- und Vorderseite schaffen
- Sich in der abschließenden »einsammelnden« Gebärde auf das Ende des Übens einstellen

Hände auf den Nabel legen
Schließlich legen sich die Hände auf den Nabel. Genügend Zeit zum Nachspüren und Aufnehmen all dessen, was sich oft erst im Anschluss an Reaktionen meldet, tut allen gut.

Diese Bewegungen sind Teile der Abschlussübungen im Qigong und des Lehrsystems Qigong Yangsheng von Jiao Guorui.

»Mit diesen Übungen werden die Früchte unserer Übung eingesammelt und in den Kulminationsorten des Qi, den Dantian, gespeichert.« *(s. ⑱ S. 151)*

Um die Gürtellinie streichen

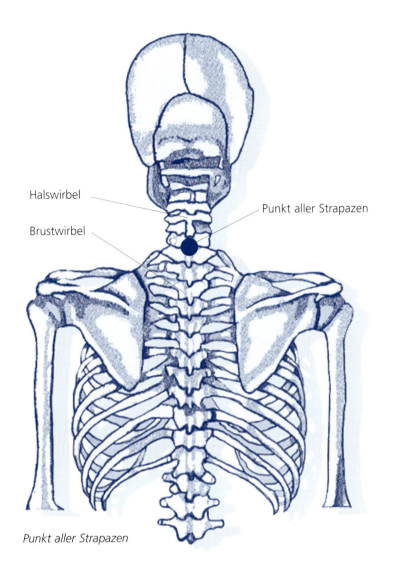

Punkt aller Strapazen

Nierenpunkte reiben

Variationen

zu »Einstieg«: Geschichte: »Der alte Mond«
»Was machen wir mit dem alten Mond, wenn der neue da ist?« wurde Nasruddin von einem Narr gefragt. »Wir teilen ihn in Stücke. Jeder alte Mond ergibt vierzig Sterne.« lautete Nasruddins Antwort.

Dieser alternative Einstieg ist gleichzeitig eine Vertiefung der Thematik und könnte auch der nachdenkliche Abschluss einer Übungsstunde sein.

Ziele:

- Übertragen der Symbolik »alter Mond und neuer Mond« auf Aus- und Einatmen *(s. »zyklischer« Charakter der Atmung in »Atemrhythmus« S. 44)*
- Erkennen der Aussage der Parabel: So wie der alte Mond noch wertvoll ist und genutzt werden kann (zerteilt werden zu 40 Sternen), kann auch die Ausatmung (die sogenannte »verbrauchte Luft«) durch Gefühlsausdruck und Sprache, im Flötenspiel und Gesang und im Krafteinsatz (Arbeit und Sport) angewandt und gestaltet werden.
- Erkennen, dass »Ausstoßen« und »Auswerfen« auch die Bedeutung von »Loslassen« haben. Das »Alte« kann losgelassen werden, ohne dabei gänzlich zu verschwinden bzw. nutzlos zu sei. Das Kohlendioxyd der ausgeatmeten Luft wird von der Pflanzenwelt in Wachstum umgesetzt.
- Erkennen, dass die Ausatmung, die ausströmt, die Ausatemkraft, die »losgelassen« wird, zu einem kreativen Prozess führen und damit wieder die persönlichen Resourcen bereichern kann.

zu »5. Arbeit am oberen Körperbereich«:
Eine Kursteilnehmerin sitzt locker aufgerichtet auf dem Hocker und sammelt sich in den Nabelbereich. Der Atem fließt so wie er möchte. Die Partnerin steht in stabiler bequemer Haltung und legt leicht und ohne Druck eine Hand auf den Bereich des 7. Halswirbels und des 1. Brustwirbels »Punkt aller Strapazen«. Beide spüren in diese Körperzone, verlieren jedoch dabei nicht die Sammlung in Becken und Füße. Nachdem gewechselt wurde, ist ein Austausch über die Erfahrungen wichtig.

Ziele:

- Verständnis für die Wirkung von zwischenmenschlichem Kontakt und Berührung auf die Atmung gewinnen
- Bereitschaft fördern, sich auf Kommunikation durch Berührung einzulassen
- Verbalisieren der gewonnenen Erfahrungen

Altes ausstoßen – Neues aufnehmen

Hintergrundmaterialien

Grundfunktion der Atmung

Wesentliche Funktion der Atmung ist die Versorgung des Organismus mit Sauerstoff und die Freigabe der im Gewebestoffwechsel entstandenen Kohlensäure. Der Austausch zwischen der eingeatmeten Luft und dem Blut vollzieht sich in den Lungenbläschen (Alveolen). Gebunden an die Erythozythen (rote Blutkörperchen) des arteriellen Blutes gelangt der Sauerstoff in alle Zellen des Organismus. Das mit Kohlendioxyd angereicherte Blut fließt zur Lunge zurück. Das Kohlendioxyd wird in der ausgeatmeten Luft abgegeben (s. (19) S. 19).

Die Atmung ist außerdem an der Regulierung des Säure-Basen-Haushalts, an höheren nervalen Aktivitäten des zentralen Nervensystems, an verbaler (Sprechen, Singen usw.) und an nonverbaler Kommunikation (Lachen, Seufzen usw.) beteiligt.

Atemmechanik

Das Zwerchfell kontrahiert in der Einatmungsphase. Die Zwerchfellkuppel flacht sich dabei ab. In der Lunge entsteht durch das Druckgefälle zur atmosphärischen Luft ein negativer Druck, der eine Aufweitung des Brustraums bewirkt. Das kontrahierte Zwerchfell verkleinert den Bauchraum und schiebt den Bauchinhalt nach unten. Dadurch wölbt sich der Bauch nach vorne und den Seiten aus, wenn die Elastizität der Bauchmuskeln dies zulässt.

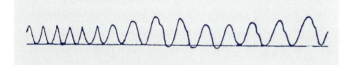

Atemkurve

Auswirkung der Atmung auf andere Organe

Die mechanische Auswirkung der Zwerchfellbewegung auf andere Organe ist offensichtlich. Der Magen wird auf- und abwärts bewegt, die Darmperistaltik wird unterstützt, die Leber wird massiert, desgleichen die Milz. Auch Gallenblase und Bauchspeicheldrüse profitieren durch die sanfte, rhythmische Massage. Sonnengeflecht und Nebennieren werden ebenfalls von dieser Bewegung erfasst, genauso wie die Nieren und die Organe des »kleinen« Beckens (unterer Teil des Beckens mit Blase und Gebärmutter). Das erklärt, warum eine optimal ablaufende Atmung für Organe und Organfunktionen – ja, für die gesamte Gesundheit des Menschen – derartig wichtig ist. Die Ärzte der Antike haben den Atem stets als den »großen Heiler« betrachtet.

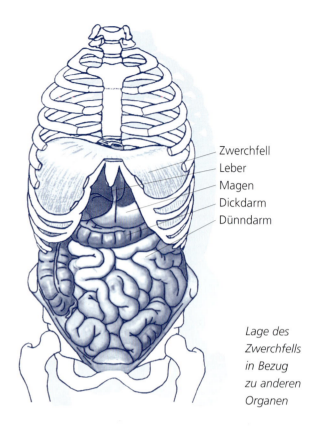

Zwerchfell
Leber
Magen
Dickdarm
Dünndarm

Lage des Zwerchfells in Bezug zu anderen Organen

Der Atemrhythmus

gehört zu den wichtigsten biologischen Rhythmen. Vordergründig ist damit der periodische Wechsel von Aus- und Einatmung gemeint, der in einer Atemkurve mit seinen wichtigsten Größen sichtbar gemacht werden kann: *Atemfrequenz, Atemtiefe* (Amplitude der Zwerchfellbewegung) und *Länge der Atemphasen* – Einatmung, Ausatmung und Pause.

In der Atemkurve zeigt sich auch der zyklische und fließende Charakter der als mühelos erlebten »Normalatmung«, deren Kennzeichen die Anpassungsfähigkeit des Atemrhythmus auf wechselnde innere und äußere Bedingungen und Bedürfnisse ist. Das heißt, die Kurve wird in den unterschiedlichen Lebenssituationen und von Mensch zu Mensch stets ein anderes Bild abgeben. In Ruhe oder mäßiger gleichförmiger Arbeit beträgt die Frequenz 10-16 Atemzüge/min., bei mittlerer Anstrengung dagegen 20-22 Atemzüge/min.

In tiefer Ruhe – Meditation, Ruheübungen – kann die Frequenz auf 3-4 Atemzüge/min sinken (s. (20) S. 51).

Zentrale *Aufgabe aller biologischen Rhythmen* ist die Anpassung lebender Systeme an innere und äußere Veränderungen, die Kommunikation mit anderen Biorhythmen und die Abstimmung auf diese.

So korrelieren mit dem Atemrhythmus unter anderem das Herz-Kreislaufsystem, das Lymphsystem, die Peristaltik der Magen-Darm-Organe, der Rhythmus der Liquor-Flüssigkeit und der vegetative Tonus. Die äußerst komplexe Steuerung der Atemrhythmik *(s. S. 44)* verdeutlicht, wie leicht dieses Zusammenspiel irritiert werden kann. Trotzdem sollte nicht von »falscher oder richtiger« Atmung gesprochen werden. Vielmehr atmet ein Mensch für seine spezifische Situation (Ausgeglichenheit und Wohlbefinden, Erregung, Belastung oder Krankheit) »typisch«.

»Nur ein vital gestörter, in seiner Atmung festgelegter Mensch atmet während längerer Zeit gleichmäßig fort. Sogar bei Schlafenden (obwohl da ein großer Teil der verändernden Einflüsse fortfällt, besonders bei schlafenden Kindern) kann man beobachten, wie sich von Zeit zu Zeit mit einem Aufatmen der Atemrhythmus ändert. Zwei aufeinander folgende Atemzüge sind einander ähnlich, aber nicht gleich; darin stimmt die Atmung mit allen anderen rhythmischen Abläufen überein.« *(s. (21) S. 196)*

Der Eigenrhythmus der autonomen Atmung ist so individuell wie ein Fingerabdruck, hat aber im Gegensatz zu diesem eine sich ständig ändernde Gestalt. Er weist stets auf Befinden und Verhalten des Menschen hin. Bleibt der Atemrhythmus ungestört, (das heißt, ohne willkürliches Eingreifen, zeigt sich nach dem Ausatmen eine Pause, wenn der Mensch nicht erregt ist oder sich kräftig bewegt. In der Pause können sich die Atemmuskeln wieder regenerieren. Danach strömt die Luft mühelos und ohne Aufforderung von selbst ein.

Ilse Middendorf beschreibt diesen ungestörten rhythmischen Ablauf der Atmung: »*Wir lassen den Atem kommen, wir lassen ihn gehen und warten, bis er von selbst wieder kommt.*« *(s. (22) S. 19)*

Der Zeitpunkt des Einatmens sollte vom Einsatz des Willens ganz verschont, stets autonom bleiben, damit ungünstige Auswirkungen auf andere biologische Rhythmen vermieden werden. Selten harmonieren willensorientierte Einflussnahmen *(Willküratmung)* mit den inneren homöostatischen Steuerungen. Homöostatische Regulation und Balance gehen schnell verloren. Deswegen verbindet sich auch rhythmusorientiertes Bewegen und Lösen vor allem mit der Ausatmung. Folgt die Bewegung dem Atemrhythmus in einer Weise, »dass die Atmung führt und die Bewegung sich ihr einschmiegt, statt sie zu behindern, – was übrigens eine Kunst für sich ist –, so erfährt man etwas sehr Merkwürdiges: Man sieht nämlich, wie ohne alles Zureden und Verbessern von außen Muskeln sich lösen, Unstetigkeit verschwindet, wie der natürlich nächste Bewegungsweg gefunden wird, wie die einzelnen Phasen der Bewegung zueinander in ein harmonisches Verhältnis treten, kurz, wie in wenigen Minuten die Bewegung selbsttätig zu ihrem Rhythmus und der ihr zugehörigen Form findet.« *(s. (23) S. 90)*

Das Körperbild

Die Praxis zeigt, wie wenig genau ein Körperbild ist. Das Körperbild wird durch den Verlauf der verschiedenen Phasen der kindlichen Entwicklung geprägt. Doch auch die Geschehnisse im Erwachsenenleben wirken auf das plastisch bleibende Körperbild ein. Der erste Schritt, um behindernde Fehlhaltungen aufzulösen, ist, ein realistisches Bild des eigenen Körpers zu gewinnen.

In Fluss zu kommen, lebendiger zu sein und sich wohl zu fühlen ist das Ziel jeder Körperarbeit. Dies kann sich erst verwirklichen, wenn auch die unbewussten Zonen – meist Bereiche mit zu viel oder zu wenig Spannung – wieder ins Bewusstsein rücken und nach und nach deren gefühlsmäßige Bedeutung verstanden wird. Das mag anfänglich wie ein steiniger Weg aussehen, doch führt dieser Weg zunehmend zu leiblich-seelischer Bewusstheit und Integration.

Im Gruppengespräch kann von Zeit zu Zeit geklärt werden, dass niemand an einer Idealnorm gemessen oder zensiert wird. An dieser Stelle ist sensible Einfühlung gefragt. Jeder Mensch hat Körperabwehrstrategien, die sich in Verspannungen, Erschlaffungen und Fehlhaltungen äußern, in der Kindheit oder im Laufe seines Lebens entwickelt. Diese mögen bisweilen sogar für eine bestimmte Zeit notwendig sein. Vor allem geht es um die bewusste Wahrnehmung dessen, was ist.

Die Körpertherapeutin Charlotte Selver sagte dazu, dass die Wahrnehmung einer Person von sich selbst zu tieferer Lebenserfahrung und dem Verstehen ihres Abhängigkeitsverhältnisses von anderen und von der Welt führt. Dass wir lernen müssen zu fühlen, zu schmecken, zu sehen, zu riechen, uns zu äußern, ohne irgendwelche Autorität, die unsere Kommunikation zensiert *(vergleiche (24))*.

Gelegentlich wird das Körperbild mit dem Spiegelbild verwechselt. Das Körperbild ist jedoch das, was ich von mir selbst kraft meiner Empfindungsfähigkeit wahrnehmen kann, ist mein »gelebter Körper«. Offensichtlich stehen sich Körperbild und Selbstbild im Sinn von Selbstverständnis und Selbstgefühl sehr nah.

Das *Körperschema* – letztlich nicht vom Körperbild zu trennen – repräsentiert die neurophysiologischen Erfahrungen im zentralen Nervensystem. Es vermittelt das Wissen um den Umgang mit dem Körper, die Körperstellung im Raum, die Koordinationsvorgänge und die Wahrnehmung der Sinneseindrücke.

Wirksamkeit der Vorstellung

Die Frage nach der Wirkung, die der Geist (die Vorstellung ist ein geistiger Prozess) auf den Körper ausübt, hat westliche wie östliche Philosophie und Medizin bewegt und ist seit Jahrhunderten kontrovers diskutiert worden. Die moderne neurophysiologische Forschung hat herausgefunden, dass sich Denken weitgehend in Bildern vollzieht.
»Die meisten Wörter, die wir beim inneren Sprechen verwenden, bevor wir einen Satz sagen oder schreiben, existieren in unserem Bewusstsein als akustische oder visuelle Bilder. Würden sie nicht zu Vorstellungsbildern – und wenn nur von flüchtigster Art –, dann wären sie nichts, was wir wissen könnten.« *(s. 25 S. 152)* Selbst Bewegungen werden durch Vorstellungsbilder von Bewegungen aktiviert.

In der chinesischen Atem- und Bewegungslehre Qigong wird die Vorstellung gezielt eingesetzt und als führend betrachtet. Es wird sogar von Vorstellungskraft gesprochen, d. h., die Vorstellung ist einer Kraft vergleichbar, die ich einsetze, um etwas zu erreichen. So beeinflusst die Vorstellungskraft nachweisbar physiologische Prozesse. Schon das Lenken der Aufmerksamkeit auf ein Organ kann geringfügige funktionelle Änderungen hervorrufen. Der Vorgang der Sammlung, das Aufmerksamwerden und Hinspüren lassen Empfindungen und die Atmung lebhafter werden und können als »Bewahren der Vorstellungskraft an einem bestimmten Ort« betrachtet werden *(s. 26 S. 44)*.

Auch wenn wir die Vorstellungskraft nicht bewusst einsetzen, unterliegen wir ihrer Wirkung, ohne dass wir das wollen. Denn die Vorstellung inkludiert jede geistige Tätigkeit. Gedanken, Bilder, Erinnerungen, Empfindungen, Wahrnehmungen und Gefühle prägen den Bewusstseinszustand und verhalten sich bisweilen wie »eine Horde wilder Affen« (chinesische Metapher), die nur schwer zu zähmen ist. Geduldig und maßvoll gelenkt, fördert die Vorstellungskraft die physiologischen Funktionen und die leiblich-seelische Gesundheit.

Vorstellungsbilder, z. B. »Stehen wie eine Kiefer« *(s. S. 39)* oder »Zwei Bälle ins Wasser drücken« *(s. S. 50)*, können den Zugang zum Üben erleichtern, den Inhalt verdeutlichen und vertiefen und erweiternde Assoziationen wecken. Als Ruhe- oder Bewegungsbilder eignen sich jene, die innere Energien sammeln und bündeln können und möglichst viele Sinne ansprechen. Abgesehen vom Bedeutungsgehalt, den Bilder besitzen, sind sie in der Lage, einen Wahrnehmungs- und Affektstrom auszulösen. Bilder sind machtvoll.

Es empfiehlt sich, sie deswegen nur behutsam, sehr offen und unbestimmt zu benutzen. Dann kann jede Übende dem Bild eine individuelle positiv besetzte Gestalt geben, es jederzeit loslassen oder austauschen. Das gelingt leichter, wenn das Bild ohne Gewichtung und nur nebenbei erwähnt wird. Gegebenenfalls – und dies unterliegt der Achtsamkeit und Aufnahmefähigkeit der Kursleiterin – muss im Einzelfall auf Bilder ganz verzichtet werden. Besonders bei Menschen, die geneigt sind, die konkrete Ebene der Körperempfindungen zu vernachlässigen und/oder ein Bild vor allem als einengend erleben würden, ist das angezeigt.
Jiao Guorui sagte treffend :»Die Nadeln der Kiefer brauchen nicht gezählt zu werden.« (Unterrichtsnotizen)

Nicht selten verläuft der Prozess umgekehrt. Während des Übens drängt sich sozusagen von unten nach oben oder innen nach außen ein Bild oder eine bildhafte sprachliche Assoziation ins Bewusstsein, die auf stimmige Weise knapp ausdrücken, was nur mühsam vom rationalen Verstand in Worte zu fassen wäre. Das unmittelbar Geistig-Seelische scheint sich im Bild zu äußern. Ein Beispiel dafür ist die ursprüngliche Kraft der Träume. Die Chinesen sprechen anschaulich von der »*Schatzkammer des Unbewussten*«. Dieser Speicher der individuellen Erfahrungen, Erinnerungen und latenten Fähigkeiten liefert unaufhörlich Zeugnisse einer erstaunlichen Kreativität und kann einen Weg zu mehr Lebendigkeit und Kraft weisen.

Die Erde berühren und den Himmel erreichen

Auf einen Blick

Ausreichender Bodenkontakt ermöglicht eine organische Aufrichtung und fördert die Atemfunktion.

Ziele der Kurseinheit:
- Kennenlernen von Übungsweisen, die das Niederlassen des Gewichts auf dem Boden – den Bodenkontakt – erleichtern;
- Verständnis gewinnen über den Zusammenhang zwischen Bodenkontakt, Aufrichtung und Vertiefung und Belebung der Atmung.

Phasen und Übungen	Methode	Zeit
Einstieg Zitat	Gespräch	3-5 Min.
1. Zur Ruhe kommen Die Füße kennen lernen	Spürübung, Tasten	5 Min.
2. Anregungsphase Gespräch der Füße; Nierenpunkt massieren	Partnermassage, Selbstmassage	7-10 Min.
3. Arbeit an der Körperbasis Stehen; in die Hocke gehen; um die Sitzknochen kreisen; »Zwei Bälle ins Wasser drücken«	Spürübung, Bewegung	25 Min.
4. Arbeit am oberen Körperbereich Mit den Schultern rollen; Atembewegung im Rücken spüren; »Einen großen Ball umfassen«; Kopf sinken lassen; Schnuppern	Bewegung, Spürübung	20 Min.
5. Schließen Hände auf die obere Mitte legen	Spürübung	5 Min.
Variation zu 4. Ausatmen durch die Poren	Spürübung	5 Min.

Übungen

Nierenpunkt Eins massieren

Einstieg

Ein Mensch mit dem Kopf in den Wolken kann die Füße nicht auf dem Boden haben, es sei denn, er ist ein sehr großer Mensch.
Pilger Mu *(s. 27 o. S.)*

Vielleicht löst dieses Zitat Lachen aus und darüber hinaus ein Gespräch, das zum Thema der Kurseinheit hinführt.

»Wie können wir die Erde berühren und den Himmel erreichen?« oder »Muss die Erde berührt werden, bevor der Himmel erreicht wird?« Was bedeutet es im übertragenen Sinn, die »Erde zu berühren« bzw. den »Kopf in den Wolken« zu haben?

1. Zur Ruhe kommen

Die Füße kennen lernen
Im Betrachten, Betasten und Spüren wird die Individualität und Charakteristik der eigenen Füße erfahren. Gleichzeitig führt dieses konzentrierte Hinwenden zu einem Zustand der Ruhe.

Ziele:
- Bewusstes Wahrnehmen der eigenen Füße
- Kennenlernen der persönlichen Struktur und Form
- Fähigkeit entwickeln, die Aufmerksamkeit an einen Ort zu lenken und dort zu halten

2. Anregungsphase

Gespräch der Füße
Die Füße der Partnerin werden durch das Betasten mit den eigenen Füßen erfahren. Anschließend kann sich das Paar über die Erfahrungen austauschen. Anleitende Fragen der Kursleiterin regen die Wahrnehmungsbereitschaft an: Wie erleben Sie die Füße Ihrer Partnerin? Nehmen Sie wahr, wie Ihre Atmung auf den Körperkontakt antwortet!
Den Fuß eines anderen Menschen in die Hand zu nehmen, ist sehr persönlich und kann als große Intimität erlebt werden. Das zwanglose Angebot, den Fuß der Partnerin mit dem eigenen Fuß zu berühren, wird im Allgemeinen ohne Scheu angenommen.

Ziele:
- Erspüren der besonderen Eigenart der Füße des anderen
- Anregen der Atmung durch Körperkontakt
- Verbalisieren der Erfahrungen

Den »Nierenpunkt Eins« massieren
Am eigenen Fuß wird mit Anleitung der »Nierenpunkt Eins« gesucht. Dieses Fußzentrum, in der traditionellen chinesischen Medizin auch »Sprudelnde Quelle« oder »Fußherz« genannt, ist der Anfangspunkt der Nierenleitbahn und ein wichtiger Akupunktur- bzw. Akupressurpunkt *(siehe Kursbuch S. 34)*.

Dieser Bereich kann dann mit streichenden, kreisenden Bewegungen sowohl gegen den Uhrzeigersinn wie mit dem Uhrzeigersinn angeregt werden. Motivierend wirkt auch die Vorstellung, dass über dieses Zentrum vom Erdboden Qi aufgenommen werden kann, wie ein sich öffnender und wieder schließender »Mund«.

Auch die Information, welchen zentralen Stellenwert die Nierenleitbahn bzw. der Nierenfunktionskreis für den allgemeinen Gesundheitszustand innerhalb der Traditionellen Chinesischen Medizin haben, unterstützt den Übungserfolg.

Ziele:
- Aufsuchen des Nierenpunktes Eins
- Beleben der Fußmitte
- Erkennen, welche Bedeutung dieses Zentrum hat

3. Arbeit an der Körperbasis

Stehen
Es wird ein »Stehen« angeleitet, das an keine Form gebunden ist. »Sich so hinstellen, wie es sich jetzt in diesem Augenblick ergibt«, ist eine Beschreibung für dieses unbefangene zwanglose Stehen, das Ausgangspunkt für eine intensive Spürarbeit ist. Stehen ist in hervorragender Weise geeignet, Körperbewusstheit und daraus erwachsend den Prozess der Selbsterkenntnis zu ermöglichen.

Es gibt fast keine Aktivität, die so sehr den ganzen Körper einbezieht und in der die Lage der Glieder und die Haltung des Kopfes so viele Variationen zeigen können. Denn im Stehen sind wir viel mehr als im Liegen oder Sitzen »in die Welt gestellt« und dieser auch ausgesetzt, mit ihr konfrontiert. So brauchte der Mensch entwicklungsgeschichtlich entsprechend lange, bis er seine sichere waagrechte, vierfüßige Position zugunsten der unsicheren, freilich auch beweglicheren senkrechten aufgab. Die Aufrichtung in die Vertikale, die Zweibeinigkeit, schenkte ihm schließlich Hände, die er als Werkzeuge nutzen konnte und mit denen er begann, seine Umgebung aktiv zu gestalten.

Trotzdem bleibt stehen, stabil zu stehen, mit dem Boden verbunden zu sein, sich vertrauensvoll dem Grund zu überlassen, eine Aufgabe, die immer wieder neu beantwortet und gelöst werden muss.

Die Übung kann durch Fragen, die die Wahrnehmung anregen, begleitet werden:
»Wie stehen Sie auf dem Boden?«
»Sind Ihre Füße fest auf dem Boden?«
»Wo ziehen Sie sich vom Untergrund weg?«
»Können Sie Ihr Gewicht zum Boden lassen?«
»Wo auf der Fußsohle befindet sich Ihr Hauptgewicht?«
»Verlagern Sie Ihr Gewicht probeweise ein wenig nach vorne und ein wenig zurück!«
»Wo stehen Sie in diesem Augenblick am sichersten? Vor der Fußmitte, hinter der Fußmitte oder über der Fußmitte?«
»Halten Sie sich in den Kiefergelenken fest?«
»Wie ergeht es dem Schultergürtel?«
»Wie nehmen Sie Ihre Knie wahr?«
etc.

Ziele:
- Bewusstes Wahrnehmen, wie weit das Gewicht zum Boden gelassen wird
- Fähigkeit entwickeln, das Körpergewicht zum Boden zu senken
- Bewusstes Wahrnehmen der Gewichtsverlagerung und Gewichtsverteilung auf die Füße

In die Hocke gehen

Wenn die Knie locker werden, kann sich daraus allmählich eine Hockstellung entwickeln. Dabei ist es wichtig, dass die Füße mit genügendem Abstand zueinander aufgesetzt werden. Die Atmung verstärkt sich durch die spezielle Dehnung automatisch und begünstigt, dass sich Becken und Rücken noch mehr lockern können. Wird der Kopf leicht gesenkt, kann auch die Halswirbelsäule entlastet werden. Nach Möglichkeit wird die ganze Fußsohle aufgesetzt.

Wer kräftig genug ist, geht einige Schritte in der Hocke. Auf die ausgeprägte Dehnung im Kreuzbein- und Lendenbereich sollte hingewiesen werden. Bewusstmachen vergrößert und sichert die Wirkung!

Ziele:
- Bewusstes Wahrnehmen der gedehnten Rückenbereiche
- Bewusstes Wahrnehmen des Beckenbodens
- Anregen der Atmung in der Basisregion und im Rücken

Sich ausruhen in der Hocke

Um die Sitzknochen kreisen

Auf dem Hocker sitzend, mit in Beckenbreite auseinander gestellten Füßen und über den Sitzknochen locker aufgerichtetem Rumpf, werden die Sitzknochen besonders deutlich spürbar. Die Kreisbewegung um die Sitzknochen ist geräumig, großzügig und kann dynamisch oder auch sehr langsam sein. Auf jeden Fall sollten vorne das Schambein und hinten die Gegend der Steißbeinspitze erfasst werden. Damit wird auch bei dieser Übung die Beckenbodenmuskulatur geschmeidig und gut durchblutet und ins Körperbewusstsein hineingeholt. Das ist für die Atmung sehr wichtig – schließlich unterstützt die Bewegung der Beckenbodenmuskulatur die Bewegung des Zwerchfells.

Vor allem das Becken kreist, der Oberkörper bewegt sich – so weit es geht – nicht. Denn nur dann wird die innere Becken- und Lendenmuskulatur genügend gedehnt. Eine Vorstellung kann das erleichtern: Die Hände und Unterarme stützen sich auf eine imaginäre Fensterbank. Wie immer sind auch hier die persönlichen Einfälle und Bilder stimmiger. Der Atem fließt ungebremst. Manchmal möchte er vertieft aus dem Mund herausströmen.

Die Erde berühren und den Himmel erreichen

Um die Sitzknochen kreisen

»Zwei Bälle ins Wasser drücken«

Ziele:

- Vertiefen der Atmung
- Bewusstwerden des Beckenbodens
- Niederlassen des Gewichts auf dem Hocker
- Dehnen der Beckenbodenmuskulatur und der inneren Becken-Lendenmuskulatur

»Zwei Bälle ins Wasser drücken«

Aus der Haltung »Stehen wie eine Kiefer« *(s. S. 39)* entwickelt sich durch eine nach hinten, zu den Seiten und dann nach vorne kreisende Bewegung der Hände diese weitere Ruhehaltung. Die Hände drücken neben den Hüften in Leistenhöhe nach unten. Die Fingerspitzen zeigen nach vorne mit leichter Tendenz zur Körpermitte. Die Arme sind – wie meist in diesen Haltungen des Lehrsystems Qigong Yangsheng – leicht bogenförmig gehalten. Wenn Sie sich dabei vorstellen, dass Sie zwei Bälle leicht ins Wasser drücken, eröffnet sich Ihnen der komplexe Gehalt dieser Körperhaltung. Feine, vor allem innere – doch auch sichtbare – Bewegungen können entstehen. Die Handmitten kommunizieren in der Vorstellung mit den Fußmitten und sind möglichst weich geöffnet. Obwohl diese Übung zu den Ruhehaltungen zählt, ist sie alles andere als starr. Sie drückt innere Bewegung und Bewegtheit aus.

Ziele:

- Verstärken des Bodenkontakts
- Organisches Dehnen des Schultergürtels und des oberen Brustraums
- Aufrichten der Wirbelsäule
- Bewusstwerden der Empfindungen in Füßen, Beinen, Becken, Brustkorb, Armen und Händen

4. Arbeit am oberen Körperbereich

Mit den Schultern rollen

Beide Schultern werden durch eine leichte Massage vorbereitet.
Die Übenden beginnen zunächst mit einer Schulter zu kreisen und folgen der Bewegung mit ihrer Aufmerksamkeit. Sie nehmen mit der Zeit die innere Struktur der Schulter wahr: Gelenkpfanne und Armkugel.
Die Kreisbewegungen sind dem Bedürfnis des Einzelnen angepasst. Es ist sinnvoll, für diese Übung genügend Zeit bereitzustellen. Manchmal entsteht ein reges Zusammenspiel mit der Atmung. Das kann den Lösungsprozess intensivieren. Jedenfalls wird die Atmung spürbar angeregt.
Nachdem die geübte mit der ungeübten Schulter verglichen wurde, kommt auch die zweite an die Reihe.
Achten Sie als Kursleiterin darauf, dass die Übenden – obwohl viel Aufmerksamkeit bei dieser Bewegung nach oben geht – im Becken weich mitschwingen und die Ganzkörperlichkeit auch dieser Bewegung deutlich wird.

Ziele:

- Bewusstwerden des Schultergelenks
- Lockern des Schultergürtels
- Lösen im oberen Körperbereich
- Anregen der Atmung

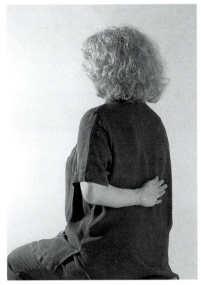

Atembewegung im Rücken spüren

Die Atembewegung im Rücken spüren
Im Hinspüren wird, ausgehend von der vorangegangenen Belebung des Schultergürtels, die Atembewegung im obersten Rückenbereich (1.-5. Brustwirbelzone) vermutlich deutlich wahrgenommen. Der Handrücken legt sich auf den oberen mittleren Rücken (6.-10. Brustwirbelzone) und rutscht dann aufmerksam von der Brustwirbelsäule zur Lendenwirbelsäule und schließlich über die Lendenwirbelsäule zum Kreuzbein. Das bewusste Wahrnehmen der Übergänge ist wichtig. Die Hand ruht jeweils eine Weile auf diesen Körperbereichen und nimmt sorgfältig die Atembewegung auf. Dieser Ablauf wird einige Male wiederholt. Es ist sinnvoll, auf den Trapezmuskel *(s. S. 56)* und die langen Rückenstrecker *(s. S. 56)* hinzuweisen.

Ziele:
- Üben der Sammlungsfähigkeit
- Wahrnehmen der Ausdehnung im Rücken während der Einatmung
- Bewusstes Realisieren auch der eingeschränkten und unzugänglichen Zonen
- Üben des Loslassens der Rückenmuskulatur

Einen großen Ball umfassen
Ausgehend von der Grundhaltung »Stehen wie eine Kiefer« *(s. S. 39)* werden beide Arme seitlich bis in Brusthöhe gehoben und kreisförmig so vor die Brust bewegt, dass der Eindruck entsteht, ein großer Ball würde umarmt. Die Handinnenflächen zeigen zum Körper. Es kann auch im Sitzen geübt werden. Diese Haltung zählt zu den Ruheübungen des Lehrsystems Qigong Yangsheng, findet sich allerdings auch in anderen Übungssystemen des Qigong.

Sie stellt für manche Übende durch die angehobenen Arme eine Herausforderung dar. Es gilt, das eigene Maß genau einzuhalten, damit keine Spannungen aufgebaut werden. Öffnungsbreite und Höhe der Arme sind variabel. Gleichzeitig dient diese Haltung dazu, die Flexibilität der Rückenmuskulatur zu prüfen und zu üben. Sie weitet sanft den Brustkorb und führt – sofern die Aufmerksamkeit im Beckenzentrum bewahrt wird – zu einer Stärkung der Atemfunktion.

Die Arme senken sich dann rund über die Seiten gehend wieder neben den Körper.

Ziele:
- Üben der Bodenhaftung bei gehobenen Armen
- Zulassen der Dehnung des Brustkorbs und der Rückenmuskulatur
- Wahrnehmen der Atembewegung

Kopf sinken lassen
Im Sitzen werden die 7 Halswirbel und der Verlauf des Trapezmuskels mit den Fingerkuppen ertastet. Der Kopf sinkt sehr langsam nach und nach hinunter, bis die Trapezmuskeln spürbar gedehnt sind. Die Bewegung wird durch die Schwere des Kopfes angeführt. Die Aufmerksamkeit berührt jeden einzelnen Halswirbel. Der Kopf hängt während einiger Atemzüge nach unten. In dieser Phase kann die Dehnung noch ergiebiger werden. Der Kopf richtet sich ebenso behutsam wieder auf, bis die Augen geradeaus schauen können. Die Wirkung dieser einfachen Übung ist erstaunlich, hat der Kopf doch dabei die Chance, »an den richtigen Platz gerückt zu werden«.

Kopf sinken lassen

Einen großen Ball umfassen

5. Schließen

Hände auf die »obere Mitte« legen

Die Hände legen sich auf die vordere Zwerchfellgegend, zwischen Brustbein und Bauchnabel, und spüren der Atembewegung nach. Es kann sich auch ein Handrücken auf die Rückseite gegenüber niederlassen und spüren, ob auch dort die Atembewegung durchschwingen kann.

Ziele:
- Erspüren der sieben Halswirbel und des Trapezmuskels
- Dehnen der Halswirbelsäule durch das Gewicht des Kopfes

Schnuppern

Die Nase in all ihren Bereichen sollte zu Beginn durch sanftes Streichen bewusst gemacht werden. Die Übenden stellen sich vor, wie ein feiner Duft im Raum schwebt und in die Nase hineinströmt. Dann schnuppern die Übenden diesen Duft einige Male sanft und kurz ein. Es reicht ein 4- bis 5-maliges Einschnuppern.
Weisen Sie als Kursleiterin darauf hin, dass das Zwerchfell deutlich reagiert. Lassen Sie eine Hand auf die seitliche Zwerchfellgegend (Flanken) legen, damit die Bewegung des Zwerchfells gespürt werden kann.
»Die Einatmung wird beim Schnuppern in einen mehrstufigen und zeitlich ausgedehnten Vorgang umgewandelt. Eine Voraussetzung dafür ist die Lockerheit des Zwerchfells, das beim Schnuppern eine Reihe federnd schnellender Anspannungen ausführt, die vor allem im Bauchraum spürbar sind.«
(U. Derbolowsky, s. 28) S. 64)

Ziele:
- Sammeln im Mittenbereich
- Sich innerlich auf den Alltag vorbereiten
- Zulassen der Atembewegung im Rücken

Variation

Statt »Schnuppern«: Ausatmen durch die Poren

Der Atem strömt durch die Nase ein – die vorher durch Streichen bewusst wurde – und füllt nach und nach den Körper aus. In der Vorstellung wird der Atem durch die Poren wieder entlassen. Während der Einatmung schließen sich die Poren und die eingeatmete Luft strömt über die Nase hinein, in der Ausatmung öffnen sich die Poren und der Atem scheint in der Vorstellung aus ihnen hinaus zu fließen.

Das Ausatmen durch die Poren wird als eine der daoistischen lebensverlängernden »Qi-Techniken« in dem im 16. Jh. entstandenen Werk »Das Mark des roten Phönix« erwähnt, das sich auf Quellen der Tang- und Song-Zeit stützt.

Ziele:
- Lockern des Zwerchfells
- Anregen des Zwerchfells
- Bewusstwerden der Zwerchfellbewegung
- Befeuchten der oberen Atemwege

Ziele:
- Bewusstes Wahrnehmen der Hautgrenzen
- Erkennen, dass mittels der Atmung der Austausch zwischen innen und außen erfolgt
- Austauschen der gewonnenen Erfahrungen

Hintergrundmaterialien

Bodenkontakt

Jeder kennt das unterschiedliche Empfinden von festem Grund oder »schwimmendem« Boden unter den Füßen, z. B. beim Gehen in Sand. Fester, tragender Grund vermittelt Sicherheit und Halt, solange der Mensch in der Lage ist, sein Gewicht diesem Grund anzuvertrauen. Das bedeutet gleichzeitig das Gesetz der Erdanziehung – die Schwerkraft – anzuerkennen.
»Es gibt keinen Teil des Körpers oder irgendeines anderen Objekts, der sich der Anziehungskraft der Erde entziehen kann. Es gibt keine physikalische Kraft, die sich stärker auf unseren Zustand und unsere Aktivität auswirkt. Jede Bewegung ist eine Frage des Gleichgewichts zwischen dem Nachgeben und dem Widerstand gegenüber dieser abwärts gerichteten Zugkraft.« (s. ㉙ S. 515) Im Loslassen des Gewichts zur Erde hin – im Nachgeben und Zulassen des Eigengewichts – erleben wir unsere Bodenständigkeit und Verwurzelung.
Besondere Lebensumstände, Lebenskrisen können zeitweise »entwurzeln«. Gerade dann gibt das Üben des Bodenkontakts die Möglichkeit, wieder Kraft und Halt zu bekommen. Das Zulassen des Gewichts zum Boden beeinflusst zentral die Atmung. Erst dann kann sich das Zwerchfell – wie alle anderen Gewebe – lösen. Der ganze Körper, vor allem die Basisregion wird vom Atem belebt. Die Atembewegung kann deutlich im unteren Rücken und auch im Beckenboden wahrge-nommen werden (Basisatmung).

Der Bodenkontakt wird noch bewusster durch den Widerstand, den unterschiedliche Materialien (Hölzer, Steine, Unebenheiten des Naturbodens) der Fußsohle entgegensetzen. Durch den intensiven Berührungsreiz wird der Dehnungsreflex ausgelöst.

Basisatmung

Basisatmung ist ein Begriff, den Alice Schaarschuch, eine Schülerin Elsa Gindlers, geprägt hat. »Mit Basisatmung bezeichne ich die von der Atmung erzeugte, vollständige Durchbewegung der Organe, die im Raum zwischen Zwerchfell und Beckenboden gelagert sind. Es sei erwähnt, dass beim vollständigen Atmen auch im täglichen Leben normalerweise diese Basisregion in ungestörter Bewegung beteiligt ist.« (s. ㉚ S. 30)

Dehnungsreflex oder Streckimpuls

Eine von außen wirkende Kraft verursacht Dehnung im Muskel und setzt eine der Dehnung entgegenwirkende Kraft über die Muskelspindel-Reflexe (s. S. 77, 79) in Gang, damit die ursprüngliche Muskellänge erhalten bleibt. Der Dehnungsreflex ist ein Steuerungsmechanismus des Haltungstonus und wird vor allem durch die Schwerkraft ausgelöst. Das heißt, je mehr Gewicht zugelassen wird, desto stärker bewirkt der Dehnungsreflex Aufrichtung, führt zur Streckung des Körpers. Die Muskelempfindung, die Propriozeption (s. S. 33), ist dabei von entscheidender Bedeutung und ermöglicht die Wahrnehmung des Körpergewichts, des Gleichgewichts und der Stellung im Raum.

Die Füße

Füße sind die Kontaktflächen zum Boden. Bereits das Bewusstwerden der Füße macht sie beweglicher und verstärkt den Bodenkontakt. Schon die Form der Füße zeigt, ob sich die Schwerkraft auswirken darf oder ob ständig gegen die Erdanziehung gekämpft wird.
Ob wir »auf der Erde Fuß fassen« können, hängt wesentlich davon ab, wie wir auf unseren Füßen stehen, bzw. den Boden unter unseren Füßen spüren können. Dafür sind die Füße durch die Vielzahl der Gelenke und Sinnesnerven besonders gut ausgestattet. Das elastische Knochengefüge erlaubt dem Fuß die feine Abstimmung an die Unebenheiten des Bodens im Verhältnis zu den komplexen Körperhaltungen und Bewegungen. Ist beim entspannten Fuß diese Beweglichkeit und Feinabstimmung gegeben, beeinflusst dies positiv die Tonusregulierung (s. S. 78) des gesamten Organismus und sorgt mittels der Propriozeption für eine mühelose Aufrichtung des Skeletts. Die Füße bilden mit Fußgelenken, Knie- und Hüftgelenken ein Federungssystem, das bereit ist, alle Veränderungen des Bodenkontakts auszugleichen. Sobald diese Gelenke angespannt sind – und die Anspannung des einen teilt sich sofort den anderen mit – geht diese nützliche Eigenschaft verloren. Damit verliert der Mensch seine »Standfestigkeit«.

Ein gesunder Fuß öffnet sich fächerförmig zu den Zehen. Das Längsgewölbe – eine Linie von der Ferse zur 2./3. Zehe bildend – trägt das Gewicht, das günstig über der Fußmitte, zwischen Vor- und Rückfuß liegt. Der Fuß hat drei Stützpunkte: Großzehenballen, Kleinzehenballen und Ferse. Zwischen Großzehenballen und Kleinzehenballen befindet sich das Quergewölbe. Zwischen dieser ausgewogenen Fußstatik, der Gewichtsverlagerung bzw. -verteilung über den Füßen und der Fuß- und Beinstellung besteht eine folgenreiche Wechselwirkung.

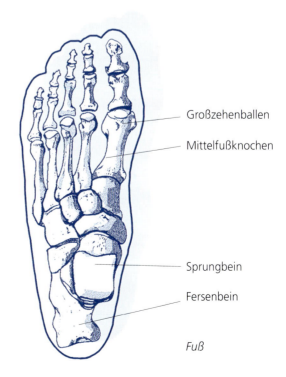

Fuß

Die Erde berühren und den Himmel erreichen

Zum Beispiel ist das Geradestehen (Parallelstellung) des Fußes wichtig für die Stabilität des Längsgewölbes, wobei die Fußstellung wiederum abhängig ist von der Knie- und Hüftgelenkstellung. Auch Verhärtungen in der Fußsohle verkleinern die Kontaktaufnahme zum Boden.

Stehen

»Bei natürlich aufrechtem Stehen bildet der Körper eine in sich gerade, aber vorgeneigte, leicht schräge Linie. Das ist in den Bauverhältnissen des Fußes begründet. Wäre das Bein in der Fußmitte, ungefähr auf der Höhe des Fußgewölbes angewachsen, so könnte der Körper senkrecht über dem Fußgewölbe stehen und zwischen hinterer und vorderer Schräge frei beweglich schwanken. Das bedeutet, er wäre nach vorn und hinten gleich bewegungsbereit. Da die Beine näher dem hinteren Ende des Fußes angewachsen sind, der Schwerpunkt aber über dem Fußgewölbe, also vor der Ansatzstelle des Beines lagern muss, ergibt sich eine leicht vorgeneigte Schräge.

Im natürlichen Gleichgewicht, bei dem der Schwerpunkt über der Fußmitte lagert, bildet der Körper eine leicht geneigte Schräge und schwankt beweglich zwischen stärkerer Schräge nach vorn und senkrechter Linie nach hinten. Das zeigt die vorwiegende Bewegungsbereitschaft nach vorn, entspricht also der natürlichen Richtung der Bewegung.« (s. ㉛ S. 286)

Folglich wird sich beim meditativen Stehen z. B. in einer Ruhehaltung des Qigong, eher die Lotrechte einstellen. Schließlich ist dann keine Bewegungs- oder Handlungsabsicht gegeben.

Ein gleichmäßiges Weiterwerden des Rumpfes während der Einatmung ist nur möglich, wenn die Stellung zwischen Vor- und Rückfuß sowie rechtem und linken Fuß gut ausbalanciert ist. Dann drückt die minimale Schrägstellung nach vorne eine Art Bereitschaftszustand – die Möglichkeit, schnell aktiv zu werden – aus.

Stehen wird den Kursteilnehmerinnen nicht als unbewegliches Stehen vermittelt, sondern als bewegliches Stehen, feines Schwanken, Pendeln um den Schwerpunkt. Je mehr die Schwerkraft zugelassen wird, desto stärker wird die Gegenbewegung, – die Stützkraft des Bodens – d. h. die aufrichtende Kraft durch den Streckimpuls (s. S. 53) angeregt.

Das feine Schwingen um den Schwerpunkt, ob nun bewusst wahrgenommen oder nicht, führt zur Tonusregulation im gesamten Organismus. Stehen ist dann nicht mehr anstrengend, sondern eine Möglichkeit, Kraft und Ruhe zu spüren.

Der Beckenboden

Der Becken»boden«, der sich parallel zum Boden und zum Zwerchfell befindet, weist schon durch seinen Namen auf seine Bedeutung für die Bodenhaftung des Menschen hin. Auch seine Lage – ausgespannt zwischen Sitzbeinen (den Füßen des Beckens), Schambein und Steißbein – zeigt, dass er tatsächlich ein »Boden« ist.

Obwohl reich an sensorischen Endungen, ist der Beckenboden – vielleicht weil er in Beziehung zu den Geschlechtsorganen steht – eine oft unbewusst gebliebene Zone.

Von Muskelketten durchzogen

Eben hier ist Körperbewusstsein unerlässlich, stützt der Beckenboden doch die inneren Organe und hilft dem Zwerchfell durch seine netzartige Muskelstruktur und seine elastische Gegenbewegung bei seiner Arbeit. Die Tonisierung und das heißt auch Durchblutung des Beckenbodens wird ebenfalls von der Qualität des Bodenkontakts, bzw. von der Neigung des Beckens (s. S. 55) begünstigt.

Das Annehmen der Schwerkraft und das Durchlassen des Streckreflexes (Dehnungsreflexes) erhält den Beckenboden elastisch und kräftig.

Die Muskeln des Beckenbodens

Die wichtigsten Muskeln des Beckenbodens sind: Hebemuskel des Anus (M. levator ani), Sitzbeinmuskel (M. coccygeus), oberflächlicher und tiefer Dammmuskel (M. transvers. perinei).

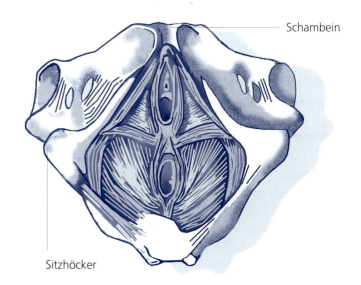

Beckenboden

Schambein

Sitzhöcker

Das Becken

Das knöcherne Becken, von Kreuzbein, Darmbeinen und Steißbein gebildet, schützt die Bauchorgane und bildet mit ihnen die Körperbasis. Sogar die – für den Aufbau der Wirbelsäule so wichtige – Neigung des Beckengürtels wird vom Grad der Gewichtsverlagerung, die auf Füße, Fußgelenke, Knie- und Hüftgelenke und die Beckenmuskulatur einwirkt, beträchtlich beeinflusst.

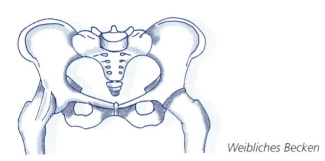

Weibliches Becken

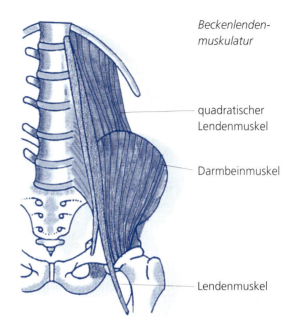

Beckenlendenmuskulatur
- quadratischer Lendenmuskel
- Darmbeinmuskel
- Lendenmuskel

Das Becken verlangt nach organischer Aufrichtung. Es bleibt dann in der leicht schrägen – vorher beschriebenen – Gesamtlinie des Körpers (s. S. 54). Dadurch wird die Lockerung der Lendenwirbelsäule und Becken-Lendenmuskulatur erreicht, welche das hintere Weitwerden während der Einatmung ermöglichen. Die nur leicht lordotische Lendenwirbelsäule kann dann die Atemdruckwelle bis zum kleinen Becken und zum Beckenboden durchlassen. Das ist nur bei entsprechender Aufrichtung bzw. Neigung des Beckens gewährleistet. Eine übertriebene Lendenlordose (Nachinnenwendung) behindert das sich bei der Einatmung senkende Zwerchfell.

Die Beckenaufrichtung ist kaum durch mechanisches Korrigieren von außen und durch Willensanstrengung zu erzielen. Das würde lediglich zu weiterer Verkrampfung führen. Das Zulassen der Gewichtsverlagerung zum Boden, die entsprechende Gewichtsverteilung über den Füßen und eine angemessene Kopfhaltung bewirken in ihrem Zusammenspiel die Aufrichtung des Beckens.

Becken-Lendenmuskulatur

Zu diesen Muskeln, die für die Beckenaufrichtung und optimale Atemfunktion so entscheidend sind, gehören der quadratische Lendenmuskel, der Lendenmuskel und der Darmbeinmuskel.

Basisregion

Die Basisregion ist zum einen der Raum zwischen Zwerchfell und Beckenboden, zum anderen können auch Beine und Füße dazu gehören.
Bei ausreichendem Atemvolumen ist der gesamte Basisraum beteiligt. Das Weit- und Schmalwerden ist bis zum Beckenboden zu spüren und auch Beine und Füße sind belebt.

Schultergürtel

Zusammengefügt aus Schulterblättern und Schlüsselbeinen ist der Schultergürtel mit der Wirbelsäule nur durch Muskeln verbunden. Das verleiht ihm eine enorme Beweglichkeit,

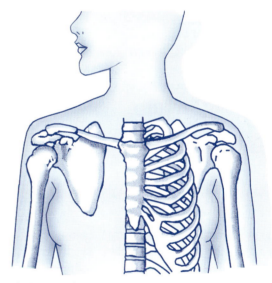

Schultergürtel

Beeinflussbarkeit und Ausdrucksfähigkeit. Der Schultergürtel verändert sich durch geringfügige Abweichungen der Atembewegung, erst recht durch eklatante Fehlformen der Atmung. Zum Beispiel verkürzen sich bei chronischer Hochatmung die Hebemuskeln des Schultergürtels und verursachen hochgezogene Schultern. Ein angespannter Schultergürtel weist stets auf Verspannungen im Zwerchfell hin. Einseitige Belastungen im Alltag verbilden den Schultergürtel und behindern das freie Spiel seiner Funktionen.

Auf den lebendigen Zusammenhang des ganzen Organismus kann nicht oft genug hingewiesen werden. Einschränkungen eines Teils oder Teilbereichs stehen in Wechselwirkung mit allen anderen Funktionen.

Die Erde berühren und den Himmel erreichen

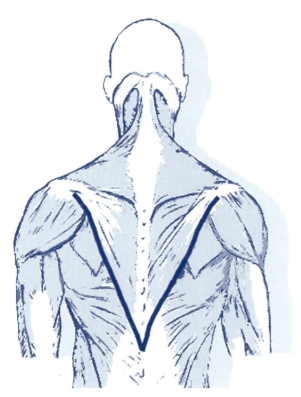

Trapezmuskel

Trapezmuskel

Der große rautenförmige Rückenmuskel verbindet Hals und Kopf und ist an der Armbewegung beteiligt. Er ist für die Beweglichkeit der Schultern sehr wichtig und wird durch die Form der Wirbelsäule, die Lage des Schultergürtels und die Atmung beeinflusst.

Arme

Die Arme werden durch zwei Muskelgruppen mit dem Rumpf verbunden. Vorne sind sie durch die Brustmuskeln mit den Rippen und mit dem Brustbein zusammengefügt.
Am Rücken ist das System der Verankerung komplexer, da das Schulterblatt in das Gefüge eingebunden ist. Die stärkste Verbindung läuft über den Trapezmuskel *(s. o.)* zur Wirbelsäule nach unten bis zur Höhe des Zwerchfells und nach oben bis zum Hals und zur Schädelbasis. Auch hier sind die Übungen »fließend«. Die Mechanik der Muskulatur überschreitet in der Tiefe sogar das Zwerchfell und erreicht das Becken über den großen Rückenmuskel. Die »Wurzeln der Arme« sitzen demzufolge auf dem Rücken.

Lange Rückenstrecker

Um die Achse des Skeletts – die Wirbelsäule – gruppieren sich die Rückenmuskeln mit zwei kräftigen Längssträngen vom Kreuzbein bis zum Hinterhaupt: »die Rückenstrecker«. Die Dehnfähigkeit dieser Muskeln ist eine der Voraussetzungen für die Rückenatembewegung.

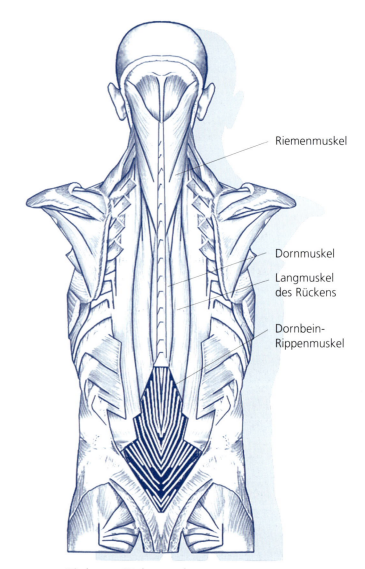

Die langen Rückenstrecker

Riemenmuskel

Dornmuskel

Langmuskel des Rückens

Dornbein-Rippenmuskel

Sich ausbreiten und begrenzen

Auf einen Blick

Atmen und Bewegen bedeutet sich auszudehnen, auszubreiten, zu entfalten in die Peripherie und wieder ins Zentrum zurück zu schwingen. Diese Prozesse können als Öffnen und Schließen, Steigen und Sinken betrachtet werden – als die Wirkrichtungen des Qi *(s. S. 67)*.

Ziele der Kurseinheit:
- Erfahren der Bewegungsrichtungen Ausdehnen, Zusammenziehen und Zurückschwingen im Atemprozess;
- Fähigkeit entwickeln, das eigene Maß zu finden;
- Bereitschaft aufbauen, diese Erfahrungen und Erkenntnisse auf Alltagssituationen zu übertragen und selbstbestimmt mit Forderungen umzugehen.

Phasen und Übungen	Methode	Zeit
Einstieg Zitat, Haltungsexperiment	Gespräch, Spürübung	3-5 Min.
1. Anregungsphase Dehnen, Federn, Armschwung	Bewegung, Spürübung	15 Min.
2. Zur Ruhe kommen Sitzen	Ruhe- und Bewegungsübung	10 Min.
3. Arbeit an der Körperbasis Über Sitzknochen hin und her schwingen; die Wolken zerteilen; Hände vor dem Nabel öffnen und schließen	Bewegung, Spürübung	15 Min.
4. Arbeit am Zwerchfellbereich Hände vor oberer Mitte öffnen und schließen, sich ausbreiten	Bewegung, Spürübung	15 Min.
5. Arbeit am oberen Körperbereich »Der Pfau schlägt ein Rad«, PA: Hand zwischen die Schulterblätter legen	Bewegung, Partnerarbeit, Spürübung	15 Min.
6. Schließen Hände auf die obere Mitte	Spürübung	3 Min.
Variationen zu 3. Am Oberschenkel entlangstreichen; »Zerteile die Wolken und trage den Mond« zu 4. Lende nach hinten dehnen zu 5. Sich ausdehnen	Bewegung, Spürübung, Bewegung Bewegung, Spürübung Spürübung	je 5 Min.

Übungen

Einstieg

»Wahrnehmungskraft ist die einzige Medizin, die ihre Heilkraft entfaltet ohne die natürlichen Funktionen des Organismus zu stören.« Deane Juhan (s. (32) S. 699)

Dieses **Zitat** kann als Provokation verstanden werden und einen Denkprozess und ein Gruppengespräch in Gang setzen. Fragen können diskutiert werden:

»Weshalb kann die Wahrnehmung als Medizin betrachtet werden?«

»Welche Heilwirkung erzielt die Wahrnehmung?«

Haltungsexperiment als Veranschaulichung des Themas: Die Teilnehmerinnen werden aufgefordert, sich kurze Zeit in verschiedene extreme Positionen zu stellen und dabei ihre Atmung zu beobachten. Die Arme werden seitlich weit nach hinten gezogen. Die Arme werden weit über den Kopf gehoben und nach hinten gebeugt.

Ziele:
- Erkennen, dass die Wahrnehmungsfähigkeit als Kraft erlebt werden kann
- Spüren, wie die Körperhaltung die Atembewegung und Atemfunktion beeinflusst

1. Anregungsphase

Mit Dehnungen und Federn (s. S. 29) wird der Organismus auf die folgende Arbeit vorbereitet.

Armschwung

Die Teilnehmerinnen stehen beckenbreit in paralleler Fußstellung. Der Körper wird locker gebeugt, so dass Lendengegend und Kreuzbein gedehnt werden. Die Arme baumeln seitlich am Körper hängend. Die starke Dehnung bewirkt verstärktes Einatmen im Rücken. Während die Arme bis über den Kopf hoch schwingen und sich der Rumpf entspannt aufrichtet, kann der Atem aus dem Mund ausströmen. Der Rumpf schwingt zurück in die Beugung.

Ziele:
- Anregen der Ausatmung
- Lockern der Wirbelsäule

2. Zur Ruhe kommen

Sitzen

Aufrechtes Sitzen ist die Grundlage vieler Körperübungen. Deswegen ist der sorgfältige Aufbau des Sitzens eine wichtige Voraussetzung der Körperarbeit und außerdem eine notwendige Bewegungs- und Haltungsschulung. Wichtig ist ein Stuhl oder Hocker mit möglichst ebener Sitzfläche, auf dem im vorderen Drittel gesessen wird, damit die Blutgefäße der Oberschenkel nicht behindert werden. Die Füße werden parallel in Beckenbreite nebeneinander gestellt. Der Rumpf ist locker über der Mitte der Sitzknochen aufgerichtet. Locker heißt, dass er nicht krampfhaft gerade gehalten wird. Das Kreuzbein sollte jedoch aufgerichtet sein, damit die Bewegung des Zwerchfells nicht eingeschränkt wird.

Beide Hände ruhen auf den Oberschenkeln. Befindet sich der Rumpf über der Mitte der Sitzknochen, liegen die Hände auf der Oberschenkelmitte. Leiten Sie als Kursleiterin die Übenden an, das Gewicht so gut wie möglich auf Sitzbeine und Füße zu lassen. Sie können darauf hinweisen, dass dieses Sitzen nicht starr ist, sondern ein Einpendeln in die körpergerechte Sitzhaltung. Ökonomische Sitzen bleibt bewegliches Sitzen. Es geht nicht um Perfektion, sondern um Wahrnehmung und Lebendigkeit.

Ziele:
- Entwickeln der Körperwahrnehmung
- Kenntnisse gewinnen über das organische aufrechte Sitzen
- Üben der Sammlung
- Loslassen des Gewichts zu den Sitzknochen und Füßen

Mit Schwung ...   *... nach oben*

Sitzen

Sich zu den Seiten öffnen und innehalten

3. Arbeit an der Körperbasis

Über den Sitzknochen hin und her schwingen
Sobald im achtsamen Nach-innen-Spüren die entsprechende Sitzhaltung gefunden wurde, ist es ein Leichtes, geruhsam die innere Körperschwingung aufzunehmen. Die wachsende Körperbewusstheit verstärkt den Prozess und ein sanftes Schwingen über den Sitzknochen entsteht.
Dieses Schwingen bei aufrechter Rumpfhaltung lockert mit der Zeit Hüft- und Wirbelgelenke und dehnt behutsam die obere Lunge. Es gilt zu beachten, dass sich Kreuzbein und Nackengegend nachgiebig und weich in die Bewegung schmiegen.

Ziele:
- Lockerung von Hüftgelenken und Wirbelsäule
- Sanfte Dehnung des oberen Brustkorbs und Nackens
- Lockerung des Zwerchfells

Die Wolken zerteilen
(erster überleitender Teil des Bewegungsbildes)
Vom schulterbreiten Stand ausgehend, befinden sich die Hände in Nabelhöhe vor dem Bauch, die Handinnenseiten zeigen zunächst zum Körper. Jetzt wirkt vertiefend, sich mit dem Nabelbereich mittels Wahrnehmen zu verbinden, vielleicht sogar bis zum Kreuzbein hinzuspüren. Die Hände werden zu den Seiten neben die Hüftgelenke geführt. Dabei werden die Handinnenflächen langsam nach vorne gewendet. Seitlich ausgebreitet sind die Ellbogen und Handgelenke entspannt.
Wenn dieses überleitende Segment der Bewegung »Zerteile die Wolken, trage den Mond« des Zyklus »15 Ausdrucksformen des Taiji Qigong« aus dem Lehrsystem Qigong Yangsheng nicht fortgeführt *(s. Variationen)* und ergänzt wird, bleiben Arme und Hände einen Moment in dieser Haltung. In der Ruhephase – dem Innehalten – werden die Empfindungen besonders lebendig und können gut wahrgenommen werden. Schließlich werden die Hände zum Nabel zurückgeführt. Diese Bewegung kann einige Male wiederholt werden.

Ziele:

- Wahrnehmen der öffnenden und schließenden Bewegung
- Lenken der Aufmerksamkeit auf Nabelbereich und Hüften
- Leichtes Dehnen der Arme und Hände
- Anregen der Atembewegung im Becken

Hände vor dem Nabel öffnen und schließen

Die Aufmerksamkeit bleibt eine Zeit lang im Nabelbereich zentriert. Die Hände liegen übereinander auf dem Nabel und öffnen und schließen sich dann im Atemrhythmus. Die Form der Bewegung ist nicht vorgegeben. Die Hände begleiten das Weitwerden während der Einatmung und legen sich beim Ausatmen wieder auf den Nabel zurück. Das Öffnen ist maßvoll und der Einatembewegung folgend. Es geht dabei nicht um eine möglichst große Bewegung, die leicht willentlich zu erzeugen wäre, sondern um das sorgsame Begleiten der Atemphasen durch die Hände. Das Becken schwingt sanft mit und gibt während der Einatmungsphase nach hinten nach, so dass der Rücken in Bewegung und Wahrnehmung einbezogen wird und die Energie bis zu Armen und Händen fließt.

Ziele:

- Erkennen des individuellen Atemrhythmus
- Respektieren des persönlichen Rhythmus
- Verstärken der Aufmerksamkeit im Bauchraum

4. Arbeit am Zwerchfellbereich

Hände vor oberer Mitte öffnen und schließen

Die Hände liegen jetzt aufeinander gelegt unter dem Brustbein und werden – nachdem sich im Hinspüren eine Beziehung zu diesem Bereich aufgebaut hat – im Atemrhythmus geöffnet (s. o.) und wieder zurückgeführt.

Wie bei der vorangegangenen Bewegung ordnet sich die Bewegung dem Atemrhythmus unter. Das Öffnen erfolgt auch in diesem Fall während der Einatmung. Es kann sein, dass die Vorliebe auftaucht, umgekehrt üben zu wollen – beides kann angemessen sein.

Ziele:

- Hinwenden der Aufmerksamkeit auf den Zwerchfellbereich
- Anregen des Zwerchfells
- Lösen des Zwerchfells
- Lernen, den eigenen Atemrhythmus zu erkennen und zu achten

Sich ausbreiten

Während langsam durch den Raum gegangen wird, bewegt sich der rechte Arm, wenn der linke Fuß nach vorne schreitet, zur linken Seite. Die Handfläche ist dabei gedehnt, die Finger entfaltet, der Handrücken zeigt zur linken Außenseite. Die Hand bewegt sich dabei greifend und gleichzeitig wegschiebend, so als wollte sie Hindernisse packen und aus dem Weg räumen, sich den vor ihr liegenden Raum erobern. Indem sich die rechte Hand zur rechten Hüfte bewegt, strebt bereits die linke Hand – gemeinsam mit dem rechten Fuß – nach vorne.

Ziele:

- Dehnung von Schultergürtel und Flanken
- Anregung der Atmung

Öffnen und Schließen vor dem Nabel

Zugleich greifend und wegschiebend

Sich ausbreiten und begrenzen

  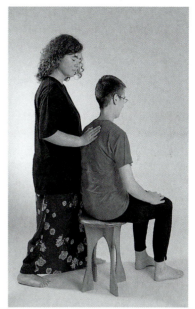

Hände vor dem Nabel zusammengestellt *Bogenförmig nach oben und zu den Seiten* *Hand zwischen die Schulterblätter gelegt*

5. Arbeit am oberen Körperbereich

»Der Pfau schlägt ein Rad«
(aus den »15 Ausdrucksformen des Taiji Qigong, Lehrsystem Qigong Yangsheng)
Die Hände sind vor dem Nabel zusammengestellt *(s. Abb.)*. Die Handflächen zeigen zueinander und die Fingerspitzen nach vorne. Sie bewegen sich bogenartig nach oben und zu den Seiten, bis sie Schulterhöhe erreicht haben. Die Finger sind sanft gedehnt, zwischen den Fingern einer Hand befindet sich ein kleiner Abstand. Die Vorstellung dringt dabei über die Fingerspitzen hinaus. Kleine spiralige Bewegungen der Hände üben die Gelenke. Dann beschreiben die Hände einen großen Bogen auf dem Weg zurück zum Nabel. Der Atem läuft so, wie er möchte. Da die Bewegung sehr langsam ist, braucht sie sich nicht dem Atemrhythmus anzupassen.

Ziele:
- Dehnung des oberen Rumpfes, einschließlich der Arme und Hände
- Fließende Verbindung von unterem und oberen Körperbereich

Partnerinnenarbeit: Hand zwischen die Schulterblätter legen
Leicht, ohne Forderung und doch mit innerer Anwesenheit wird eine Hand zwischen die Schulterblätter der Partnerin gelegt. Beide spüren in diesen Bereich und berichten sich nach einer angemessenen Weile, was sie erlebt haben – die Zeit sollte lang genug sein, um in Ruhe spüren zu können und kurz genug, um nicht überfordernd zu sein.

Ziele:
- Wahrnehmen der Atembewegung zwischen den Schulterblättern
- Erkennen, wie Berührung die Atmung und die Wahrnehmung beeinflusst
- Lösen der Rückenmuskulatur

6. Schließen

Damit alle in die Peripherie gehenden inneren und äußeren Bewegungen wieder zum Zentrum zurückkehren können, werden die Hände diesmal auf die »obere Mitte« gelegt. Damit ist der Bereich unter dem Brustbein gemeint, der in besonderem Maße in Verbindung zum Sonnengeflecht steht. Dort bleiben die Hände eine Zeit lang liegen, lang genug, um die Wärme wahrzunehmen, die Atembewegung und die Stimmung, in der sich die Übende befindet.
Schließlich kann sich eine Hand mit dem Handrücken zum Körper auf den Lendenbereich legen, um diesem Gebiet ebenfalls Aufmerksamkeit zu schenken und um auch an die wirkungsvolle Lösung der langen Rückenstrecker *(s. S. 56)* zu erinnern.
Es ist sinnvoll, nun gedanklich den Ablauf der Übungsstunde Revue passieren zu lassen. Das sollte nicht als Pflichtübung verstanden werden und ist lediglich als Anregung gemeint, sich an jenes zu erinnern, das mühelos – sozusagen von alleine – wieder in Erscheinung tritt. Hier bietet sich auch an, die psychophysischen Erfahrungen in einem kurzen Gruppengespräch auf Alltagssituationen zu transferieren. In dieser Sequenz geht es um Möglichkeiten der Stressbewältigung bzw. der Stresshygiene, im Kursablauf dargestellt im Erkennen und Respektieren des eigenen Maßes.

Ziele:

- Üben der sammelnden und schließenden Funktion
- Fähig werden, den Transfer der Erlebnisse in den Alltag zu vollziehen
- Erkennen, welche Möglichkeiten jeder Mensch zur Stressbewältigung hat
- Bedeutung des »eigenen Maßes« erkennen
- Fähigkeit entwickeln, die eigenen Empfindungen und Erkenntnisse in Worte zu kleiden

Variationen

Die Übung »Über den Sitzknochen hin und her schwingen« kann ergänzt oder ausgetauscht werden mit:
Am Oberschenkel entlang streichen

Die Hände werden neben die Rollhügel (Oberschenkelköpfe) der Oberschenkelknochen gelegt und halten dort einige Zeit inne. Die Handmitten spüren in die Hüftgelenke hinein. Mit der Zeit kann eine innere Verbindung zwischen den Hüftgelenken wahrgenommen werden, eine Art »Achse«. Auch die Atembewegung in diesem Bereich wird deutlicher. Die Hände mögen sogar die Atembewegung begleiten und entfernen sich während der Einatmung vom Körper und nähern sich während der Ausatmung. Schließlich streichen die Hände in kleinem Abstand an den Oberschenkeln entlang bis zum Knie, umrunden das Knie und nehmen den Weg an der Innenseite der Oberschenkel zurück, über die Leisten bis zu den Rollhügeln. Dieser Ablauf wiederholt sich einige Male. Ist die Bewegung sehr langsam – das kann für den Anfang empfohlen werden – verhält sich die Atmung, wie sie möchte. Ein- und Ausatmung kommen und gehen spontan.

In diesem Fall steht die Empfindung der Wärme im Vordergrund.

Wenn zu einem anderen Übungszeitpunkt – bei mehr Erfahrung – der Atemrhythmus im Blickfeld steht, kann auch im eigenen Rhythmus geübt werden. Dann wird vermutlich die Einatmung unwillkürlich erfolgen, wenn – bei der Bewegung zum Knie – der Rücken leicht gedehnt wird.

Diese Übungsweise verlangt bereits die Fähigkeit, den persönlichen Rhythmus so zu achten, dass die einzelnen Atemphasen nicht willkürlich überzogen werden.

Ziele:

- Beleben von Becken, Beinen und Füßen
- Lenken der Aufmerksamkeit auf die Basisregion

Ergänzung zu »Die Wolken zerteilen«:
»Zerteile die Wolken, trage den Mond«

Haben die Hände die seitliche Stellung neben den Hüftgelenken erreicht, wird die Bewegung fortgesetzt. Jiao Guorui, der den Übungszyklus »Die 15 Ausdrucksformen aus dem Taiji-Qigong«, die aus der Tang-Dynastie (618-907 n. Chr.) stammen, weiterentwickelt, erprobt und verbreitet hat, leitet mit folgenden Worten an:

»Führen Sie die Arme seitlich am Körper bis auf Kopfhöhe nach oben – zerteile die Wolken. Die Bewegung ist leicht und anmutig. Führen Sie die Hände anschließend auf Bogenlinien vor den Körper, die Arme formen ein Rund, dabei wenden sich die Handflächen mit einer drehenden Bewegung nach oben – trage den Mond. Die Hände vor der Mitte des Körpers, den Mond tragend, langsam nach unten führen. Vor dem Unterbauch die Hände trennen und wieder seitlich neben den Körper führen.«
(s. (33) S. 75)

Ziele:

- Üben öffnender und schließender Bewegung
- Entwickeln eines Bewegungsrhythmus
- Dehnen der Flanken und Brustmuskulatur
- Anregen der Flankenatmung
- Kräftigen der Arm- und Brustmuskulatur

Von den Hüftgelenken aus ...   *... streichen die Hände*

Sich ausbreiten und begrenzen

Arme seitlich ausbreiten:

»Zerteile die Wolken, …

… trage den Mond«

Statt der Übung »Sich ausbreiten«:
Lende nach hinten dehnen

Die Übenden sitzen. Die Lende wird durch leichtes Klopfen oder Ausstreichen vorbereitet. Die Lendengegend wird – seitlich beginnend und sich dabei nach hinten weitend und dehnend – zur anderen Seite bewegt. Das Gewicht wird dabei von einem Sitzknochen auf den anderen verlagert. Beide Sitzknochen bleiben im Kontakt mit der Sitzfläche.
Die Bewegung kann sehr langsam geschehen oder dynamischer und mit dem Atemrhythmus verbunden.

Ziele:
- Dehnen und Lockern der Becken-Lenden-Muskulatur
- Anregen der Atembewegung im Lendenbereich
- Lockern des Zwerchfells
- Dehnen der Flanken

Ein anderer Vorschlag für eine »Partnerinnenarbeit«:
Sich ausdehnen

Die Partnerinnen stehen Schulter an Schulter (oder Hüfte an Hüfte). Die Schulter wächst zur Partnerin hin, ohne dass Druck ausgeübt wird. Es ist vielmehr ein Entgegendehnen. Dadurch bildet sich ein Kontaktfeld oder – wie dieser Prozess von Volkmar Glaser beschrieben wird – es entsteht im Bezug zur Partnerin der »Transsensus«.

Ziele:
- Anregen der Atmung durch den Partnerinnenkontakt
- Spüren, was in der Körperwahrnehmung Ausdehnen und Zusammenziehen bedeuten kann

Hintergrundmaterialien

Sitzen

Die Arbeit am Aufbau eines Sitzes, der dem Organismus entspricht, ist ebenso wie das Üben des Stehens eine grundlegende Bewegungsschulung. Wie sehr Sitzen auch mit Balancieren zu tun hat, beschreibt Dore Jacobs:

»Das Becken balanciert auf den beiden Sitzknorren (Sitzknochen) wie auf den Bügeln eines Schaukelstuhls. Dieses Balancieren verhindert Erschlaffen oder Erstarren beim Sitzen. Es hält den Atem reagierbereit und die Blutströmung in Bewegung und macht damit die Atemspannung im Mittelkörper möglich, die auch im Sitzen die wichtigste Haltungshilfe ist. Die Haltung beim Sitzen hängt von der Beckenstellung ab. Steht das Becken auf seinen beiden Stützpunkten aufrecht, so dass das Kreuzbein senkrecht steht, so strecken sich Lenden- und Brustwirbelsäule zur geraden Linie. Nur so ist bewegliches Sitzen mit voller Atmung möglich. Wird dagegen das Becken nach hinten geneigt, so als ob man sich legen wollte, so wird der Rücken rund und der Bauch über dem Magen eingezogen und unten vorgewölbt. Zwerchfell- und Brustatmung werden gestört und die Zirkulation in den Bauchorganen behindert. Neigt man umgekehrt durch unnötiges Anspannen der Hüftbeuger das Becken nach vorn, als ob man aufstehen wollte, so muss man, um aufrecht zu sitzen, den Brustkorb ausgleichend zurückschieben, die Lende höhlt sich, und die Rippenbögen treten nach vorn heraus. Flanken- und hintere Zwerchfellatmung werden behindert, und das Verspannen der Lendenstrecker bewirkt Ermüdung, zirkulationsstörenden Druck und oft hartnäckige Kreuzschmerzen.« *Dore Jacobs (s. 34 S. 411)*

Wissenschaftler der Orthopädischen Klinik Mainz bescheinigten den meisten Menschen ein Gespür für das »richtige Sitzen«. Sie empfehlen den »Rundrücken« *(s. S. 76)* wegzulassen und den inneren Signalen zu Balance und Aufrichtung zu folgen, weil dieses »eigenkorrigierte Sitzen« die schonendste und angenehmste Weise des Sitzens sei.

Das Balancieren beim Sitzen, das Sich-Bewegen über den Sitzbeinen, ist ein Spielen mit dem Gleichgewicht und begünstigt durch die wechselnden kontinuierlichen Impulse auf die Gewebe den Vorgang der Selbstorganisation im Körper.

Selbstorganisation

Dass Balance und Koordination bei der Vielfalt der Gelenke (10^2), Muskeln (10^3) und Zellen (10^{14}) überhaupt bestehen können, ist erstaunlich. Die Selbstorganisation des Organismus ist umso faszinierender, wenn bewußt wird, wie dieser nicht planbare, äußerst komplexe Prozess ohne perfekte äußere Lenkung stimmig funktioniert. Die Natur selbst übernimmt die Arbeit und schafft »Ordnung im Chaos«.

Die Konsequenz für die Körperarbeit lautet, dass in dem Maße, wie wir uns einerseits dem Naturgesetz der Schwerkraft überlas-

Unzählige Signale schwärmen wie Fische

sen und andererseits bereit sind, hinzuspüren und uns der sensorischen Eindrücke bewusster werden, es der Organismus leichter hat, sich zu organisieren. Das heißt zwar nicht, dass wir uns ständig aller Reize bewusst werden müssten. Doch werden die Außen- und Innenreize, besonders wenn wir diese Körperempfindungen bewusst wahrnehmen, zu Stimulierungen für die Sinnesnerven und sorgen dafür, dass sich die Funktionen der Gewebe aufeinander abstimmen. So wird z. B. über eine Änderung der Atmung eine psychophysische Gesamtumschaltung erreicht *(vergleiche 35 S. 158)*.

Heute ist bekannt, dass Nervensignale auch ohne äußere Stimulierung erzeugt werden, beispielsweise der Herzmuskel, dessen Schrittmacherzellen rhythmische Oszillationen aussenden. Sensorischer Input ist jedoch so unverzichtbar für die Selbststeuerung der komplexen Systeme und Rhythmen, dass sensorische Deprivation zu Krankheit und Tod führt.

»Fasst man Leben als Zunahme von Ordnung auf, so stellt sich die Frage: Widerspricht die Evolution von Leben dem 2. Hauptsatz der Thermodynamik? Die Antwort ist nein und beruht auf dem Phänomen der Selbstorganisation. Bei Selbstorganisation oder dissipativen Strukturen wird ein Teil der dem System verfügbaren Energie in geordnetes Verhalten transformiert.«
Eva Ruhnau in »Mensch und Zeit« (s. 36 S. 30)

(2. Hauptsatz der Thermodynamik = Prinzip der Erhaltung der Energie; Energie kann weder entstehen noch verschwinden; dissipativ = auseinanderfallend)

Selbstwahrnehmung

Selbstwahrnehmung heißt Sinneswahrnehmung, denn selbst Denkprozesse bauen eine Verbindung zu den Sinnesnerven auf. Wahrnehmung wird der Prozess der Informationsaufnahme aus Umwelt- und Körperreizen und der Weiterleitung, Koordination und Verarbeitung dieser Reize im Gehirn genannt.
»Sinneswahrnehmung ist primärer Auslöser und Organisator aller Stufen des Verhaltens ... Die spezifische Qualität der Empfindungen, und nicht bloß ihre Menge, ist somit für wirksame Körperarbeit von zentraler Bedeutung. Wenn beunruhigende körperliche Signale das Bewusstsein irritieren oder wenn es sich von einem Schmerzreiz lösen möchte, dann ist die Erinnerung äußerst hilfreich, dass der Rest des Körpers noch heil und ganz ist...« (s. ㊲ S. 696), dass noch andere vielfältige Bewegungsmöglichkeiten verfügbar und Kraftpotentiale da sind. Jeder einzelne Reiz löst Reaktionsketten im Körper aus, die nicht linear, sondern verzweigt zu verstehen sind, nicht nur quantitativ, sondern auch qualitativ größer sind als die Summe ihrer Teile. (Konzept des synergetischen Reflexes). Ein Netz von Beziehungen entsteht. Das bedeutet, dass jede dieser miteinander verzweigten Reiz-Reaktionsketten zu neuen Wahrnehmungen führt.

Selbstbestimmung

So ermöglicht die Wahrnehmungsfähigkeit es immer wieder, in Kontakt mit den inneren und äußeren Kräften zu kommen. Gesteigerte Wahrnehmungsmöglichkeit – nicht zu trennen von lebendiger Vorstellungskraft (geistige Tätigkeit geht einher mit körperlichen Empfindungen) – schenkt ein genaueres Körperbild (s. S. 45) und die Fähigkeit zur Selbstkontrolle. Das bedeutet auf der physischen Ebene, dass Bewegungen koordiniert werden und auf der geistig-emotionalen Ebene, dass die Fähigkeit zur Selbstbestimmung wächst. Da physische und mentale Seite verquickt sind, kann die Entwicklung Hand in Hand gehen. Die Aufforderung, Verantwortung für das persönliche Wohl und Wehe zu übernehmen, tritt hervor, sobald Wahlmöglichkeiten, sich so oder so zu verhalten, auftauchen.

Diesen Aufruf zu ignorieren und schädigende Gewohnheiten beizubehalten, hat Konsequenzen für die Gesundheit und sogar für das Selbstbewusstsein. Denn die Erfahrung, selbstbestimmt und verantwortlich zu handeln und das Leben aktiv mitzugestalten, bestätigt das Selbstwertgefühl.
Das Selbstwertgefühl bzw. Selbstbewusstsein drückt sich auf der körperlichen Erfahrungs-Ebene auch in der Möglichkeit der Zentrierung, des Geerdetseins, des »in der Mitte ruhen« aus. Dieser Zustand wird manchmal als »aus dem Bauch leben« beschrieben.

Der Bauchraum

Der Bauch ist in erster Linie Höhle und Innenraum und birgt die Verdauungsorgane und inneren Geschlechtsorgane. Alle lebenswichtigen Funktionen der Nahrungsverarbeitung und Fortpflanzung spielen sich dort ab.
Der Bauch – genauer gesagt, die Gebärmutter – war einmal der Aufenthaltsort eines jeden, so dass mit Bauch sogleich Mütterlich-Weibliches assoziiert wird. Der Nabel erinnert das ganze Leben daran. Nicht umsonst gilt der Nabelbereich als wesentliches Energiezentrum in allen Kulturen.
Dort liegen das Vordere (Nabelbereich) und Mittlere (hinter dem Nabel im Körperinnern) *Dantian* (Zinnoberfeld) und zwei Finger breit unter dem Nabel das *Qihai* (das Meer des Qi). Das sind Zentren in der traditionellen chinesischen Medizin und der darauf fußenden Atem- und Bewegungslehre Qigong. Bei den Japanern befindet sich 2 bis 3 Zentimeter unter dem Nabel der *Harapunkt*, bei den Indern das Nabel-Chakra.

Bauchraum

Kopffüßler oder Bauchfüßler?

Im Bauch als Zentrum des Leibes liegt der **Schwerpunkt** des Körpers. Der Dichter Heinrich Kleist definierte übrigens den Schwerpunkt als Seele, von der alle Bewegung auszugehen habe, damit Anmut und Natürlichkeit entstehen könne. Im Körperschema spielte der Bauch schon immer eine fundamentale Rolle. Das Kind zeichnet zwar den »Kopffüßler«, doch sieht dieser nicht aus wie ein »Bauchfüßler«? Jedenfalls existiert noch keine »Trennung von Kopf und Bauch«.

In vielen Darstellungen der Naturvölker trägt der Bauch noch ein Gesicht, steht also für den ganzen Menschen. Der Säugling – schon durch seine Proportionen ein Bauchwesen – ruht noch im Bauch. Das möchte der Erwachsene später wieder erreichen, unter anderem durch Körperarbeit und Meditation.
Die Betonung der Mitte des Körpers bei diesen Methoden der Selbstfindung zeigt auch, dass der Mensch, sich immer wieder an seine ursprüngliche Geborgenheit im Mutterleib erinnernd, seine »innere Mitte« sucht.

Auch in der Mythologie spielte der Bauch eine wichtige Rolle. Dionysos, der griechische Gott der Fruchtbarkeit, wurde wohlbeleibt dargestellt. Auch Jonas musste drei Tage im Bauch eines großen Fisches bleiben, bis er verwandelt wieder an Land gespuckt wurde. Der Wolf verschluckte Rotkäppchen und die Geißlein, bis sie wieder aus seinem Bauch geholt wurden.
In manchen afrikanischen Stämmen trugen die Männer Bauchmasken, um eine Schwangerschaft vorzutäuschen. Auch die Römer vermuteten den Sitz der Seele im Bauch, denn sie weissagten aus den Formen der Eingeweide der Tiere.
Baubo, eine Erscheinungsform der Großen Göttin, gilt als »Göttin des Bauches« schlechthin, hat sie doch keinen Kopf und nur angedeutete Gliedmaßen. Zahlreiche Darstellungen der Antike sprechen immer wieder von dem Faszinosum des Bauches als »Gefäß-Körper-Symbolik des Großen Weiblichen« *(s. (38) S. 58)*. Da wird »die radikale Autonomie des Bauches gegenüber den ›höheren Zentren‹ von Herz, Brust und Kopf ausgesprochen und als heilig inthronisiert.« *(s. (38) S. 58)*

Zentrieren

In der Körperarbeit kann erlebt werden, wie das im Bauch gespürte vitale Leibempfinden das Allgemeinbefinden positiv stimuliert und damit auf das Selbstgefühl wirkt. Deswegen hat die Sammlung auf die Bauchzentren *(s. S. 65)* einen zentralen Stellenwert in der Atem- und Bewegungsarbeit.
Vor allem, weil schon die Sammlung auf den Bauchraum die Atmung auf natürliche Weise anspricht und vertieft. Lockere Weite in diesem Wurzelgebiet der vegetativen Lebensvorgänge führt zu innerer Ruhe und zur Regeneration der Kräfte.

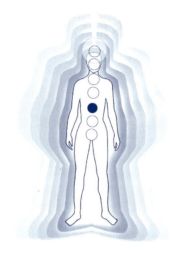

Immer wieder andere Zentren können der Sammlung dienen

Sonnengeflecht

Das Sonnengeflecht (Plexus solaris), in Höhe des Oberbauches gelegen, ist ein Netzwerk autonomer Nerven, das neben Speiseröhre und Magen auch Dünndarm und Dickdarm innerviert. Manchmal wird der Solarplexus auch als zweites Gehirn betrachtet, vielleicht weil die Gefühle, die dort so gut zu spüren sind, auf das Bewusstsein zurückwirken.
Die Bauchblutgefäße dagegen, Bauchspeicheldrüse, Leber, Harnblase und Geschlechtsorgane werden von dem *Kreuzbein-Darmbeingeflecht* versorgt. Der Ischiasnerv ist ein Zweig des lumbosakralen Nervengeflechts.

Mitte

Der Ausdruck »Mitte« lässt zunächst an den Mittelpunkt eines Kreises denken, vielleicht an die Mitte eines Raumes. Sich die Mitte eines Raumes oder eines Platzes (oft steht dort ein Brunnen) vorzustellen, beleuchtet den Gehalt der »Mitte«. Bei italienischen Plätzen wird deutlich, wie sehr das Zentrum eines Platzes auf die meisten Menschen Kraft auszustrahlen scheint, zumindest sehr anziehend wirkt. Viele setzen sich auf den Brunnenrand, um sich zu erfrischen oder werfen eine Münze in den Brunnen, um den Brunnengeist freundlich zu stimmen. Vielleicht ist es vergleichbar, sich zu zentrieren, in der Mitte zu sammeln und in der Mitte anwesend zu sein.

Sich ausbreiten und begrenzen

Mittig und kraftvoll

Gebräuchliche Synonyme für Mitte und »in der Mitte sein« sind: Wesensmitte, Kern, Selbst, »im Hara sein«, »bei sich sein«, »das Qi im Dantian bewahren«. Martin Buber spricht sogar von der »sinngebenden Mitte«. Im »Bauch zu ruhen« und »in der Mitte zu sein« erleichtert die Anbindung an das eigene Maß.

Das rechte Maß

Das rechte Maß beinhaltet auf die Selbstübungen bezogen
a) *angemessene Zeitdauer und passenden Zeitpunkt*. Auch hier gilt der Grundsatz: »Alles hat seine Zeit!«. Angemessen ist, was mir selbst und meinen Möglichkeiten entspricht.

Darum ist das »rechte Maß« stets das *eigene Maß*.

b) *stimmige Intensität* bei der Größe des Krafteinsatzes. Das bezieht sich auf die Muskelarbeit wie auf die Vorstellungskraft.

Für eine gesunde Lebensführung ist die Einhaltung dieses Prinzips sehr wichtig. Die Traditionelle Chinesische Medizin betont seine Bedeutung, ob es die Witterungseinflüsse, das Verteilen von Arbeit und Freizeit, Spannung und Entspannung, Bewegung und Ruhe, die Emotionen, die Ernährung oder die Körperhaltung betrifft. Im Beherzigen des »rechten Maßes« werden Disregulationen verhütet, die störend in die organischen Fließsysteme eingreifen und auf die Dauer Krankheiten erzeugen würden. Sogar die Fähigkeit der Wahrnehmung und das Wachstum der Sensibilität bedürfen des rechten, des eigenen Maßes, der relativen Begrenzung, damit nicht hypochondrische Tendenzen entstehen. Damit wird offensichtlich, wie eng das Prinzip des rechten Maßes mit dem der Natürlichkeit verknüpft ist.

Was ist Natürlichkeit?

Die Antwort auf diese Frage kann nur im eigenen Innern gefunden werden. F. J. Buytendijks Worte können zum Nachdenken anregen: »Der Begriff der Natürlichkeit und ihre Schätzung entspringt der Besinnung auf den Gegensatz von Geist und beseelter Körperlichkeit. Dennoch erfährt man beide in ihrer Einheit, zugleich aber mit der Möglichkeit, alle spontane Aktivität und Reaktivität durch den kontrollierenden Verstand und den Willen zu beherrschen. Sie vermögen sich dem ungehemmten Bewegungsdrang entgegenzustellen.« (s. 39) S. 351)

So meint Natürlichkeit in diesem Sinne weder totale Beherrschung durch den kontrollierenden Verstand noch ungehemmte Aktivität, in jedem Fall aber beseelte Körperlichkeit, nicht unterschieden vom Geist. Auch hier gilt es, die Mitte – das Maß – im Kontrollieren und Umsetzen der Impulse zu finden.

Ein Mensch ist natürlich, wenn die äußere Erscheinung dem Ausdruck seiner inneren Substanz entspricht, wenn Innen und Außen miteinander kommunizieren.

Der Atem bleibt natürlich, wenn er nicht in besonderer Weise beachtet wird. Das Beobachten der Atmung verändert sogleich den Atemrhythmus. In der Folge wirkt die Atmung angestrengt, ist also nicht mehr natürlich. Dennoch kann die Atmung bewusst werden und natürlich bleiben. Das geschieht im behutsamen Vertrautwerden mit dem Atemgeschehen durch wachsende Empfindungsfähigkeit und übende Bewegungen.

Öffnen und Schließen – Steigen und Sinken

Praktisch zeigt sich das Vermögen, im eigenen Maß zu bleiben darin, wie z. B. mit öffnenden und schließenden – auch steigenden und sinkenden – Bewegungen umgegangen wird. Öffnen und Schließen, Steigen und Sinken werden im Lehrsystem Qigong Yangsheng als »Wirkungsrichtungen des Qi« (s. 40) S. 99), als die Fließrichtungen des Qi betrachtet. Überall in der Natur finden sich öffnende und schließende, steigende und sinkende Bewegungen.

Jede Bewegung (auch die Gedankenbewegung) kann als dynamischer Prozess zwischen Öffnen – vom Zentrum ausgehend in die Peripherie fließend – und Schließen – aus der Peripherie wieder ins Zentrum, zur Mitte und zum Schwerpunkt (zum Ruhepunkt) zurückgehend – erfahren werden.

Rudolf von Laban beschrieb diesen Prozess als »ewigen Wechsel zwischen Binden (Schließen) und Lösen (Öffnen), zwischen der Erschaffung von Knoten mit der zentrumsbezogenen und vereinigenden Kraft des Bindens und zwischen der Erschaffung von gewundenen Linien im Vorgang des Lösens und Entflechtens.« (s. 41) S. 97)

Sich ausbreiten und begrenzen

Die schließende bzw. sinkende – das heißt, auch abgrenzende – Bewegung hilft, mit der Aufmerksamkeit da zu bleiben und die Kräfte zu erhalten. Aus einer zu großen, Muskeln und Sehnen überfordernden Öffnung in der Körperhaltung bedarf es gesteigerter Kraftanstrengung, zum Zentrum und zum Gleichgewicht zurückzufinden.

In jedem Fall gilt es, Ausgewogenheit zwischen »Öffnen und Schließen«, »Steigen und Sinken« zu finden.
Am Beispiel des Stehens lässt sich das konkretisieren. Ist die Vorderseite während des Stehens sehr offen, vielleicht weil das Gewicht weit nach vorne verlagert wurde, hat sich die Körperrückseite im Ausgleich durch Muskelverkürzung geschlossen. Ist dagegen die Hinterseite überdehnt (d. h. sehr geöffnet), musste sich die Vorderseite zusammenziehen. Optimaler Gewebetonus ist erst möglich, wenn Ausgeglichenheit bzw. ein dynamischer Wandel zwischen »Öffnen und Schließen« besteht. Übertragen auf die Lebensgestaltung wird damit unter anderem angesprochen, dass Abgrenzung gegenüber den sogenannten »Energieschluckern«, wie Hektik, Lärm, Überlastung, Anspannung, Ehrgeiz, Konflikten, Einseitigkeit etc. notwendig ist, damit sich der Energiehaushalt – Sammeln, Nähren und Nutzen der Energie – ausgleichen kann.
Allerdings dient die Vermeidung von Anforderungen – eine Schonhaltung dem Leben gegenüber (der Verzicht auf »Öffnung«) – nicht in jedem Fall einer Stresshygiene.
Einseitigkeit in der Haltung dem Leben gegenüber würde auch hier Ungleichgewicht und Erstarrung verursachen. Die Prinzipien des »eigenen Maßes« und der Natürlichkeit wirken regulierend.

Konzentrische Kreise

Aufrichten oder ins Lot kommen

Auf einen Blick

Der Weg zu einer ökonomischen Aufrichtung verläuft über die Kultivierung der Wahrnehmungskraft und Flexibilität und den Einsatz bestimmter Bewegungen.

Ziele der Kurseinheit:
- Fähigkeit zu einer angemessenen Haltung im Sitzen oder Stehen entwickeln, in der die architektonischen Verhältnisse des Skeletts berücksichtigt werden;
- Erkennen, dass feste Verhaltensmuster und muskuläre Gewohnheiten auf Dauer den Organismus beeinträchtigen;
- Fähigkeit entwickeln, das Bewegungsrepertoire zu erweitern.

Im Üben der balancierten Aufrichtung werden Wahrnehmungskraft und Flexibilität kultiviert und ökonomische Haltungen im Sitzen und Stehen erspürt. Das Bewegungsrepertoire erweitert sich. Dabei kann erkannt werden, dass feste Verhaltensmuster – auch sich wiederholende Bewegungsmuster – zu Einschränkung und Anspannung führen. Ebenso kann bewusst werden, wie muskuläre Gewohnheiten zunächst lokale Körperzonen beeinflussen und auf Dauer den gesamten Organismus beeinträchtigen.

Phasen und Übungen	Methode	Zeit
Einstieg Wahrnehmungsexperiment	Bewegung, Spürübung	3 Min.
1. Anregungsphase Hin und her rollen	Bewegung	15 Min.
2. Zur Ruhe kommen Sich vom Boden tragen lassen	Ruheübung	10 Min.
3. Arbeit an der Körperbasis Bauch »hängen« lassen; um die Steißbeinspitze kreisen; Oberkörper im Sitzen nach vorne beugen; auf den Grund gehen; Becken nach hinten rollen	Dehnlagerung, Bewegung, Spürübung	20 Min.
4. Arbeit am oberen Körperbereich Hände begleiten das Ausatmen nach oben; »Lasse dich 7-mal auf die Fersen fallen«	Bewegung	15 Min.
5. Schließen Eine Hand legt sich auf den Nabel, die andere unter das Brustbein	Spürübung	2 Min.
Variationen zu 3. Rückwärtsgehen; auf zwei Tennisbällen sitzen	Bewegung, Spürübung	10 Min.
zu 4. PA: Hände unter die Fersen legen	Bewegung, Spürübung, Partnerübungen	10 Min.
zu 1. Großer Körperkreis	Bewegung	3 Min.

Übungen

Einstieg

Wahrnehmungsexperiment: Im Stehen wird das Gewicht vor und zurück, auf die Seiten- und die Innenkanten des Fußes, verlagert. Aufgabe ist, den Änderungen nachzuspüren und herauszufinden, welche Muskeln durch die Unterschiede in der Gewichtsverlagerung innerviert werden. Im Gruppengespräch werden die einzelnen Erfahrungen gesammelt.

1. Anregungsphase

Hin und her rollen

Die Übenden liegen mit dem Rücken auf dem Boden und rollen gemächlich abwechselnd über die rechte und linke Seite auf den Bauch und wieder zurück. Die Arme sind über den Kopf gestreckt. Die rollende Bewegung kann über eine Dehnung des Schultergürtels oder über einen Impuls, der vom Becken ausgeht, in Gang kommen. Im letzteren Fall werden die Beine etwas angezogen. Wesentlich ist, dass wahrgenommen wird, wie unterschiedlich jeweils die Muskeln arbeiten.

Ziele:

- Dehnen und Lockern des ganzen Körpers
- Erspüren der Körpergewichts und der Schwerkraft

2. Zur Ruhe kommen

Sich vom Boden tragen lassen

Auf dem Boden ausgestreckt – die Arme liegen neben dem Körper und die Beine nebeneinander – wird diese Ruheübung durch die Aufforderung, alle Körperteile der Reihe nach »tragen zu lassen«, angeleitet. Begonnen wird mit den Füßen. Wie differenziert die einzelnen Körperglieder angesprochen bzw. einzeln genannt werden, wird von der zur Verfügung stehenden Zeit und dem Übungszustand der Teilnehmer bestimmt. Ist der Übungszustand fortgeschritten, können sich schon nach relativ kurzer Zeit Spannungen lösen.

Vielleicht ist es nützlich, darauf hinzuweisen, dass »sich tragen lassen« nicht mit »sich fallen lassen« verwechselt werden sollte. Die Wortwahl ist bedeutsam. Eine spezifische Formulierung weckt auch entsprechende Assoziationen, das heißt, löst bestimmte mentale Zustände aus. Die Vorstellung »sich fallen zu lassen« bewirkt andere – nämlich viel geringere – Tonuswerte im Muskelgewebe als »sich tragen zu lassen«.

»Sich vom Boden tragen lassen« eignet sich gleichfalls als Körperhaltung des Nachspürens zwischen anderen Bewegungsübungen.

Ziele:

- Lockerung der Muskulatur
- Tonusregulierung

Hin und her rollen

3. Arbeit an der Körperbasis

Den Bauch hängen lassen

Aus der Rückenlage wird der Körper langsam zur Seite aufgerollt und in eine knieende Position gebracht. Die Knie sind in Beckenbreite geöffnet. Der Rumpf neigt sich nach vorne und die Stirn legt sich auf die gekreuzten Arme. Das Gesäß bleibt in der Nähe der Fersen. Der Bauch hängt frei zum Boden. Mit der starken Dehnung in der Kreuzbein- und Lendengegend sind klare Wahrnehmungsfelder entstanden. Das Hinspüren ist damit leichter geworden. Diese Haltung wird einige Minuten – doch nur so lange wie es angenehm ist – beibehalten.

Ziele:
- Dehnung der Becken-Lendenmuskulatur
- Befreiung der Atembewegung im Rücken, an den Seiten und an der Vorderseite
- Belebung des Kreuzbeins
- Vertiefung der Atmung

Um die Steißbeinspitze kreisen

Auf dem Hocker oder auf dem Boden im Schneidersitz sitzen: Das Becken kreist konzentriert – jeden Millimeter der Bewegung auskostend – um die Steißbeinspitze. Der Atem läuft dabei so wie er möchte. Der Oberkörper wird möglichst wenig mitbewegt.

Ziele:
- Beleben des Beckenbodens
- Lösen und Tonisierung des Zwerchfells

Rumpf im Sitzen beugen

Aus dem Sitzen auf dem Hocker sinken Kopf, Schultergürtel, Arme und Rumpf langsam – jeder Wirbel wird abrollend wahrgenommen – nach unten, bis der Kopf hängt und die Hände gut den Boden erreichen. Die Beine sind dabei weit geöffnet, damit der Oberkörper sich zwischen die Knie senken kann.

Aus dieser hängenden Lage können abwechselnd erst die eine, dann die andere Schulter oder nur Arme und Hände in den Raum gedehnt werden. Werden die Arme gedehnt, dann erfasst die Dehnung auch die Fingerspitzen. Behutsam wird der Körper allmählich wieder aufgerichtet. Die Bewegung kann einige Male wiederholt werden.

Dehnung zulassen

Ziele:
- Dehnen der Zwischenwirbelräume und Entlastung der Wirbelsäule
- Verstärken der Rückenatmung
- Beleben von Kreuz- und Steißbein
- Dehnen der Iliosakral-Gelenke

Auf den Grund gehen

Die Füße werden so aufgesetzt, wie es sich in diesem Moment ergibt. Nun wird geübt, das Gewicht so gut es geht auf den Boden nieder zu lassen. Dafür wird im Allgemeinen Zeit benötigt. Voraussetzung ist, dass wahrgenommen wird, wo festgehalten wird. Es wirkt unterstützend, wenn kleine Gegenstände wie Murmeln, Kastanien oder Holzstäbe unter die Füße gelegt werden, welche die Propriozeptoren *(s. S. 34)* anregen. Je lebendiger die Fußsohle ist, desto deutlicher wird der Kontakt zum Boden erspürt.

Das Ausbalancieren der Unebenheiten des Untergrundes wirkt fördernd auf Gleichgewichtssinn und die Aufrichtung.

Starke Dehnung im Kreuzbein- und Lendenbereich

Aufrichten oder ins Lot kommen

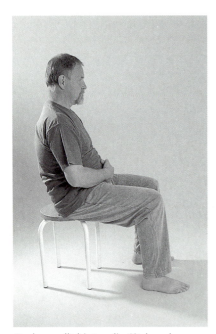
Becken rollt hinter die Sitzknochen

Hände begleiten

Falls erforderlich (d. h. wenn es schwerfällt, das Gewicht zum Boden abzugeben), kann man sich bequem an eine Wand lehnen und das Körpergewicht der Wand überlassen. Diese Übungsweise kann dem »freien« Stehen vorausgehen.

Ziele:

- Schulung der Wahrnehmung
- Wahrnehmung der eigenen Haltung
- Gleichgewichtsschulung
- Arbeit am Bodenkontakt
- Abbau von Spannungen

Das Becken rollt hinter die Sitzknochen

Wenn jetzt die Übenden wieder auf dem Hocker sitzen, wird sich die elastische Aufrichtung, die mit der vorausgegangenen Übung erarbeitet wurde, auch hier bemerkbar machen. Es verstärkt die Wahrnehmung, wenn die Empfindungen im Gespräch aufgegriffen werden. Vielleicht gibt es bei manchen trotzdem noch Empfindungen von Anspannung in der Lendengegend. Dann bietet es sich an, mit dem Becken hinter die Sitzknochen zu rollen. Vorbereitend kann das Kreuzbein durch Klopfen belebt werden.

Das Kreuzbein sinkt nach hinten und das Becken rollt dabei hinter die Sitzknochen. Die Aufmerksamkeit geht in die gedehnten Bezirke von Kreuzbein und Lende. Das Becken richtet sich wieder auf, bis sich das Gewicht wieder über der Mitte der Sitzknochen befindet. Diese einfache Bewegung kann viele Male geübt werden. Erst dann wird sie geschmeidig und selbstverständlich. Schließlich wird sie sich dem Atemrhythmus angleichen und mit der Zeit ist es die Kraft des Ausatmens, die das Becken aufrichtet. Wesentlich ist, dass nicht »gedrängelt« wird, weder durch übermäßigen Kraft- und Willenseinsatz noch durch Zeitdruck. Eine Atemschülerin bemerkte nach einiger Zeit des Übens verwundert: »Jetzt hat sich mein Kreuzbein ›eigenwillig‹ bewegt.« Sie meinte damit »ohne mein Zutun«. Das erlebte sie als ausgesprochen wohltuend. Nachspüren ist wie immer sehr wirkungsvoll. Stellt sich doch die Wirkung oft im Nachhinein – in der Ruhephase nach der Bewegung – ein.

Fragen, die über die Körperempfindungen hinaus auch das allgemeine Wohlbefinden und die Stimmung betreffen, verdeutlichen den Effekt, den Aufrichtung, gelöstes Zwerchfell und elastische Rückenmuskulatur auf das Gefühlsleben haben. Der wechselseitige Zusammenhang zwischen Aufrichtung, optimaler Zwerchfellbewegung und elastischem Beckenboden kann ebenfalls angesprochen werden. Gelegentlich ist es unmittelbar verstärkend, diesen Zusammenhang noch anhand einer Skizze zu veranschaulichen. Lernen, das auf mehreren Ebenen stattfindet, ist besonders gründlich!

Ziele:

- Lockern von Becken-, Lenden- und Rückenmuskulatur
- Verstärken des Atemvolumens
- Erfahren der Beziehung zwischen Atmung und Körperhaltung
- Erkennen der wechselseitigen Abhängigkeit zwischen Aufrichtung und optimaler Atmung

4. Arbeit am oberen Körperbereich

Hände begleiten das Ausatmen nach oben

Das Becken kippt während der Einatmungsphase nach hinten und rollt hinter die Sitzknochen *(siehe vorhergehende Übung)*. Die Hände begleiten jetzt das Ausatmen, das sich vor der senkrechten Mittellinie sanft nach oben bewegt. Wie weit die Handbewegung nach oben reicht, wird von der Länge der Ausatmung bestimmt. Das kann manchmal missverstanden werden, so dass willentlich die Ausatmung verlängert wird, damit die Hände bis Kopfhöhe gehen. Betonen Sie als Kursleiterin, dass der eigene Atemrhythmus – das heißt, die Länge der Atemphasen – unverändert bleibt.

Ziele:

- Unterstützen der Aufrichtung durch die Ausatmungskraft
- Lockern der Brustkorbmuskulatur

»Lasse dich 7-mal auf deine Fersen fallen und vertreibe alle Krankheiten«

Auch in dieser Übung aus »Die acht Brokatübungen« des Lehrsystems Qigong Yangsheng von Jiao Guorui wird die Aufrichtung geübt.

Im Stehen mit locker zusammengestellten Füßen befinden sich die Hände vor dem Nabel. Die Handinnenseiten zeigen nach oben. Beide Hände werden langsam bis in Brusthöhe gehoben, dort gewendet und wieder gesenkt, bis die Hände flach und gedehnt neben den Hüftgelenken stehen und nach unten zeigen. Die Arme sind leicht gedehnt. Vorsicht – nicht überstrecken! Nun werden die Fersen ein wenig angehoben und der gesamte Rumpf längswärts ausgedehnt. Schließlich erfolgt die Lösung der Dehnung, indem das Körpergewicht vibrierend weich auf die Fersen zurückfällt und die Arme sich lockern. Die Hände beschreiben zwei Kreise zu den Seiten und kehren wieder in die Ausgangsstellung zurück.

Für Menschen mit akuten Bandscheibenbeschwerden, in der Schwangerschaft und bei starker Menstruation ist diese Übung nicht geeignet.

Ziele:
- Bewusstwerden der Körperhaltung
- Fördern der Aufrichtung
- Lösen des gesamten Körpers

Hände in Brusthöhe wenden   *Hände drücken nach unten*   *Hände beschreiben kleine Kreise*

5. Schließen

Eine Hand legt sich auf den Nabel und die andere unter das Brustbein. Die Hände begleiten behutsam das Weit- und Schmalwerden des Rumpfes während der Atmung.

Ziele:
- Wahrnehmen der allgemeinen Belebung
- Bewusstwerden der vorangegangenen Atemanregung

Variationen

Statt »Hin und her rollen«: Großer Körperkreis

Im Stehen wird der Oberkörper mitsamt Kopf zu einer Seite gebeugt. Das Gewicht des Kopfes zieht den Rumpf noch weiter nach unten. Schwingend bewegt sich der Oberkörper zur anderen Seite und richtet sich wieder auf. Angelpunkt der Bewegung ist der Kreuzbein-Lenden-Bereich. Beide Seiten werden stark gedehnt. Die Aufrichtung wird durch das Ausatmen erleichtert.

Ziele:
- Dehnen der Flanken
- Intensivieren der Flankenatmung
- Dehnen des Kreuzbein-Lenden-Bereichs
- Anregen der Atemfunktion

Oberkörper zur Seite beugen   *Schwingend zur anderen Seite*

Statt oder zusätzlich zu der Übung: »Auf den Grund gehen«: Auf Tennisbällen sitzen

(Partnerinnenarbeit)

Eine der beiden sitzt auf dem Boden im Schneidersitz. Unter den Sitzknochen liegt je ein Tennisball. Der Rumpf der Sitzenden – die Arme der Sitzenden sind gehoben – wird von der stehenden Partnerin langsam wiegend hin und her bewegt. Es kann hilfreich sein, wenn die Aktive dicht hinter der Partnerin steht und den Oberkörper stützt.

Auch der verbale Austausch sorgt für das Gelingen der Übung.

Ziele:
- Massage der Sitzknochen
- Lockerung der Wirbelsäule
- Anregung der Atmung durch Körperkontakt

Ergänzung zu 3.:
Rückwärtsgehen

Nachdem zunächst im Stehen am Bodenkontakt geübt wurde, wird die Wahrnehmung besonders in die Rückseite gelenkt. Dann tastet sich die ganze Hinterseite in die Rückwärtsbewegung hinein. Mögen die ersten Schritte noch zögernd sein, mit der Zeit wird die Bewegung immer selbstverständlicher. Schließlich gehört die Rückwärtsbewegung zum angeborenen Verhaltensrepertoire. Durch kleine, in Berührung mit dem Hintergrund gehende Dehnungen des Rückens wird die »Kontaktfläche« des Rückens größer und die sensomotorische Anregung *(siehe taktiler Sinn!)* intensiver. Mit Hintergrund ist hier der Raum gemeint, der sich hinter dem Körper befindet. Werden die Arme etwas vom Körper gelöst und die Achselhöhlen geöffnet, vergrößert sich die Tastfläche der Hinterseite. Das äußert sich sogleich in der sicheren und flüssigen Bewegung.

Ziele:
- Beleben des Rückens
- Erweitern der Bewegungsmöglichkeiten
- Wahrnehmen der eigenen Haltung beim Rückwärtsgehen

Statt »Lasse dich 7-mal auf deine Fersen fallen und vertreibe alle Krankheiten« kann auch folgendermaßen geübt werden:
Hände unter die Ferse der Partnerin legen

Die Gruppe bildet einen Doppelkreis, einen Innen- und einen Außenkreis. So hat jede Teilnehmerin des Innenkreises eine Partnerin hinter sich stehen. Die im Innenkreis Stehenden heben gleichzeitig die Fersen und die im Außenkreis Stehenden legen ihre Hände unter die Fersen der Partnerin mit der Innenfläche nach oben. Ganz sachte und langsam werden die Fersen auf die Hände der Partnerin niedergelassen, wieder angehoben und wieder aufgesetzt.

Ziele:
- Verstärken und Bewusstwerden des Bodenkontakts
- Beleben durch Kontakt

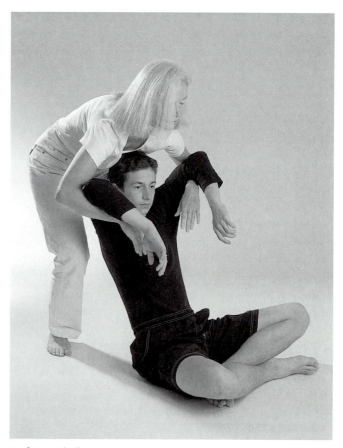

Auf Tennisbällen sitzen

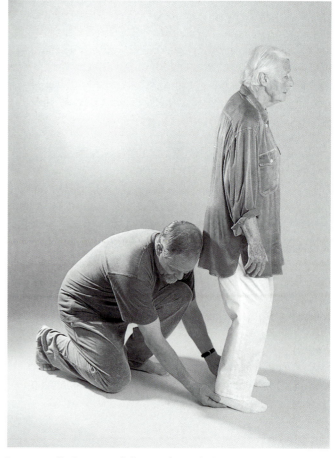

Langsam die Fersen auf die Hände niederlassen

Hintergrundmaterialien

Aufrichtung

Wie sich der Körper aufrecht hält, ist gleichermaßen Teil des Ausdrucksgeschehens wie Bewegung, Mimik und Stimme. Sich kraftvoll und selbstbewusst zu fühlen, wird sofort in der Körperhaltung sichtbar. Aufgerichtetsein und bloßes Geradestehen werden manchmal miteinander verwechselt *(s. S.54)*. Wenn Geradestehen das Ergebnis von Kontrolle und Anstrengung ist, wirkt es übertrieben und erinnert an militärische Disziplin.
Eine gesunde, elastisch aufgerichtete Wirbelsäule dagegen ist nicht »gerade wie ein Stock«, sondern angedeutet s-förmig.

Genauso ist die Gesamtlinie der aufrechten Haltung nicht senkrecht, sondern leicht schräg nach vorne gehend, wenn der Schwerpunkt über der Fußmitte liegt *(s. S.53 und 54)*.
Gelenke sorgen wesentlich für die enorme Flexibilität des Körpers. Allerdings sind sie auch empfindliche Stellen, die durch Fehlhaltungen, Erschlaffung und Überspannung der Muskulatur oder eingeschränkte und irritierte Atmung beeinflusst werden können. Der Körper kann als Turm aus verschieden geformten, beweglich aufeinander gesetzten Bausteinen betrachtet werden. Rutscht ein Stein aus der Reihe, verschiebt sich der gesamte Turm. Es wird dann stets ein Ausgleich in die entgegengesetzte Richtung erfolgen, damit der Turm nicht kippt. Die Kompensation findet je nachdem zwischen vorne und hinten oder zwischen linker und rechter Seite statt.
»Hauptbausteine« sind Becken, Brustkorb und Kopf. Die Beine bilden die Tragpfeiler des Beckens und sind in sich beweglich. Das Ganze ist so zusammengefügt, dass äußerste Dynamik möglich ist. Die Funktionsfähigkeit der Fußmuskeln, bedingt auch von der Fußstellung, sorgt für die Stellung der Beine. Die Beine mit je drei Gelenken (Fuß-, Knie- und Hüftgelenke) lassen die verschiedensten Beckenstellungen zu. Zwischen Becken und Kopf sitzt die Wirbelsäule mit 24, unten derberen, nach oben zarter werdenden, gelenkig verbundenen Wirbelknochen, deren zwölf mittlere je ein Rippenpaar und damit den Brustkorb tragen.

Zentrale Körperbereiche

Wirbelsäule

Die Struktur der Wirbelsäule ist der aufrechten Stellung ideal angepasst. Der aus fünf ineinander übergehenden Wirbeln bestehende Kreuzbeinblock stützt sich auf das Becken und trägt seinerseits die fünf starken Lendenwirbel, die sich nach oben zu den zwölf Brustwirbeln verjüngen, von denen jeder ein paar Rippen hält. An die Brustwirbel schließen sich die zarteren Halswirbel an. Der oberste, der Atlas, balanciert den Schädel auf zwei relativ kleinen Flächen. Der zweite Halswirbel, die Axis, ermöglicht durch die besondere Konstruktion die Bewegung des Kopfes.

Auch der Aufbau der Muskel- und Bänderstruktur ist hierarchisch. Die stärksten Muskeln befinden sich unten, die feineren, differenzierteren oben. Jedes Bauelement hat seine Aufgabe zu erfüllen und die Koordination der Tätigkeiten sorgt für die Ökonomie des Organismus. Die Wirbelsäule selbst kann als Energieachse betrachtet werden. Jede Deformation führt zur Schwächung des Ganzen, jedes, auch psychische Schwächegefühl äußert sich in den Empfindungen von Stabilität oder Flexibilität in der Wirbelsäule. Nicht umsonst wird die Wirbelsäule mit dem Lebensbaum verglichen.

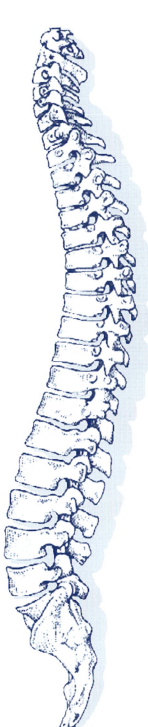

Die großen Bausteine Becken, Brustkorb und Kopf sind vertikal angeordnet und werden durch die Schwerkraft an ihrer Stelle gehalten.

Die Verbindungsgelenke – die Übergänge – sind gleichsam Scharniere, je beweglicher, desto elastischer ist der Körper und desto durchlässiger für den Energiefluss.

Elastische Beine als Träger des Rumpfes fangen Stöße, die der Körper erfährt, durch Beugung in Knie- und Fußgelenken ab. Starr durchgedrückte Kniegelenke verhindern diese dynamische Haltungsstabilisierung.

Hüftgelenke bilden sozusagen Drehscheiben zwischen Beinen und Becken. Sind sie geschmeidig, sitzt der Rumpf beweglich federnd über den Beinen und kann optimal mit den physikalischen Kräften, Erdanziehung, Trägheit und Zentrifugalkraft, die auf den Körper wirken, umgehen.

Wirbelsäule

Ein tiefliegender Muskel, der **birnenförmige Muskel (m. piriformis)** ist für die Beweglichkeit der Hüftgelenke wesentlich. Lässt dieser Muskel den erforderlichen fortwährenden Wechsel zwischen Spannung und Entspannung zu, sind die oberflächennäheren Gesäß- und Bauchmuskeln entlastet.

Der Übergang von der Brustwirbelsäule zur Halswirbelsäule – **der 1. Brustwirbel und der 7. Halswirbel – und die beiden ersten Halswirbelgelenke** sind Schlüsselstellen des Nervensystems und der Aufrichtung. Erst das Gleichgewicht der Halswirbelsäule in der Vertikale zur Brustwirbelsäule gibt dem Kopf eine tragfähige Stütze und erlaubt tiefe Entspannung

Fehlhaltungen

Eine Reihe häufig auftretender Störungen des Gleichgewichts der Aufrichtung gehen auf Haltungsfehler des Brustkorbs/des Schultergürtels und auf Verschiebungen des Beckens (hervorgerufen durch Versteifungen der Fuß- und Beingelenke) zurück.

Beim sogenannten »**Hohlkreuz**«, der ausgeprägten Lendenlordose, ist die leichte naturgemäße Innenwölbung der Lendenwirbelsäule übertrieben. Die untersten Brustwirbel sind nach innen gezogen, weil das Becken geneigt ist und die Bauchmuskeln überdehnt. In Folge werden die unteren Lungenteile nicht ausreichend belüftet.
Als Ausgleichbewegung bildet sich häufig ein **Rundrücken** (Brustkyphose). Meist werden die oberen Brustwirbel durch die Überdehnung unbeweglich, das heißt, der Atembewegung nicht mehr zugänglich. Die Brust ist vorne zusammengepresst, der Atemraum verkleinert, das Atemvolumen reduziert. Eine verstärkte Halslordose entsteht dadurch kompensatorisch.

Zuweilen können Fehlhaltungen beobachtet werden, die entstanden sind, weil sich angeborene Reflexmuster, die in bestimmten Situationen lebenserhaltend sind, verselbstständigt haben. Der lebenswichtige Fluchtreflex beispielsweise zeigt sich bereits beim sechs Wochen alten Embryo, wenn er bei Berührung seiner Wange den *Kopf wegdreht*. Das Neugeborene reagiert auf eine ähnlich geartete Berührung mit einer *Suchbewegung des Kopfes* nach der Brust und seiner Nahrung. Dieses Beispiel demonstriert, wie eine Erfahrung – z. B. die Berührung der Wange – unterschiedliche Assoziationen und Reaktionen auslösen kann: Wegbewegen oder Hinbewegen, Abwehr und Angst oder Öffnung und Neugier.

Der Flucht- oder Stopp-Reflex

Er wird durch eine plötzliche Längenänderung eines Muskels durch Schreck oder Schmerz ausgelöst. Die Beugemuskeln gehen in Aktion und entfernen den Körperteil durch Kontraktion von der Reizquelle. Ist der Reiz stark, zieht sich in Sekundenschnelle der ganze Organismus zusammen und weicht vor der Gefahr zurück. Dieser Rückzugsreflex ist schneller als willkürliches Verhalten.

Wie beim Dehnungsreflex *(s. S. 53)* ist die Stärke der Reaktion jedoch auch von verschiedenen anderen Faktoren abhängig: der Einstellung des Individuums zum jeweiligen Reiz, dem allgemeinen Tonusniveau der Gewebe, den vorangegangen Lernerfahrungen bzw. der Interpretation dieser Erfahrungen.

Angeborene Reflexe werden vom Stammhirn, der entwicklungsgeschichtlich ältesten Gehirnschicht gesteuert. Doch ist heutzutage bekannt, dass es zwischen den Gehirnschichten keine scharfe Trennung gibt, von der bislang ausgegangen wurde. Die Gefühle und Triebe – für welche die mittlere Gehirnschicht zuständig ist – und die Impulse der informationsverarbeitenden Großhirnrinde wirken ebenfalls auf die Reflexe. Wir können also durch Lernen die Reflexreaktionsmuster beeinflussen, weil die Gehirnteile miteinander vernetzt sind und Instinkte, Gefühle und Kognition sich wechselseitig beeinflussen. Das kann im negativen Fall dazu führen, dass der Organismus von entsprechenden Gefühlen und mentalen Einstellungen gesteuert, auf immer kleinere Reize dramatisch reagiert und ein Kontraktionskreislauf entsteht. Das Reaktionsmuster des Fluchtreflexes wird schließlich chronisch und prägt die Körperstruktur. Der Rumpf beugt sich. Hängende Schultern und eine flache Brust entstehen. Auch der Beckenboden ist dann chronisch kontrahiert. Wie sehr diese Fehlhaltung Atmung und Herzfunktion behindern und die Organe durch Druck belastet werden, ist ersichtlich.

Gerade hier hat die Körperarbeit eine große Chance. Durch kontinuierliche positive Lernerfahrungen können allmählich die Reizschwellen gesenkt und übersteigerte kontraktile Reaktionen abgebaut werden.
Jetzt sind es die jüngeren Gehirnschichten, die dem alten Stammhirn die Botschaft übermitteln, sich auf neue Erfahrungen einzulassen.

Der Start-Reflex

Erfährt der Organismus einen Reiz als Anregung, arbeiten die Streckmuskeln des Rückens und bereiten den Körper auf Bewegung und Handlung vor. Adäquat ausgelöst, wird der Start-Reflex mit dem für den Organismus so notwendigen »positivem Stress« in Verbindung gebracht
Werden Reize allerdings ständig als Handlungsaufforderungen – sogar als Notwendigkeit des Angriffs – interpretiert, läuft auch dieses Reaktionsmuster Gefahr, chronisch zu werden und den Körper zu verzerren. Die forcierte Kontraktion der Rückenmuskeln lässt den Eindruck entstehen, als sei von hinten eine Bedrohung zu erwarten, der dann im Kreuzbein-Lendenbereich ausgewichen wird.
Auf diese Überforderung antwortet der Körper häufig mit Rückenbeschwerden und Kopfschmerzen. Wenn beide Reaktionsmuster aktiviert werden, jedoch durch innere oder äußere Ursachen weder Flucht oder Angriff möglich sind, entsteht der Körperausdruck von Hemmung. Die Vermeidung von Handlung kann besonders starke Spannungen hervorrufen.

Stoppreflex

Startreflex

Die Reaktionsmuster können zu Haltungen der Verteidigung erstarren, die den Organismus einengen. Sensomotorisches Lernen heißt auch hier, dass über die Wahrnehmung der Empfindungen mit der Zeit selbstschädigende Verhaltensmuster durch neue angenehme Erfahrungen aufgelöst werden. Dann wird mit der Zeit auch eine Haltung gewonnen, in der sich die Flexibilität und Fähigkeit äußern, auf Anregungen und Aufgaben angemessen zu antworten. Die Begriffe Stopp- und Startreflex verwendete der Körpertherapeut Thomas Hanna in seinen Untersuchungen *(siehe Literaturtipps)*.

Haltung

Für die Haltung – das heißt, die besondere Form der Aufrichtung – und auch die Haltungsstabilisierung sind auf der neurophysiologischen Ebene die Muskelspindel- Reflexe *(s. S. 79)* in den Muskeln ausschlaggebend. Wie sie arbeiten, zeigt dieses Beispiel:
Bei Schläfrigkeit, einem niedrigen Erregungsniveau, werden diese Reflexe nur ungenügend ausgelöst. Der Körper beginnt, sofern er nicht gebremst wird, sich unwillkürlich zu bewegen, zu schwanken, um die Propriozeptoren wieder zu wecken.

Die Propriozeptoren sind für den Körperlage-Tonus verantwortlich, der von der Schwerkraft bestimmt wird. Doch um »Haltung zu bewahren« sind neben der Propriozeption noch verschiedene andere sensorische Systeme notwendig: das Gleichgewichtssystem, das auditive und visuelle System. Das heißt, eine »stabile« Haltung ist stets an sensomotorische und andere sensorische Reize gebunden. »Auch in der Ruhe ist Bewegung« beschrieb Jiao Guorui diesen Prozess der fortwährenden Haltungsstabilisierung durch feine Bewegungen – auch in den sogenannten »Ruhehaltungen«.

Da selbst winzige Bewegungen nicht zu trennen sind von Kontraktion und Lösung der Muskeln, läuft die Haltungsstabilisierung immer über den kontinuierlichen Wechsel zwischen Spannung und Entspannung – in der Auseinandersetzung mit der einwirkenden Schwerkraft und bei kreisenden Bewegungen der Zentrifugalkraft.

Auch die **Atembewegung** im unteren und mittleren Rumpfraum und die Bildung der Atemräume wirkt haltungsgebend durch die Wechselwirkung zwischen Zwerchfell, Beckenboden, Bauchdecke und Rücken. Dore Jacobs formuliert: »Die Haltung wird von der Atmung getragen; versagt die Atmung, so versagt die Haltung« *(s. ㊷ S. 294)*.

Fast jede Bewegungs- und Haltungsaufgabe erfordert die gleichzeitige Innervierung verschiedener entgegengesetzt arbeitender Muskelgruppen, den Synergisten und den Antagonisten. Dadurch sind dauernd »widerstreitende Kräfte« wirksam, um das Prinzip von Ausgleich und Anpassung des Organismus an die jeweilige Situation und an die einwirkenden Kräfte zu erfüllen.

»Wer sich darüber klar wird, welch fein abgestufte Zusammenarbeit von Spielern und Gegenspielern erfordert wird, um auch nur die einfachste Bewegung reibungslos und fließend ablaufen zu lassen, wird kaum auf den Gedanken kommen, dies zarte, gleichsam musikalisch abgestimmte Zusammenspiel könne anders als durch unwillkürliche nervliche Regulationen gesteuert werden …« *(s. ㊸ S. 38)*.

Aufrichten oder ins Lot kommen

Der Einsatz des Willens und das »Zurechtrücken« von außen birgt die Gefahr der Verkrampfung. Elastische Haltung baut sich erfolgreich über Lösungsprozesse und das Zulassen der Schwerkraft auf. Interessanterweise ist es gerade das wiederholte Aufgeben der Stabilität und das Geschehenlassen erneuter Unsicherheit, das Balancieren, das wirkungsvoll eine elastische Haltung begünstigt. Das kleine Kind, das Stehen und Gehen lernt, demonstriert das sehr anschaulich.

Lernen durch Balancieren

Da wird deutlich sichtbar, wie sehr »sich aufrecht zu halten« eine Bewegungs- und Gleichgewichtsaufgabe ist. Darum ist eine »optimale Haltung« relativ und nur individuell zu verstehen. Denn nicht das Anstreben einer idealen Körperhaltung führt zu Balance und Vitalität, sondern das Zulassen der ständigen Veränderung des Organismus, das Eingehen auf immer wieder neue Situationen, auf die Vielfältigkeit der Aufgaben. Trotzdem können im zwanglosen Üben bestimmter Haltungen und Bewegungen mit spezifischem Ausdruckscharakter Gefühle von Stärke und Kompetenz erfahren werden, die den Organismus allgemein stärken. Denken Sie beispielsweise an die Ruheübung im Lehrsystem Qigong Yangsheng »Stehen wie eine Kiefer«.

Chronische Fehlhaltungen *(s. S. 76)* rufen mit der Zeit entsprechende Gefühle von Einschränkung und Schwäche hervor. Die Körperhaltung beeinflusst den emotionalen Zustand ebenso wie der emotionale Zustand die Körperhaltung prägt. Haltung drückt die nach innen oder außen gerichteten Bewegungstendenzen aus. Bei Freude weitet sich der Brustkorb und die ganze Gestalt dehnt sich. Bei Kummer dagegen fällt der Brustkorb zusammen, der Mensch wird kleiner in seiner Not. Der Ausdruck erlaubt allerdings manchmal mehrere Deutungen. So kann ein gesenkter Kopf sowohl von Nachdenklichkeit wie von Erschöpfung oder Traurigkeit sprechen. Haltung ist somit eine Ausdrucksbewegung, die sich mit den Gemütsbewegungen entwickelt und die innere Einstellung repräsentiert.

Der Grundtonus

Der Grundtonus (oder die »Ruhespannung« nach Dore Jacobs) ist die Grundspannung oder das mittlere Niveau der Spannung der Muskulatur, die sich von Mensch zu Mensch unterscheidet und sogar bei einer Person im Laufe des Tages- und Nachtrhythmus differiert. Ein zu niedriges Tonusniveau erzeugt die Empfindung von Schwäche, ein zu hohes Unbeweglichkeit, ein sprunghafter Tonus verhindert präzise Bewegungen.
Der Tonus sorgt für die Aufrechterhaltung der grundlegenden Struktur des Körpers, den Wechsel von Spannung und Entspannung in Körperhaltung und Bewegung, das Dehnen und Kontrahieren in der Atembewegung.
Emotionen aller Art wirken sich entscheidend auf das Tonusverhalten aus. Beispielsweise erhöhen zurückgehaltene Aggressionen oder Angst die Tonuswerte. Das bedeutet, die Muskeln verbrauchen Energie bereits in der Verfestigung, ohne dass sie sich bewegen. Der Tonus gehört damit ebenfalls zum Ausdrucksgeschehen wie Körperhaltung, Bewegung, Stimme und Mimik.

Die Aufrechterhaltung des Muskeltonus oder seine Anpassung an die jeweiligen Haltungs- oder Bewegungsaufgaben erfolgt hauptsächlich über sensomotorische Reflexbögen, das Gamma-System (d.h., Muskelspindeln und Gamma-Neuronen) und die Golgisehnenorgane in den Muskeln. Große Teile des Nervensystems arbeiten zusammen, um die ständig wechselnden Werte zu gewährleisten und den Muskel in den Zustand der Bereitschaft zu versetzen.
Die Steuerung vollzieht sich unwillkürlich. Wesentliche Steuerungsfunktionen liegen in der **Formatio reticularis,** einer netzartigen Struktur im Stammhirn *(s. S. 99).*

Das zentrale Nervensystem erhält fortlaufend notwendige Informationen über die muskulären Empfindungen, damit gleichzeitig flüssige Beweglichkeit und Stabilität möglich sind.

Die Fähigkeit des Organismus, die Muskeltonuswerte rasch auf die entsprechenden Größen zu ändern, ist für präzise muskuläre Leistungen unabdingbar. Der Organismus hat im Laufe der Zeit durch Erfahrung gelernt, welche Tonuswerte für bestimmte Bewegungen oder Situationen angemessen sind. So muss das Kind »in den frühen motorischen Lernphasen durch Versuch und Irrtum experimentieren und in allen Muskelfasern die genauen Längen und Spannungswerte – und die Veränderung von Längen und Spannung – für die elementaren Fertigkeiten des Stehens und Gehens einstellen.« *(s. (44) S. 466)*

Der Tonus der **Zwerchfellmuskulatur** dagegen wird, da das Zwerchfell nur sehr wenig Muskelspindeln besitzt, von den Rezeptoren in den Rumpfwänden beeinflusst. Deswegen erfolgt die Tonusregulierung des Zwerchfells wirkungsvoll indirekt über die Muskulatur des Rumpfes. *Atemübungen sind somit sinnvollerweise Bewegungsübungen.*

Ob der Körper leicht oder schwer erlebt wird, hat mit **Tonusschwankungen** zu tun. Je höher der Tonuswert, desto schwerer scheint das Gewicht des Körperteils zu sein, das bewegt wird. Wir besitzen zwei seperate motorische Systeme, die für unsere Bewegung zuständig sind: das Gamma-System und das Alpha-System.

Das Gamma-System

Das Gamma-System wurzelt im Hirnstamm und wirkt auf Muskeltonus und Änderung der Muskellängen und arbeitet unterhalb der Ebene bewusster Wahrnehmung. Den Einfluss des gamma-motorischen Systems spüren wir allerdings sehr genau durch Atemrhythmus, Tonus und Beweglichkeit. In der Körperarbeit können wir das Gamma-System durch unsere Aufmerksamkeit, die Wahrnehmung der Empfindungen sowie durch Kontaktübungen indirekt beeinflussen.

Mithilfe des Gamma-Nerven-Systems »wird das automatische Zusammenspiel aller Muskelgebiete inklusiv der Atembewegung – ihre Geschmeidigkeit, Leichtigkeit und Reflexbereitschaft, sowie die Einwirkung des Psychischen auf den Ausdrucksvorgang bewerkstelligt. Es versorgt über dünnfaserige Nerven (Gamma-Motoneuronen) ein besonderes Binnenmuskelsystem in den Muskelspindeln (die intrafusalen Muskeln, wie sie im Gegensatz zu den extrafusalen Arbeitsmuskeln genannt werden) mit sensiblen und motorischen Einflüssen. Die Muskulatur in der Spindel dient dazu, die Empfindlichkeit dieses Sinnesorgans so zu verstellen, dass der Skelettmuskel feinsinniger auf eine Innervation über die Pyramidenbahn oder die Muskelspindel ansprechen kann und sich geschmeidiger an äußere Einflüsse anpasst.« (s. (45) S. 19). Diese Muskelspindel-Reflexe sorgen z. B. auf der neurophysiologischen Ebene für die Haltungsstabilisierung

Das Alpha-System

Das Alpha-System beginnt in der Großhirnrinde und ist bewusster Wahrnehmung und Kontrolle zugänglich. Alpha-Motoneuronen lösen auf direktem Wege Kontraktionen der Skelettmuskeln aus. Entscheidend sind dafür die Anulospiralrezeptoren. Das sind sensorische Endigungen, die sich spiralig um die Intrafusalfaser winden und jede Verkürzung und Verlängerung der Muskelfaser registrieren und diese sensorischen Informationen über das Rückenmark direkt den Alpha-Motoneuronen mitteilen, die dann den Muskel zur Kontraktion anregen.
In den Anulospiralrezeptoren verbinden sich das gamma- und das alphamotorische System. Die Koordination beider Systeme findet im Kleinhirn statt.

Das Wesen der Entspannung

Die Möglichkeit des Sich-Entspannens und damit der indirekten Einflussnahme auf autonom ablaufende physiologische Aktivitäten (Atemrhythmus, Pulsfrequenz usw.) bildet die Grundlage der Körperarbeit. Der Begriff *Spannungsregulierung* trifft den Vorgang genauer. Denn Entspannen sollte nicht mit Erschlaffen verwechselt werden und wird deswegen stimmiger als Sich-Lösen bezeichnet. Es ist als Einschwingen auf ein Tonusniveau zu verstehen, das Haltung und Bewegung als müheloser erleben lässt. Dazu ist noch ein bestimmtes Maß an Stimulierung im Muskelgewebe notwendig. Volkmar Glaser spricht dabei vom »Bereitschaftstonus«. Die Verringerung des Muskeltonus entlastet auch die »propriozeptiven Organe« vom Druck, in Dauerarbeit die Gewebe zu kontrahieren.

Entspannung bzw. Sich-Lösen ermöglicht generell, produktiver mit Stress umzugehen, das heißt, mittels Selbstwahrnehmung und Selbstkontrolle sich aus dem Zwang zu erlösen, dauernd alte Reiz-Reaktionsmuster (s. S. 76) zu aktivieren.
Die Qualität sensorischer Wahrnehmung ist von relativ entspanntem Gewebe abhängig. Verkrampftes Gewebe ist einerseits übersensibel, andererseits empfindungslos. Entspannung (Lösung) bedeutet Verbesserung der Reagibilität und ist mit dem Körpergefühl der Lebendigkeit und Anwesenheit im Sinne von Wachheit verbunden. Der gesamte Organismus ist schwingungsfähiger.

Wechsel zwischen Spannung und Entspannung

Solange sich eine Muskelpartie rhythmisch verkürzt und verlängt – ein Wechsel zwischen Spannung und Entspannung erfolgt – unterstützt sie auf diese Weise ihre eigene Durchblutung. Die Flüssigkeiten werden dabei durch die Kapillaren und den interzellulären Kreislauf gepumpt. Fehlt dieser Wechsel wie bei lange bestehender Kontraktion der Muskulatur, wird die Durchblutung verringert und die Zellen werden nicht ausreichend mit Sauerstoff und Nährstoffen versorgt. Bei chronischer Anspannung verbrauchen die Muskeln besonders viel Sauerstoff und Nährstoffe, weil die lokale Stoffwechseltätigkeit erhöht ist. Je stärker und andauernder die Kontraktion ist, desto schneller verbrennt der vorhandene Sauerstoff. Das führt mit der Zeit zu einer Schwächung des gesamten Organismus, weil aus anderen Muskelregionen Muskelnahrung abgezogen wird. Alle Gewebe müssen sich dann mit einer reduzierten Menge an Nährstoffen und Sauerstoff begnügen. Gesundheit und Effizienz des Muskelgewebes basieren auf dem organischen Wechsel zwischen Spannung und Lösung. Erst dann ist ein ausgewogener Gewebestoffwechsel möglich. Bleibt eine Körperregion über längere Zeit ohne ausreichende Sauerstoff- und Flüssigkeitszufuhr, können toxische Substanzen, die im Gewebestoffwechsel anfallen, nicht abtransportiert werden. Die Zellen dieses Bereichs werden geschwächt und können sich nicht mehr gegen Angriffe wehren. Manchmal werden diese Zellen so geschädigt, dass unelastisches, für weitere Verletzungen anfälliges Narbengewebe entsteht.

Stress

Muskuläre Verspannung erzeugt auf die Dauer Stress auf jeder Ebene. Mit der Zeit sinken die Reizschwellen und die Reaktionen auf Unbehagen steigen an, das heißt, die allgemeine Belastbarkeit des Organismus sinkt.

Aufrichten oder ins Lot kommen

Der Umgang mit Stress zeigt, wie ein Mensch sich Problemen stellt, ob er zu Kampf- oder Fluchtreaktionen neigt *(s. S. 76)*. Stress löst neurologische Reaktionen und chemische Veränderungen aus, die spürbare Folgen für die Gewebe und das Verhalten haben.

Stress gehört dennoch zum Alltag und die Fähigkeit, bestimmte Stressniveaus zu tolerieren, ist ebenso notwendig wie die Möglichkeit, sich gegenüber zu viel Stress abzugrenzen. Also geht es vorrangig um entsprechende Stressverarbeitung. Untersuchungen bestätigten, dass ein angemessenes Stressniveau und nicht das Fehlen von Stress stimulierend und produktiv ist. Der Organismus braucht Stimulierung, gelegentlich scheinbar sogar starke Reize, um seine Funktionen zu entwikkeln und aufrechtzuerhalten.

Körpersprache

Körperhaltung, Mimik und unwillkürliche Gesten sprechen »wortlos« von unbewussten und bewussten inneren Einstellungen, Gefühlszuständen und physischer Befindlichkeit. Oft wiederholte Körpersprache manifestiert sich zur erworbenen Körperstruktur. Der Grundstruktur des Körpers wird damit im Laufe eines Lebens ein mehr oder weniger einengendes Kostüm übergestülpt.

»Gut drauf«

Räume öffnen

Auf einen Blick

Das Körperraumbewusstsein ermöglicht die Orientierung im Raum, gestaltet die Beziehungen zu sich selbst und den anderen und die »Räume«, die über das Individuum hinausgehen. Es vermittelt im Erleben des Innenraums und der Innenbewegung die Erfahrung des Atems in einer weiteren Dimension.

Ziele der Kurseinheit:
- Die Körperinnenräume in der Abgrenzung zum Außenraum wahrnehmen;
- Gleichgewichtsfähigkeit und Gestaltung des Außenraums durch Bewegung entwickeln;
- Verschiedene Atemräume erfahren;
- Erkennen, welche Bedeutung die »Räume« auf die Raum-Zeit-Erfahrung haben.

Phasen und Übungen	Methode	Zeit
Einstieg Wahrnehmungsübung: Skizze des Körperinnenraums	Wahrnehmung, Zeichnen	5 Min.
1. Anregungsphase Dehnen; Arme zur Seite schwingen	Bewegung	10 Min.
2. Zur Ruhe kommen Weg des Atems spüren	Ruhe- und Spürübung	10 Min.
3. Arbeit an der Körperbasis Füße lockern; Knie in verschränkte Hände hängen; Gewichtsverlagerung	Bewegung, Spürübung	15 Min.
4. Arbeit am Mittenbereich Rippenring tasten; mit Rippenring kreisen	Tastübung, Bewegung	10 Min.
5. Arbeit am oberen Körperbereich Nacken dehnen; Mundraum und Zunge spüren; Speichel schlucken; Räume verbinden	Bewegung, Spürübung Bewegung	20 Min.
6. Schließen Hände unter das Brustbein oder auf den Nabelbereich legen	Ruhe- und Spürübung	5 Min.
Variationen **zu Einstieg:** Zitat Rudolf v. Laban	Gespräch	5 Min.
Zu 3.: Rücken aufrollen	Bewegung und Spürübung, Partnerarbeit	15 Min.

Übungen

Einstieg

Wahrnehmungsübung: Nach einem kurzen Moment des Spürens wird das, was vom Körperinnenraum wahrgenommen wurde, aufs Papier gebracht. Die Skizze wird gegen Ende der Übungsstunde noch einmal betrachtet und mit der (vermutlich!) veränderten Wahrnehmung verglichen und evtl ergänzt.

Arme zur Seite schwingen

1. Anregungsphase

Dehnen *(s. S. 29)*

Arme zur Seite schwingen
Im schulterbreiten Stand stehend werden die Arme locker zu den Seiten geschwungen. Die Hände können leicht auf die Hüften federn. Der Kopf bleibt nach vorne gerichtet, ebenso das Becken. Die Drehung findet im Zwerchfellbereich statt. Die Ausatmung löst sich zu den Seiten hin. Die Einatmung erfolgt reflektorisch. *(s. S. 107)* Es wird ohne Hetze und Anstrengung geübt. Vermutlich ist es notwendig, den »reflektorischen Atem«, der auch eine natürliche Atemform darstellt, anhand eines Beispiels (hechelnder Hund) zu erläutern.

Ziele:

- Lockern und Anregen des Zwerchfells
- Lockern der langen Rückenstrecker
- Erkennen der Wirkweise des reflektorischen Atems
- Fähigkeit entwickeln, die Einatmung reflektorisch einströmen zu lassen

2. Zur Ruhe kommen

Den Weg des Atems spüren
Im Sitzen wird die Nase intensiv und dennoch behutsam kreisend oder streichend massiert. Die Übenden werden angeleitet, der Atemluft, die durch die Nase einströmt und sich ihren Weg sucht, so gut es geht nachzuspüren. Ob die Empfindungsfähigkeit dabei allmählich die Körperinnenräume erschließt, hat mit der Durchlässigkeit der Gewebe und der Sammlungsfähigkeit der Übenden zu tun.

Ziele:
- Beleben der Kopfräume
- Lösen des ganzen Körpers
- Erspüren der Körperinnenräume
- Fähigkeit entwickeln, in Ruhe das Atmen geschehen zu lassen

3. Arbeit an der Körperbasis

Füße lockern
Im Sitzen werden die Füße geruhsam betastet. Dann wird ein Fuß ein kleines Stück mit dem Vorderfuß nach oben gezogen und wieder fallen gelassen. Die Bewegung entsteht aus dem Sprunggelenk und wird eine Zeitlang wiederholt. Das Nachspüren nach jedem Fallenlassen des Fußes ist wichtig.

Ziele:
- Wahrnehmen des Fußes
- Lockern des Sprunggelenks

Das Knie in die verschränkten Hände hängen
Auf dem Hocker sitzend werden die Hände verschränkt und ein Knie in die verschränkten Hände gehängt. Der Fuß, der locker und schwer am Fußgelenk baumelt, zieht nach und nach sehr langsam das Bein zum Boden. Sobald der Fuß den Boden berührt, öffnen sich die Hände. Meistens löst sich damit die Ausatmung, vor allem dann, wenn tatsächlich die Schwerkraft wirken konnte. Das gelingt, wenn die Aufmerksamkeit in den »schwer« werdenden Fuß gelenkt wird.

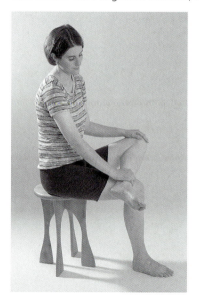

Fuß hochziehen und fallen lassen

Knie in die verschränkten Arme hängen, sinken lassen, dann …

… loslassen

Es wird eine Weile mit einer Seite gearbeitet, nachgespürt, die beiden Seiten miteinander verglichen und dann auch mit der anderen Seite geübt.

Ziele:
- Entwickeln des Bodenkontakts
- Lösen des Zwerchfells und Lockerung des Beckenbodens
- Vertiefen der Atmung
- Fördern der Empfindungsfähigkeit

Gewichtsverlagerung (Bewegung im Raum)
Die Füße sind ungezwungen nebeneinander gestellt, noch ist das Gewicht auf beide Füße verteilt. Dann wird das Gewicht auf einen Fuß verlagert und mit dem anderen ein Schritt diagonal nach vorne in den Raum gemacht. Der Fuß stellt die Verlängerung des Unterschenkels dar, wird also weder nach außen noch nach innen gedreht. Bewusst wird das Gewicht des Standbeins allmählich auf den Vorderfuß verlagert, bis das Spielbein zum Standbein und das Standbein zum Spielbein wird. Die Arme schwingen natürlich mit. Jetzt kann entweder das Gewicht zurückverlagert und die Bewegung zu derselben Seite wiederholt werden oder der Schritt erfolgt zur anderen Seite. Schließlich reihen sich die Schritte aneinander zum **Gehen im Raum.** Die Gruppe geht im Raum und jeder einzelne sucht sich seinen eigenen Weg, durchmisst den Raum auf seine Weise. Es können einige Schritte mit geschlossenen Augen gegangen werden. Auch Rückwärtsgehen kann sich anschließen. Rückwärtsgehen hat eine besondere Qualität und schult den Koordinationssinn in besonderem Maß. Das Gehen wird durch verschiedene Wahrnehmungsaufgaben angeleitet:
»Spüren Sie, wie Sie den Fuß aufsetzen!«
»Wie verhält sich Ihr Becken?«
»Können Sie auch Ihren Rücken wahrnehmen?«
»Wie bestimmen Sie die Richtung?«
»Wie orientieren Sie sich beim Rückwärtsgehen?«
»Wie orientieren Sie sich, wenn Ihre Augen geschlossen sind?«
»Ist es leichter für Sie, rückwärts zu gehen oder mit geschlossenen Augen vorwärts?«
»Was passiert in Ihnen, wenn Sie jemandem begegnen oder wenn Sie jemanden berühren?«
»Fühlen Sie sich jetzt bei der Bewegung im Raum mit dem Boden verbunden?«
»Können Sie Füße, Beine und Becken gut spüren?«
»Nehmen Sie die Atembewegung in diesem Raum wahr?«
»Welche Bedeutung hat der ›untere Raum‹ für Sie?«

Ziele:
- Üben der exakten Gewichtsverlagerung
- Schulung der Wahrnehmung für die Muskelbewegungen beim Gehen
- Üben der Orientierungsfähigkeit im Raum
- Training der Koordinationsfähigkeit
- Wahrnehmen des »unteren Raums«
- Verbalisieren der Körperwahrnehmungen

Standbein wird zum Spielbein

4. Arbeit am Mittenbereich

Rippenring tasten

Der Bereich der unteren (8.-12.) Rippen wird rundum mit beiden Händen betastet. Die Rippenränder werden mit den Fingerkuppen massiert. Auch die Zwischenrippenmuskulatur kann ertastet und dadurch massiert werden. Es kann auf die Funktion der Rippen und ihre Bewegungsmöglichkeit im Atemverlauf hingewiesen werden.

Ziele:
- Kennenlernen des Rippenverlaufs und der Zwischenrippenmuskulatur
- Massieren der Zwischenrippenmuskultur

Mit dem Rippenring kreisen

Wenn im Rippenbereich ein lebendiges Empfindungsfeld entstanden ist, bewegt sich der untere Rippenring langsam und sorgfältig kreisend in alle Richtungen. Es mag sein, dass die Bewegung manchmal ins Stocken gerät. Dann ist vielleicht die Becken-Lendenmuskulatur *(s. S. 55)* angespannt und es ist jetzt effektiv, gründlich – doch ohne Anstrengung – auch diesen Abschnitt in die Kreisbewegung hineinzunehmen. Der Atem fließt ungezwungen mit, wie er das natürlicherweise möchte.

Ziele:
- Lockern der Becken-Lendenmuskulatur
- Lösen des Zwerchfells
- Bewusstes Wahrnehmen der Wirkung dieser Bewegung auf die Atmung
- Erfahren des Zwerchfellbereichs als »mittleren Raum«

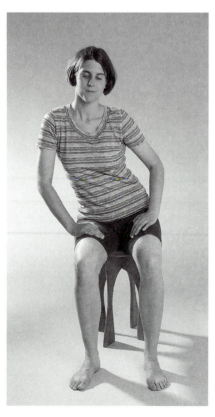

Mit dem Rippenring kreisen

5. Arbeit am oberen Bereich

Den Nacken dehnen

Die Übenden sitzen auf dem Hocker. Siebter Halswirbel und erster Brustwirbel werden mit Fingern und Handfläche massiert. Die Sammlung in diese Zone fällt danach leichter. Die Arme hängen jetzt entspannt neben dem Körper herunter. Der Nakken wird weich nach hinten gedehnt. Dabei wird die Einatmung durch die dehnende Bewegung angeregt. Im Lösen der Dehnung wird die Ausatmung frei.

Die Arme können sich etwas heben und die Handinnenseiten dabei leicht nach hinten wenden. Die Achselhöhlen öffnen sich dabei. Mit der Zeit wollen sich auch Kreuzbein, Becken, Lende – der ganze Rücken – nach hinten ausdehnen. Der Kopf mag sich organisch in die Bewegung der Hinterseite einfügen und senkt sich leicht.

Den Nacken dehnen

Ziele:
- Beleben der Atembewegung im Rücken
- Vertiefen der Atmung
- Lockern der Wirbelgelenke, besonders der Hals- und Brustwirbel
- Bewusstes Wahrnehmen der Empfindungen

Mundraum und Zunge spüren

Mit geschlossenen Augen wird der Mundraum mit der Zunge erkundet und die Zunge in ihrer Beweglichkeit erspürt. Die Übenden werden angeleitet, die Wirkung der Zungenbewegung und der Gaumenstellung (geöffneter oder geschlossener Gaumen) auf die Atmung und die Muskulatur des Halses und des Schultergürtels zu beobachten. Jetzt bietet sich an, über die »Atemräume« zu sprechen bzw. diesen Begriff zu erläutern.

Ziele:
- Erfahren von Mundhöhle und Zunge
- Erkennen des Zusammenhangs zwischen Mund- und Zungenbewegung und Gaumenstellung
- Lockern der Zungenwurzel und der Kiefergelenke

- Erkennen, dass Nackenbereich, Arme, Hals und Kopf für die Atmung einen Raum – den »oberen« – darstellen können
- Lernen, wie der Begriff »Atemräume« von Ilse Middendorf in ihrer Arbeit am »erfahrbaren Atem« verwandt wird

Den Speichel schlucken

Bei der vorangegangenen Übung hat sich vermutlich viel Speichel gebildet. Der Speichel wird bedächtig in kleinen Portionen geschluckt. Die Aufmerksamkeit für den Weg, den der Speichel nimmt, kann durch einen Hinweis der Kursleiterin geweckt werden. Die Methode des »Speichelschluckens« wird z. B. im Lehrsystem Qigong Yangsheng in der Form »Die acht Brokate im Sitzen« geübt. Folgt dem Speichelschlucken intensives **Kreisen der Zunge im Mund,** sammelt sich erneut Speichel. Die Methoden »Mit-der-Zunge-Rollen« und »Speichelschlucken« zählen zu den daoistischen »Techniken des Nährens und Pflegens der Lebenskraft«. Aus den »Daoyin-Lehrformeln der acht Brokate« wird beispielsweise übersetzt: »Der Rote Drachen bezeichnet die Zunge. Die Zunge so im Mund bewegen, dass ihre Spitze die Zähne und die Wangen links und rechts berührt. Man wartet, bis Speichel produziert wird, um diesen herunterzuschlucken.« (s. ㊻ S. 95)

Ziele:

- Wecken der Aufmerksamkeit für den Schluckvorgang und die Speiseröhre
- Lösen der Ringmuskulatur der Speiseröhre

Räume verbinden

Eine Hand wird in Höhe des Nabels (unterer Raum) im kleinen Abstand zum Körper gehalten, die andere auf einen der beiden anderen »Räume«. Das kann entweder vor der Brustbeinmitte (oberer Raum) oder auf der Höhe des Magens (mittlerer Raum) sein. Es ist nun wichtig, sehr gut nach innen zu spüren und den Atem kommen und gehen zu lassen. Nach einer Weile der Sammlung mögen die Hände Lust verspüren, ihren Platz zu tauschen. Vielleicht signalisiert der Raum, der noch nicht angespürt wurde, dass er Zuwendung braucht. Dieser Wechsel oder Austausch zwischen den Räumen kann eine ganze Zeit lang hin und her gehen. Wenn der gesamte Rumpf und sogar die Beine und Füße mit wacher Empfindung an der Bewegung der Arme und Hände beteiligt sind, entstehen sehr viel Weite und Lösung. Jetzt ist es unterstützend für die Sicherung der Erfahrungen, wenn sich die Gruppe über die wahrgenommenen Empfindungen austauscht.

Die Hände ...   *... unterstützen den Prozess*

Ziele:

- Beleben der drei Atemräume
- Verständnis für den Zusammenhang und die Verbindung der Atemräume entwickeln
- Fähig werden, sich in der Gruppe über die Erfahrungen auszutauschen

6. Schließen

Die Hände unter das Brustbein oder auf den Nabelbereich legen.

Variationen

Einstieg: Statt »Wahrnehmungsübung«:
Gespräch über das Zitat von Rudolf von Laban »Leerer Raum existiert nicht. Im Gegenteil, Raum ist eine Überfülle gleichzeitiger Bewegungen.« (s. ㊼ S. 13)

Ziel:

- Im Gespräch herausarbeiten, wie sehr die Erfahrung des Außenraums mit der des Innenraums korrespondiert und wie Raum vor allem durch die eigene Bewegung und die anderer erfahren wird.

Zu 3.:
Den Rücken aufrollen (Partnerinnenarbeit)
Eine Partnerin sitzt auf dem Hocker und beugt Wirbel für Wirbel, von der Halswirbelsäule ausgehend, den Rücken nach unten. Die Arme gleiten zwischen die Oberschenkel.
Die andere Partnerin steht und tastet leicht die Wirbelsäule beim Kreuzbein beginnend nach oben. Die Hand ruht kurz auf dem jeweiligen Wirbelbereich. Dieser Bereich entfaltet sich nach oben, bis die Sitzende sich wieder aufgerichtet hat. Für diese Übung, die einige Male wiederholt wird, lohnt es sich, viel Zeit zur Verfügung zu stellen. Das Üben erfolgt zwanglos. Wirbelzonen, die nicht beweglich sind, werden übergangen.

Bei akuten Rückenbeschwerden kann die Übung verändert werden: Der Rücken senkt sich gerade ohne Biegung nach unten und die Partnerin unterstützt die Längsausdehnung der Wirbelsäule und den Ausgleich von Brustkyphose und Lendenlordose. Wie bei jeder Partnerinnenarbeit, ist auch hier die Kommunikation über das Erlebte wirkungsvoll.

Ziele:
- Dehnung der Iliosakralgelenke
- Dehnung der Wirbelsäule
- Entspannung und Tonusregulierung

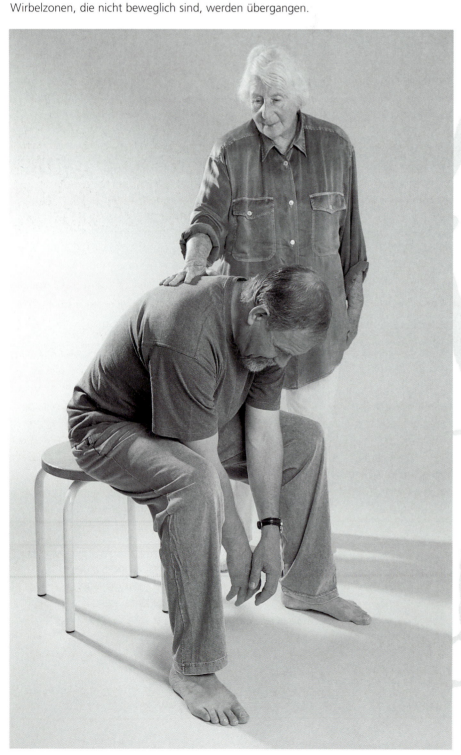

»Unzählige Richtungen strahlen vom Zentrum unseres Körpers und seiner Kinesphäre aus«

Die Hand begleitet das Aufrollen

Hintergrundmaterialien

Körperraumbewusstsein

Die Schulung der Wahrnehmungsfähigkeit in der Körperarbeit hilft, das Körperraumbewusstsein zu entwickeln, d. h., die Fähigkeit, die Körperinnenräume in ihrer Abgrenzung zum Außenraum wahrzunehmen. Das ist wichtig für die Orientierung im Raum und die Gestaltung von Kontakt und Beziehung zu sich selbst und zu anderen. Das Körperraumbewusstsein korrespondiert mit dem Ich-Bewusstsein.
Helmuth Stolze sieht in dem kinästhetischen Bewusstmachen *(Üben des propriozeptiven Sinns, s. S. 33)* die Grundlage der Spannungsregulierung. »In der Wahrnehmung afferenter propriozeptiver Reize erfolgt eine Somatisierung des Bewusstseinsfeldes, die dem Übenden die Möglichkeit gibt, sich selbst in seinem Körper und in dessen Beziehung zur jeweiligen Umwelt in Raum, Zeit, Gegenständen und Personen von neuem kennenzulernen« *(s. 48 S. 60).*
Die Atem- und Bewegungsarbeit regt das Erleben des Raums in seiner unterschiedlichen Präsenz ebenso wie das Körper- und Zeiterleben an. Es wird in der Reflexionsphase (Nachspüren, Gruppengespräch) von der nonverbalen Erfahrung in den Bewußtseinsprozess geführt.

Optischer Wahrnehmungsraum

Die Eigenschaften des optischen Raumes entstehen durch die Erfahrungen, die durch Geschwindigkeit und Präzision der Augenbewegungen – des Blickes – gewonnen werden.
Im Lehrsystem Qigong Yangsheng ist dies Teil der Übung. Es heißt, Qi wird (unter anderem) durch die Bewegung der Augen gelenkt. Das kann leicht durch eigene Erfahrung überprüft werden. So wird häufig der sogenannte »weite Blick«, der nicht focussiert, sondern »in die Ferne geht«, geübt. Diese Art zu sehen erweitert den optischen Raum.

Der taktile und manchmal auch der akustische Raum befinden sich innerhalb des optischen Raums, weil sie im Allgemeinen weniger ausgedehnt sind.

Taktiler Raum

Manche Menschen haben Schwierigkeiten, in den Körperinnenraum zu spüren. Dann ist es möglich, zunächst über die Erfahrung der Körperwände durch gezielte Tastübungen von außen nach innen zu arbeiten. Der taktile Raum wird vom Tastsinn gestaltet. Er geht über den Körperinnenraum hinaus, ist jedoch kleiner als der optische oder der akustische Raum.

Außenraum

Der Außenraum umfasst den takilen, optischen und akustischen Raum. Wir können uns weder von unserem Innenraum (Körperinnenraum) noch vom Außenraum trennen. Beide sind immer vorhanden.

Räume begrenzen – »Was sich ziemt und was gefällt«

Der Außenraum wird in erster Linie durch die Sinne aufgebaut. In seiner Erscheinungsform als gesellschaftlicher Raum wird der Außenraum durch den Sozialisationsprozess und die sozio-kulturelle Norm festgelegt.
Das bedeutet, dass der »öffentliche Raum« – auch Merkmal des Außenraums – z. B. auch geschlechtsspezifisch strukturiert und aufgeteilt sein kann. Die Bewegungsfreiheit, die Frau und Mann genießen, kann deswegen unterschiedlich erfahren werden. Bei eingeengter Bewegungsfreiheit kann ein großer äußerer Raum dennoch als »klein« erlebt werden. Genauso wie ein kleiner äußerer Raum unter Umständen *(siehe: »Raum ist in der kleinsten Hütte!«)* Bewegungsspielraum zulässt. Außenraum und Innenraum jedenfalls korrespondieren nur auf der subjektiven Ebene.

Bewegungsraum

»Der Raum, den der Mensch braucht und den er im konkreten Fall hat oder nicht hat, ist also das, was man in einem allgemeinen Sinn seinen Bewegungsraum oder vielleicht besser seinen **Lebensraum** nennen kann« *(s. 49 S. 284).*
Der Bewegungsraum wird durch uns selbst, unser Sich-Bewegen im Raum, im Bewegen in verschiedene Richtungen strukturiert. Alle Räume, in denen wir leben, die wir bewohnen, haben Richtungen, nach denen wir uns orientieren.
»Unzählige Richtungen strahlen vom Zentrum unseres Körpers und seiner Kinesphäre aus« *(s. 50 S. 27).*

Räume öffnen

Bewegung im Raum

Auf das Wesentlichste reduziert, ist Bewegung *Gewichtsverlagerung im Raum.* Wenn ich mich bewege, um einen Raum zu durchqueren, brauche ich eine bestimmte Zeit. Darum wird im Bewegen die Zeit strukturiert. Denken wir an die vermeintliche Bewegung der Sonne, nach der wir die Zeit einteilen. Meine eigene Raumvorstellung fließt in die Art meines Bewegens. Muss ich mich schnell oder langsam bewegen, um den Raum zu durchqueren?
Bewegung ist auch Handlung und Verhalten, in welchen sich meine Beziehung zum Raum und zu Lebewesen und Objekten im Raum ausdrückt. Im Bewegen hinterlasse ich eine Spur. Mein Verhalten schafft Resultate. Mein Handeln zeigt Konsequenzen. Wenn das Empfindungsbewusstsein oder kinästhetische Bewusstsein die Bewegung begleitet »spüren« wir die Bewegungsspur, die wir zeichnen.

Rudolf von Laban: »Bewegung ist der magische Spiegel des Menschen; sie widerspiegelt und erschafft das innere Leben in und durch sichtbare Spurformen und widerspiegelt und erschafft auch sichtbare Spurformen in und durch das innere Leben.« *(s. (51) S. 103)*

Für Dore Jacobs ist **Bewegung die Sprache des Menschen,** denn keine Äußerung, kein Ausdruck des Menschen vollzieht sich ohne kleinere oder größere Bewegungen. Selbst das Denken geht nicht ohne Veränderung der Muskelspannungen – der Grundlage der Bewegung – einher. Obwohl eine Bewegung aus einer Kette kleiner Muskelkontraktionen besteht, kann Bewegung subjektiv als Weitung, Dehnung, Lösung erlebt werden. Nur vordergründig werden Bewegungsfähigkeit und Bewegungsausdruck durch den Bau des Skeletts und die Beschaffenheit der Muskulatur geprägt. Vor allem sind es die spezifischen Lernerfahrungen des Individuums, die ein Bewegungsmuster sehr individuell bestimmen. Das beginnt mit dem Laufenlernen des Kindes. Bereits da sind unzählige Kombinationen an Lernschritten möglich, verbunden mit den unterschiedlichsten emotionalen Begleitumständen, die ebenfalls auf das sich bildende Bewegungsmuster wirken.

Gehen

Gehen gehört zu den selbstverständlichsten Bewegungen und wird meistens automatisch ausgeführt. Dabei ist Gehen eine der wesentlichsten Ausdrucksbewegungen. Unverkennbar ist, ob Gehen mit Leben gefüllt ist, ob der Rumpf flexibel auf die Gewichtsverlagerung vom Stand- zum Spielbein reagieren kann oder nicht. Die Tonusverhältnisse sind zusätzlich wirksam. Bei Verspannung und Erschlaffung gerät das Gehen aus dem Gleichgewicht. Das »organische Gehen« entwickelt sich aus der Spür- und Lösungsarbeit wie Stehen *(s. S. 54)* und Sitzen *(s. S. 64)*. Es von außen zu korrigieren, würde wenig Sinn machen. Trotzdem ist das Bild, das Dore Jacobs vom Gehen gibt, hilfreich: »Beim Vorschwingen des Spielbeins wird die entsprechende Beckenseite ein wenig mit nach vorn genommen, so dass das Becken sich um die senkrechte Achse dreht. Damit keine hemmende Drehung des ganzen Körpers entsteht, wird der Brustkorb ausgleichend in entgegengesetzter Richtung ebenfalls um die Senkrechte gedreht, und zwar im allgemeinen mit Hilfe der in Gegenrichtung zu den Beinen schwingenden Arme.« *(s. (52) S. 345)*
Gleichzeitig senkt sich das Becken auf der Spielbeinseite. Das führt zu einer leichten seitlichen Krümmung der Wirbelsäule, die sich im Wechsel von links nach rechts wieder ausgleicht. Die Beweglichkeit im Mittelkörper ist Voraussetzung für diese gegenläufige Bewegung, und die Lockerheit der Lendenmuskulatur und Hüftgelenke ist maßgeblich für das sanfte Vor- und Zurückschwingen des Beckens. So kann das Gehen »wellig fließend« werden.

Geschmeidiges Gehen ermüdet nicht. Die Gelenke sind durchlässig für die Schwerkraft und die federnden Bewegungen lassen das Körpergewicht weich zum Boden, das von der Stützkraft des Bodens *(s. auch Dehnungsreflex)* abgefedert wird.

Gehen – noch selbstverständlich?

Atemräume

Die Atemräume, ein Begriff Ilse Middendorfs, entfalten sich während des Übens mit Bewegung und Atem und werden bewusst. Im Qigong werden die Atemräume durch die unterschiedlichen Körperhaltungen, auch die Ruhehaltungen, aktiviert. Obwohl sie auch außerhalb des Übungsprozesses vorhanden sind, erleben wir sie währenddessen besonders bewusst. Die Atemräume werden »erfahrbar«, wie Ilse Middendorf diese Entwicklung bezeichnet. Sie unterscheidet drei Hauptatemräume:

Der untere Atemraum
Der untere Raum, der Becken und Kreuzbein, Beine und Füße umfasst *(siehe Basisregion)*, wird im Üben als Raum der Vitalität erfahren. Dort befindet sich auch zwischen Nabel und Kreuzbein das »Atemmeer« oder »Qi Hai«, das »Meer des Qi«. Schon der Name verweist auf den Stellenwert dieses Bereichs für die Atmung und die Entwicklung von Vitalität und Atemkraft.

Der mittlere Atemraum
Der Mittenraum, der Raum zwischen 6. Rippe und Nabel, stellt konkret die Verbindung zwischen oben und unten dar. In diesem Bereich können Gefühle relativ unmittelbar wahrgenommen werden. Dort liegen Sonnengeflecht und Zwerchfell, die beide sensibel auf Gefühle antworten. Das Herz wird häufig als zur Mitte gehörend erlebt, obwohl es anatomisch betrachtet im oberen Atemraum liegt.

Der obere Atemraum
Der obere Raum mit Schultergürtel, Armen, Händen, Hals und Kopf wird als Raum der Entfaltung und des differenzierten Ausdrucks erlebt. Versammeln sich doch hier wichtige Sinnesorgane. Im »Antlitz«, das sich durch die komplexen Gefühlsregungen im Laufe des Lebens modelliert, kann die Persönlichkeit ausdrucksvoll in Erscheinung treten.

Horizontaler Atem

Der sogenannte »horizontale Atem«, wie ihn Ilse Middendorf nennt, entsteht aus der Wahrnehmung des Körperraums und der Zentrierung in diesen Raum. Die Körperwände dehnen sich in der Einatmungsphase nach außen und schwingen wieder zurück, die Ausatmung fließt – von der Empfindung so wahrgenommen – nach innen zum Zentrum des Raums.

Reflektorischer Atem

Das Einatmen erfolgt bei bestimmten schnellen Bewegungen oder bei Anstrengung, z. B. schnellem Laufen, reflektorisch auf das Ausatmen ohne Atempause. Hecheln ist ein Beispiel für den reflektorischen Atem. Die Luft strömt von selbst nach dem Loslassen des Zwerchfells wieder ein. Der reflektorische Atem als Übung trainiert den Zwerchfellmuskel.

Verkörperung von Gefühlen

Sobald Gefühle mit dem körperlichen Erleben verbunden sind, werden sie greifbar und können bewusst werden. Dann wird auch der Antriebscharakter der Gefühle deutlich. Gefühle motivieren zu Handlungen. Das gilt für Affekte wie für Emotionen. Fehlt der Handlungsimpuls, liegt bereits eine vorangegangene Einschränkung vor.

Erst Gefühle und Empfindungen machen unseren Körper zu unserem »gespürten Leib« (Hermann Schmitz)

Nicht nur die eigene Gefühlsbetroffenheit wird »leibhaftig« spürbar; auch die Gefühle der anderen rufen Resonanz hervor. Wie mit eigenen und fremden Gefühlsäußerungen umgegangen wird, hängt davon ab, wie gelernt wurde, Gefühle zu bewerten, ob sie angenommen oder zurückgewiesen werden. Die Bewertung der Gefühle ist individuell wie soziokulturell bestimmt. Je mehr Kontrolle und Anpassung in einer weitgehend technisch-rational bestimmten Welt verlangt werden, desto häufiger wird sich ein Mensch aufgerufen fühlen, seine Affekte und Emotionen »unter den Tisch zu kehren«. Das führt schließlich dazu, dass er Emotionen nicht mehr realisiert und damit einen wesentlichen Teil seiner wichtigsten Bedürfnisse leugnet. Jeder kennt die Appelle, »bitte alle Emotionen beiseite zu lassen und sachlich zu bleiben«. Häufig geschieht das in Situationen, in denen es um den Ausdruck persönlichen Ärgers geht. Doch auch der Ausdruck von Trauer und Freude wird oft gehemmt.

Wie eine Person auf diese Form der inneren und/oder äußeren Einschränkung reagiert, wird meistens von eingeübten Verhaltensweisen bestimmt.

Wenn sowohl Flucht- wie Angriffsreaktion gehemmt sind, d. h. sowohl aktives Sich-Durchsetzen wie passives Sich-Zurückhalten negativ bewertet werden in dem unwirksamen Versuch, den Konflikt zu vermeiden, gerät der Mensch in eine »Schraubstocksituation« und sitzt tatsächlich in der Klemme *(s. S. 76)*. Auftretende Ohnmachtsgefühle verstärken den Prozess und können bis zur Depression führen. Die Muskulatur – normalerweise zwischen Spannung und Entspannung hin und her schwingend – und die Körperhaltung im ständigen Wechsel zwischen öffnenden und schließenden Prozessen werden in einer Stellung fixiert. Das bedeutet, dass der Innenraum beengt wahrgenommen wird.
Die »Atemräume« als schwingende Membran, haben ihre Durchlässigkeit verloren. Ein Teufelskreis von muskulären und chemischen Prozessen entsteht *(s. S. 79)*.
Das letzte Glied dieser Kettenreaktion ist die Unterdrückung der Empfindungsfähigkeit, der Körperwahrnehmung und der Körperbewusstheit. Kinästhetische Stumpfheit und Armut sind die Folge.

»Schwinden nun die Sinne?«

Die Amnesie des Empfindens bleibt nicht auf den Muskel- oder Bewegungssinn beschränkt, sondern breitet sich mit großer Wahrscheinlichkeit auch auf die Lebendigkeit der anderen Sinne aus.
Besonders die Nahsinne (Tastsinn und Propriozeption) verkümmern, auch durch das Primat des Visuellen – wie verschiedene entwicklungspsychologische Studien belegen.
Carus nannte die Sinne *Wecker der Seele*. Wer weckt die Seele, wenn die Sinne stumpf sind? Wenn ich mich selbst nicht mehr empfinde und fühle, wie kann ich dann noch das, was mich umgibt, wahrnehmen? Wie kann ich mit ihm empfinden? Wen wundert es, dass scheinbar auch das Mitgefühl, das doch ein Mitempfinden ist, seltener wird?

Der Engländer Shaftesbury (1671-1713) hat von dem »moral sense«, dem *moralischen Sinn* gesprochen, den er mit »Herz« gleichsetzt (»ein Herz haben für jemand«). Darunter verstand er die *Gefühlsfähigkeit* als Voraussetzung für Urteilsvermögen und Vernunft und den Sinn für Verhältnismäßigkeit und natürliche Ordnung. Die Schriftstellerin Natalie Saraute sagte: *… ich versuche nicht die Empfindungen zu erklären, sondern sie fühlen zu lassen. das ist etwas völlig anderes. Man versteht, weil man empfindet.* (Süddt. Zeitung 15.10.1999)
Gefühle und Empfindungen werden aktiv »wirkungsvoll« mit Hilfe willkürlicher Atmung unterdrückt. Der Atem wird angehalten oder das Weit- und wieder Schmälerwerden im Brust-, Mitten- oder Bauchraum unterbunden. Wie sehr auch andere vegetative Körperrhythmen davon beeinflusst werden, wurde bereits erläutert. Der Atem reagiert sogleich auf aufsteigende Gefühle, die freigegeben werden. Die Sprache zeigt das: »Vor Freude weitet sich die Brust. Vor Erregung hebt und senkt sich die Brust. Es verschlug ihm den Atem vor Schreck. Vor Zorn blieb ihr der Atem weg. Er keuchte vor Angst. Der Hals schwoll vor Wut.« etc.
Das Zulassen der Gefühle geht Hand in Hand mit dem Zulassen der Schwerkraft bzw. der Verbindung zum Boden. Dann entsteht Fließen, ein Gefühlsfluss und kinästhetischer Fluss, der schließlich – wenn dieser Strom nicht vorher gebremst wird – zu Durchlässigkeit und neuer Balance führt.

Die *neurophysiologische Steuerung der Gefühle* wird dem limbischen System – der entwicklungsgeschichtlich mittleren Schicht – zugeordnet. Inzwischen ist bekannt, dass alle drei Gehirnschichten – Stammhirn, limbisches System und Neocortex – miteinander vernetzt sind. Es gibt keine scharfe Trennung zwischen Reflexen und Instinkten (Stammhirn), limbischem System (Gefühle und Triebe) und Großhirn (Kognition). Das heißt, Gefühle werden durch den Intellekt beeinflusst und rationale Entscheidungen vom Gefühl. Dem Gefühl wird sogar eine Vermittlerrolle zwischen allen Schichten zugesprochen.

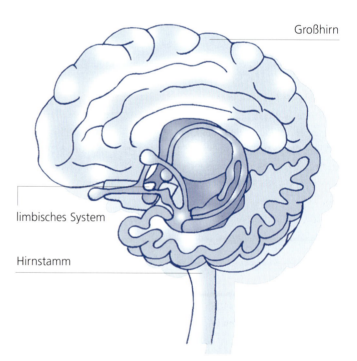

Gehirnschichten

Sonnenschlitten

Nach Antonio Damasio, einem modernen Hirnforscher, entsteht die Ausprägung des Gehirns sogar erst durch Gefühlserfahrungen, verbunden mit Sinneswahrnehmungen und Vorstellungen. Gefühle werden zu bewussten Empfindungen, weil das Gehirn durch sensorische Leitbahnen Impulse erhält, die im Körperinnern oder an der Körperoberfläche durch Muskelspannungen oder andere sensorische Reize entstehen.
»Ohne EQ (Emotionale Intelligenz) kein IQ, ohne Gefühl kein Verstand! Für eine kluge Lebensführung ist es unerlässlich, die eigenen Gefühe zu kennen und einzusetzen.« *(A. Damasio, s. (53) S. 44)*

Vielleicht meinte Joseph Beuys das auch, als er sagte:
»Es kommt alles auf den Wärmecharakter des Denkens an.«

Räume öffnen

Kräfte spüren – mit Kräften spielen

Auf einen Blick

Das Verhältnis von Kraftaufbau und Kraftverbrauch entscheidet, ob eine energetische Balance gefunden wird, die es ermöglicht, Aufgaben spielend zu bewältigen.

Ziele der Kurseinheit:
- Kräfte über Anregung, Sammlung, Zentrierung und richtunggebende Bewegung erfahren;
- Die Regulierung der Kräfte und den sorgsamen Umgang mit dem Kräftepotenzial üben;
- Erkennen, dass der Rhythmus von Aufladen und Entladen, der Wechsel von Spannung und Lösung, den Energiehaushalt in Balance hält.

Phasen und Übungen	Methode	Zeit
Einstieg Diskussion, Partnerinnenübung	Gespräch, Kontaktübung	10 Min.
1. Anregungsphase Hände auf Oberschenkel stützen	Bewegung	5-7 Min.
2. Zur Ruhe kommen Hände einander gegenüberstellen	Spürübung	5-7 Min.
3. Arbeit an der Körperbasis Ferse und Ballen auf Boden drücken; vom Boden ab drücken; Rücken nach hinten dehnen; Gewicht von einem Fuß auf den anderen verlagern; »Schiebe den Berg mit beiden Händen«; eine Hand bewegen	Druckarbeit, Bewegung	30-45 Min.
4. Arbeit am oberen Körperbereich Kopf nach unten ziehen; Schulterkuppen zu den Seiten dehnen	Bewegung	10 Min.
5. Schließen Handmitten waschen	Bewegung	5 Min.
Variationen zu 4. »Feder balancieren«	Bewegung, Spürübung	5-10 Min.

Übungen

Einstieg

Der Physiologe R. F. Schmidt spricht von dem **»Kraftsinn«**.
Was kann damit gemeint sein?
Diskussion und Erläuterung des Begriffes folgen im Gruppengespräch. Mit Kraftsinn ist der Teil der Propriozeption gemeint, der ermöglicht, das Ausmaß der Muskelkraft, das eingesetzt werden muss, um eine Bewegung durchzuführen oder eine Haltung gegen eine Gegenkraft einzunehmen, richtig zu beurteilen *(vergleiche S. 54)*.

Partnerinnenarbeit:
Die eigenen Kräfte können Schulter an Schulter stehend mit der Partnerin erprobt werden.
Fragestellung:
»Wie unterschiedlich können Kräfte eingesetzt,
wie unterschiedlich erfahren werden?«
»Was bewirkt die Bein- und Fußstellung?«
»Wie verändert Bodenkontakt das Erleben von Kraft?«
»Welchen Einfluss hat das Bewahren der Aufmerksamkeit
im Nabelbereich?«

Hände lösen sich von den Oberschenkeln, während der Rumpf nach oben schwingt

Ziele:
 Dehnung des Kreuzbein-Lenden-Bereichs
 Förderung der Atemfunktion

2. Zur Ruhe kommen

Die Handmitten einander gegenüberstellen

Die Handmitten werden mit dem Daumen massiert und zu den Seiten ausgestrichen. Die Hände werden im Abstand von wenigen Zentimetern zusammengestellt. Die Sammlung wird in die Handmitten geführt. Dann entfernen sich die Hände etwas und nähern sich wieder. Dieser Wechsel von Nähern und Entfernen erfolgt einige Male.

Kräfte spüren – mit Kräften spielen

1. Anregungsphase

Hände auf die Oberschenkel stützen

Schulterbreit stehend werden beide Hände oberhalb des Knies aufgestützt. Dadurch entsteht eine halb gebeugte Stellung. Die Fingerspitzen zeigen nach innen. Die Aufmerksamkeit wird in die stark gedehnte Rückenpartie gelenkt. Im Loslassen der Ausatmung lösen sich die Hände von den Oberschenkeln und Becken und Oberkörper schwingen ein Stück nach oben. Die Bewegung wird etliche Male wiederholt. Vorsicht bei akuten Rückenproblemen!

Handmitten einander gegenüberstellen

Kräfte spüren – mit Kräften spielen

Die Übung kann durch Fragen angeleitet werden:
»Ist Verbindung zwischen den Händen zu spüren?«
»Welche Empfindungen sind da?« (Wärme, Strömen, Kribbeln etc.)
»Wie weit können sich die Hände voneinander entfernen, ohne dass die Verbindung abreißt?«
Obwohl bei dieser Übung selten »nichts« wahrgenommen wird, ist hier Gelegenheit, zu bemerken, dass Nicht-Spüren auch möglich ist und sein darf. Nach Empfindungen gezielt zu fragen, ist heikel. Fragen beeinflussen die Wahrnehmung und können als Richtschnur für die Empfindungen ausgelegt werden.

Ziele:
- Üben der Sammlungsfähigkeit
- Anregen der Propriozeption
- Erspüren des körpereigenen »Kraftfeldes«

3. Arbeit an der Körperbasis

Mit Ferse und Ballen auf den Boden drücken
Die Übenden sitzen auf dem Hocker, schieben ein Bein nach vorne und drücken kräftig mit der Ferse auf den Boden. Dann wird der Druck nachgelassen. Drücken und Nachlassen werden einige Male wiederholt. Wichtig ist jetzt das Nachspüren. Was geschieht während des Drückens, was nach dem Lösen des Drucks?

Nach einer ausreichenden Pause zum Nachspüren und zur Reflexion wird Druck auf die Ballenreihe gegeben und dieser Druck ebenfalls wieder losgelassen. Es können auch rhythmisches Drücken und Loslassen entstehen.

Ziele:
- Anregen des Atems durch Druck
- Fördern des Ausatmens durch Lösen des Drucks

Vom Boden abdrücken
Auf dem Hocker sitzend – die Knie sind in Beckenbreite auseinandergestellt – werden beide Hände zwischen die Füße auf den Boden gestützt. Die Hände drücken sich vom Boden so ab, dass das Gesäß während der Ausatmung vom Hocker hochschwingt. Die Bewegung wird wiederholt. Bei dieser Übung sollten Sie als Kursleiterin darauf hinweisen, dass langsam, sich Zeit lassend, geübt wird. Das Einatmen kommt, wie stets, von selbst. Teilnehmerinnen, die akute Rückenprobleme haben, sollten auf diese Übung ganz verzichten.

Ziele:
- Beleben der Basisregion
- Verstärken der Atmung im »unteren Raum«
- Kräftigen der Ausatmung

Vom Boden abdrücken

Den Rücken nach hinten dehnen
Die Füße stehen schulterbreit auseinander gestellt. Die Hände befinden sich, mit den Innenseiten nach hinten zeigend, neben den Körperseiten. Während der Rücken nach hinten breit gedehnt wird – in gewisser Weise runder wird – füllt die Einatmung die ganze Hinterseite aus. Die Hände unterstützen die Bewegung und dehnen sich auch. Die Finger werden gespreizt.
Wenn die Dehnung aufgegeben wird, löst sich die Ausatmung von selbst. Die Bewegung wird einige Male wiederholt. Dann werden die Hände zum Nabelbereich geführt und bleiben dort einige Minuten liegen, um wieder die Zentrierung nach innen zu stärken.

Ziele:
- Dehnen der Rückenmuskulatur
- Wahrnehmen des rückwärtigen Empfindungsfeldes
- Erweitern der Atemräume nach hinten
- Entwickeln der Ausatmungskraft

Mit Ferse und ...   ... Ballen auf Boden drücken

Hände vor dem Nabel …   *… in Bogenlinie nach vorn oben und Gewicht verlagern …*   *… Hände wenden und zurück vor die Körpermitte führen …*   *… gleichzeitig das Gewicht nach hinten zurückverlagern …*

Das Gewicht auf einen Fuß verlagern und wieder aufrichten

Die Übenden bleiben stehen und verlagern ihr Gewicht auf einen Fuß und lassen sich – immer noch mit vorgelagertem Gewicht – von dort wieder durch die Ausatmungskraft hoch tragen. Genauso wird mit der Gewichtsverlagerung auf den anderen Fuß verfahren. Beide Hände können die Bewegung begleiten und über die Handmitten, die Kontakt zum Boden aufnehmen, die Bodenhaftung verstärken. Es ist wichtig, dass im Nachspüren die Sammlung wieder in den Nabelbereich gelenkt wird.

Jiao Guorui formulierte sehr anschaulich, dass nur die Flüsse, die immer wieder von der Quelle gespeist werden, Wasser führen. (Unterrichtsnotizen)

Ziele:

- Erspüren der aufrichtenden Kraft der Ausatmung
- Wahrnehmen des »aufsteigenden Atems«
- Verstärken des Bodenkontakts

»Schiebe den Berg mit beiden Händen«

Die Anleitung zu dieser Übung aus dem Zyklus »15 Ausdrucksformen des Taiji-Qigong« erfolgt durch Jiao Guorui, Begründer des Lehrsystems Qigong Yangsheng:

»*Das Gewicht langsam und stabil nach rechts verlagern, den Körper etwas nach links wenden und den linken Fuß nach links vorn setzen. Nun beide Hände mit schiebender Kraft auf einer Bogenlinie nach vorn oben, bis Brust- oder Schulterhöhe, bewegen, dabei gleichzeitig das Gewicht nach vorn zum Bogen-Schritt verlagern.*

Der Rumpf ist aufrecht und ganz leicht nach vorn gebeugt, die Brust bleibt entspannt. Die Finger sind leicht gespreizt, zwischen Daumen und Zeigefinger bildet sich ein Dreieck.

Der Blick geht entspannt in die Ferne … Wenden Sie dann die Hände in runder Bewegung so, dass die Handflächen zum Körper und etwas nach oben gerichtet sind. Die Hände vor die Körpermitte zurückführen, gleichzeitig das Gewicht nach hinten zurückverlagern zum rechten Sitz-Bogen-Schritt. Den linken Fuß zum rechten zurückstellen und die Handflächen in runder Bewegung nach unten drehen. Das Gewicht langsam nach links verlagern, den rechten Fuß nach rechts vorn stellen und die Übung zur rechten Seite ausführen.« (s. (55) S. 81)

Die Bewegung kann mehrere Male im Wechsel geübt werden. Es gilt auf die exakte Gewichtsverlagerung zu achten und auf die Weichheit der Handbewegung.

Körper und Hände bleiben in Schrittrichtung. Nasenspitze und Nabel befinden sich auf einer Linie. Wichtig ist, dass sich die Wirbelsäule in der Vorwärtsbewegung nicht verdreht.

Die Vorstellung des Krafteinsatzes – »Schiebe den Berg mit beiden Händen« – verstärkt die Atembewegung bis zur Beckenbasis. »*Widerstreitende Kräfte*« kommen zur Wirkung (s. S. 100). Die »15 Ausdrucksformen« sind eine bewährte Übungsfolge, deren Wirksamkeit u. a. für Menschen mit Atembeschwerden in verschiedenen Studien nachgewiesen werden konnte (vergleiche (56) S. 162).

Ziele:

- Erarbeiten des Bodenkontakts durch die genaue Gewichtsverlagerung
- Fähig werden, eine Kraftvorstellung zu entwickeln
- Erspüren einer Kraftrichtung
- Wahrnehmen, welche Veränderung der Krafteinsatz bewirkt

Kräfte spüren – mit Kräften spielen

Eine Hand bewegen

Die Hände liegen auf dem Nabel. Die Aufmerksamkeit ist in diesen Bereich gebündelt wie die Lichtstrahlen im Brennglas. Sobald der Beckenraum intensiv wahrgenommen wird, Fülle erlebt wird, kann sich eine Hand vom Körper weg mit der Ausatmung in den Raum bewegen. Die Bewegung ist frei und wird nicht vorgegeben. Die Individualität des Übenden fließt im Idealfall in die Bewegung ein. Zumindest ist das so, wenn diese kleine Bewegung nicht durch ein Übermaß an Kontrolle gehemmt wird.

Angeleitet wird diese Übung durch die Anregung, den Bewegungsimpulsen, verbunden mit der Ausatmung, zu folgen. Während der Einatmungsphase wird die Hand wieder zum Nabel zurückgeführt.

Ziele:
- Fördern des Loslassens während der Ausatmung
- Üben der Kraftrichtung
- Erspüren der Bewegungsimpulse

4. Arbeit am oberen Körperbereich

Den Kopf nach unten ziehen

Die Übenden sitzen auf dem Hocker. Beide Hände werden mit den Fingerkuppen an den Haaransatz gelegt und ziehen den Kopf – der selbst möglichst passiv bleibt – nach unten, bis das Kinn fast das Brustbein berührt. Indem sich die Fingerkuppen lösen, steigt der Kopf von allein wieder nach oben, unterstützt von der Ausatmung.

Ziele:
- Dehnen der Hals- und Nackenmuskulatur
- Erleben der aufsteigenden Kraft der Ausatmung

Kopf läßt sich bewegen

Die Schulterkuppen zu den Seiten dehnen

Die Schultern werden zunächst durch Umstreichen belebt. Die Schulterkuppen werden in der Einatmungsphase zu den Seiten gedehnt. Die Dehnung löst sich während der Ausatmungsphase. Das Bewußtwerden des Außenraums, des Kontakts mit der Umgebung kann die Bewegung erleichtern. Dabei kann die Empfindung entstehen, dass die Ausatmung nach unten fließt.

Ziele:
- Lockern der Schultergelenke
- Leichtes Dehnen der Brustmuskeln
- Erleben des »absteigenden Atems«

5. Schließen

Die Handmitten waschen

Die Hände werden vor der Brustmitte mit den Handmitten in kleinem Abstand zueinander gestellt. Dann bewegt sich zuerst die linke Hand langsam nach unten bis der Mittelfinger der linken Hand die Handmitte der rechten erreicht hat. Die rechte Hand steigt nach oben, bis sich der rechte Mittelfinger in Höhe der Handmitte der linken Hand befindet. Während die rechte wieder sinkt, steigt die linke Hand nach oben. Dieser Ablauf wird noch einige Male wiederholt. Jede Hand wird mindestens zweimal abwärts geführt. Auch diese Bewegung ist ganzheitlich zu üben, damit sie vollständig ist. Das heißt, der gesamte Körper ist beteiligt und die innere Verbindung der Handmitten zueinander und zum Nabelbereich bleibt während des Bewegens erhalten.

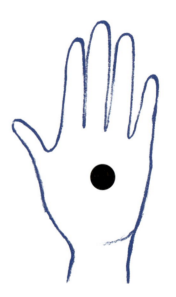

Handmitte (Laogong)

Diese Bewegung ist als Abschlussübung des Qigong sehr bekannt und wird auch im Lehrsystem Qigong Yangsheng als »Waschen der Laogong« geübt. Laogong heißt »Palast der Arbeit«. Die »Handherzen« (Handmitten) zählen wie die »Fußherzen« (Fußmitten) gemeinsam mit dem Herz zu den »5 Herzen« in der Theorie des Qigong.

Schließlich finden sich beide Hände auf Brusthöhe ein, öffnen sich zu den Seiten und können nun um die Nierenpunkte streichen und sich dann auf dem Nabel treffen.

Handmitten waschen

Ziele:
- Wahrnehmen des Kraftflusses
- Üben der Kraftrichtung
- Fördern der Aufrichtung des Rumpfes

Variation

Statt »Die Schulterkuppen zu den Seiten ausdehnen«: »Federn auf Schulter balancieren«
Nachdem die Schulter durch Betasten angesprochen wurde, wird in der Vorstellung zunächst eine Feder, auf einer Schulter stehend, balanciert. Später – nachdem geübte und ungeübte Schulter miteinander verglichen wurden – auch auf der anderen Schulter.

Ziele:
- Beleben der Körperwahrnehmung
- Lockern der Schultergelenke
- Anregen des »oberen Atemraums«

Hintergrundmaterialien

Energiehaushalt

Wie wir mit uns selbst, mit unseren Kräften, unserer Energie umgehen, beeinflusst maßgeblich die Gesundheit. Bereits Aristoteles soll gesagt haben: »Energie ist das, was alles in Bewegung setzt.« Das griechische »energeia« kann wörtlich mit »wirkender Kraft« übersetzt werden. Ein Teil der Energie fließt in die Aufrechterhaltung der Körperfunktionen, ein Teil in die äußeren Aktivitäten. Gibt es dann noch Reserven für die geistige und emotionale Entwicklung? Wie wird der Organismus optimal mit Energie versorgt?

Grundlegende Voraussetzungen sind ausreichende Stoffwechselaktivität sowie körperliche und geistige Bewegung. Auch die Fähigkeit des Organismus, flexibel zwischen Spannung und Entspannung zu wechseln, belebt den Energiehaushalt. Kurzum: **Das Verhältnis von Kraftaufbau und Kraftverbrauch** entscheidet, ob sich ein Organismus in energetischer Balance befindet. Energetische Balance entspricht einem funktionalen Gleichgewicht, der Homöostase.

Der Organismus verbraucht im Zustand der Homöostase weniger Energie und passt sich rascher und leichter an. Das kann als Rechenexempel missverstanden werden. Dann werden Kalorienzufuhr und -verbrauch gezählt und Aktivitäten vor allem nach dem »Gesundheitswert« ausgewählt. Der Alltag läuft dann Gefahr, ein starres, unlustiges Übungsprogramm zu werden, in dem der Konflikt zwischen Pflicht und Neigung nur zugunsten der Pflicht gelöst wird. Ob das auf Dauer der Gesundheit zuträglich ist? Vielleicht braucht es der Mensch, ab und zu »über die Stränge zu schlagen« und der eigenen Natur zu folgen.

Alle Lebewesen befinden sich durch Atmung, Ernährung, durch die Beziehung zueinander, zur Natur und zu den Dingen, die sie umgeben, in einem kontinuierlichen energetischen Austausch. Die Lebendigkeit der Atmung spielt dabei eine herausragende Rolle.

kleckern — Spaß machen — schlafen

... der eigenen Natur folgen

Auf ihr beruht die Fähigkeit zur ökonomischen Verwendung der Kräfte. Was bei den Bewegungsreaktionen auf unerwartete Reize an Energie verbraucht wird, braucht bei anpassungsfähiger Atmung nicht erst nachträglich ersetzt zu werden. Es wird schon im Augenblick des Bewegungsimpulses und gleichsam durch ihn, unter seiner Mitwirkung, bereitgestellt (s. (57) S. 213).

Der Atem – der so wesentlich am Energieaustausch mit der Umwelt beteiligt ist – ermöglicht, die Kräfte zu spüren.
In der Übungspraxis ist es die Kraft des Ausatmens, die wir besonders deutlich als unterstützende Energie wahrnehmen.

Atemkraft

Die Atemkraft entsteht durch Lenken der Aufmerksamkeit in das Becken bzw. den »unteren Raum« (Füße, Beine, Becken) und das Bewusstwerden der Empfindungen in diesem Bereich. Dadurch wird die Stoffwechselaktivität angeregt; der Eindruck von Aufladung und Fülle in diesem Raum – das heißt Kraft – bildet sich. Diese konzentrierte Kraft drängt in eine Richtung, in die sie sich entladen bzw. freisetzen kann. Die Entfaltung, Verteilung und Umsetzung der Kraft ist gleichbedeutend mit Entspannung, Entladung und Lösung.

Rhythmus und Balance

Der rhythmische Vorgang von Aufladen und Entladen, Spannung und Entspannung ist eng mit dem Atemrhythmus *(s. S. 44)* und anderen biologischen Rhythmen verbunden. Der Tag- und Nachtrhythmus bzw. Wach- und Schlafrhythmus und das damit in Zusammenhang stehende rhythmische Verhältnis von Parasympathikus und Sympathikus geben Maß und Struktur für Kraftaufbau und Krafteinsatz, für Regeneration und Aktivität.
Die Akzeptanz dieser Rhythmen erzeugt Balance im Organismus; wobei Balance als fließender Prozess zu verstehen ist, als eine kontinuierliche Folge von Veränderungen.

Wege der Regulierung

Wir selbst wirken durch unser Bewusstsein regulierend auf die Energiebalance ein *(s. o.)*. Indem wir beispielsweise auf den Ausgleich zwischen geistiger und körperlicher Tätigkeit, zwischen Bewegung und Ruhe, auf den Wechsel zwischen Spannung und Lösung in der Muskulatur achten.
Grundlegende Regelmechanismen vollziehen sich, ohne uns bewusst zu werden. Diese fundamentalen neuronalen Schaltkreise gehören zur Grundausstattung des ganzen Organismus und sichern das Überleben, indem sie veranlassen, dass ein bestimmtes Muster körperlicher Veränderungen stimuliert wird. »Das kann ein Körperzustand mit einer bestimmten Bedeutung (Hunger, Übelkeit) sein, ein erkennbares Gefühl (Furcht, Wut) oder eine Kombination beider. Die Stimulation kann durch viszerale Innenwelt (geringe Blutzuckerkonzentration im inneren Milieu), die Außenwelt (bedrohlicher Reiz) oder die geistige Innenwelt (die Erkenntnis, dass eine Katastrophe bevorsteht) ausgelöst werden.

Jede dieser Stimulationen ist in der Lage, eine innere, bioregulatorische Reaktion, ein instinktives Verhaltensmuster oder einen neugeschaffenen Handlungsablauf in Gang zu setzen – einzeln oder gemeinsam.« (s. 58 S. 165)

Die Formatio reticularis – *eine Zone des Hirnstamms* – steuert das allgemeine Erregungsniveau und damit die Bereitschaft zum Energieverbrauch. Hier strömen alle im Organismus entstehenden Informationen zusammen. Die messbare Aktivität der **»Formatio reticularis«** ist bei Wachheit und geschärften Sinnen hoch und im Tiefschlaf niedrig. Auch der Muskeltonus *(s. S. 78)*, der Haltung und Bewegung erst ermöglicht, wird von der »Formatio reticularis« beeinflusst. Es gibt ebenfalls Verbindungen zum Atemzentrum in der »Medulla oblongata«, das heißt, zur Regulation der Atmung.

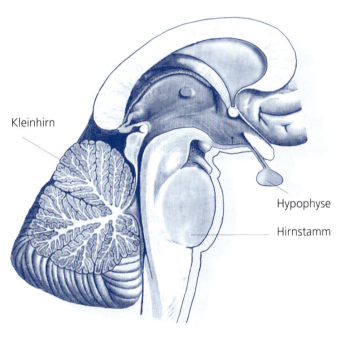

Zentren der Regulierung

Kleinhirn
Hypophyse
Hirnstamm

Damit das Erregungsniveau in der »Formatio reticularis« in gezielte Aktivitäten münden kann, müssen die ebenfalls im Hirnstamm beheimateten Basalganglien arbeiten. Zu ihren Aufgaben gehört es, Bewegungen erfolgreich zu organisieren.

Die Atemregulation

Die Regulierung des Atems erfolgt vor allen Dingen durch das Atemzentrum in der Medulla oblongata, einer Verlängerung des Rückenmarks in die Schädelhöhle. Dort regeln mehr als 26.000 Neuronen (Herbert Edel, »Atemtherapie«) den Atemzyklus, das heißt, den Zeitpunkt und Dauer von Ein- und Ausatmung.
Das Atemzentrum wird durch empfindliche Chemorezeptoren über die Sauerstoff- bzw. Kohlendioxydwerte im Blut unterrichtet, über die Dehnungsgrade des Lungengewebes und vielfältige periphere Einflüsse (Haltung, Bewegung, Hautreflexe, Schleimhautreize). Die Gamma-Tonisierung *(s. S. 79)* wirkt ebenfalls auf die Atemregulierung. »Alle äußeren Reize, wie Berührungen, Temperaturveränderungen, Licht oder Töne verändern ebenso wie natürlicherweise jede innere Motivation einer emotionellen Zuwendung zur Umwelt als erstes den Atem, bevor der Mensch durch eine Handlung Stellung dazu nehmen kann. Damit bekommen die Atembewegungen einen anderen Wert. Sie haben nicht nur die biologische Homöostase zu sichern, sondern werden zum umfassenden Ausdrucksorgan menschlicher Intentionalität.« *(s. 59 S. 157)*

Das Atemzentrum besitzt Verbindungen zu den anderen Gehirnzentren. Eben weil es diese Verknüpfungen des Atemzentrums zu den anderen Gehirnarealen gibt, kann die Belebung der Atmung alle anderen Funktionen stärken und ökonomisieren.
Die Selbstorganisation des Organismus ist um so zuverlässiger, je beweglicher die Atmung, das heißt, je anpassungsfähiger die Atemreflexe reagieren.

Aufsteigender Atem

Der »aufsteigende Atem« (Ilse Middendorf) entsteht, wenn Becken, Beine und Füße angeregt, die Empfindungen von Fülle und Kraft im »unteren Raum« wahrgenommen werden und die Ausatmung sich als verdichteter Kraftstrom eine Richtung nach oben sucht. Das Empfindungsfeld im mittleren oder oberen Raum, das durch die Aufmerksamkeit lebendig wurde, wird zum Ziel des aufsteigenden Atems.

Absteigender Atem

Die oberen Körperbereiche (»oberer Raum«) werden durch Berührung, Bewegung und Sammlung angesprochen. Dann fließt die Ausatmung in der Körperwahrnehmung weich und mühelos nach unten. Das kann als sinkende Bewegung und sanfte Lösung erlebt werden, als »absteigender Atem« (Ilse Middendorf).

Wurzelkraft

Damit wird die Kraft anschaulich beschrieben, die aus dem sogenannten »unteren Raum« (Füße, Beine, Becken), dem »Wurzelraum«, kommt.
»Auf das Sich-Spüren in dieser Kraft im Wurzelraum kommt es an, gelassen breit ruhend im Unterleib, die Lendenkraft fühlend im Kreuz, im ganzen Rumpf ... Und alsbald wird der Sinn der rechten Erdung deutlich: das wurzelgerechte Wachstum nach oben. Die rechte Bindung an die Erde erweist sich als Voraussetzung einer legitimen Strebung zum ›Himmel‹.«
(s. ⟨60⟩ S. 193)

Du kannst den Himmel nicht finden, wenn du die Erde verrätst.
Sprichwort

Widerstreitende Kräfte

werden manchmal in den Qigong-Übungen erprobt. Dem Krafteinsatz steht in der Vorstellung eine andere Kraft entgegen, die der Kraftrichtung Widerstand bietet. Die Kräfte begegnen sich. Wenn sie ausgewogen sind, entsteht ein dynamisches Gleichgewicht, das sich in erlebter Kraftfülle, auch Atemfülle äußern kann *(s. S. 95)*.

Komplementäre Kräfte

Die chinesische Philosophie und traditionelle Medizin nähert sich mit dem Begriffspaar Yin/Yang dem Verständnis der unterscheidbaren, polaren und sich ergänzenden Kräfte.

Auch der Grieche Heraklit entdeckte die regulierende Funktion der Gegensätze, die Dynamik ermöglicht, weil alles einmal in sein Gegenteil hineinfließen will.

Rückenkraft

Wenn es gelingt, den Rücken in die Körperwahrnehmung einzubeziehen, die Aufmerksamkeit dorthin zu lenken und die Muskulatur zu lösen, werden sich die Empfindungen im Rücken verändern. Ein weiter Raum, der Hintergrundraum, entsteht an der ganzen Rumpfhinterseite. Das Zwerchfell kann sich freier bewegen, die Atmung wird voller und fließender. Die Empfindungen werden von Übenden oft als weiche, ergiebige und verlässliche Kraft beschrieben und der Rücken als Kraftquelle erlebt. Vorstellungen von Schutz und Geborgenheit können auftauchen.

Denn sobald sich der Rücken als Empfindungsfeld öffnet, kann die Aufrichtung der Wirbelsäule müheloser, können Haltungen und Bewegungen kraftvoller werden.

Die Traditionelle Chinesische Medizin kennt diesen Zusammenhang schon lange und nennt auf dem Rücken, zwischen dem 2. und 3. Lendenwirbel, ein Zentrum, das als Lebenstor (Mingmen) bezeichnet wird. Die Beweglichkeit und Durchlässigkeit in dieser Zone ist wichtig für das Durchschwingen der Atemwelle. Das sinkende und steigende Zwerchfell massiert und dehnt diesen Bereich. Dann mag der Zustand entstehen, den der Chinese Mencius für das Ziel der Übungen hielt:

»*Das Gesicht ist leuchtend, der Rücken offen und die Glieder sind fließend.*«

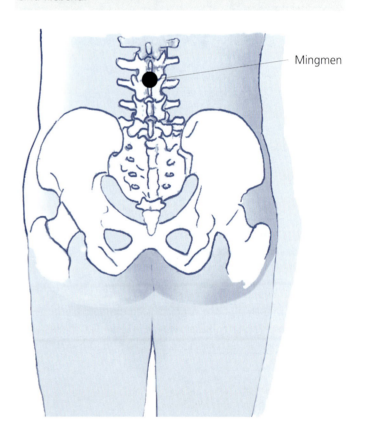

Sich einstimmen

Auf einen Blick

Mittels Körperwahrnehmung und Bewusstwerden der Grundspannung der Muskulatur, auch der Muskeln der Sprechorgane, wird die Voraussetzung für die Lockerung der am Stimmvorgang beteiligten Körperbereiche geschaffen.

Die unterschiedlichen Stimm- und Atemübungen wirken tonusregulierend, beleben Vokalräume und regen die »atemrhythmisch angepasste Phonation« (Coblenzer) an.

Aufbau der Übungssequenz:
Da die Grundspannung des Körpers entscheidend auf die Atmung und somit auf die Tonerzeugung einwirkt, wird zunächst an der Tonusregulation gearbeitet.

Das Aufsuchen der mittleren Tonlage erleichtert die Phonation und entlastet die Stimmorgane. Der Beckenboden unterstützt die Zwerchfelltätigkeit. Deswegen ist auch das Training der Beckenbodenmuskulatur voraussetzend.

Bei dieser Kurseinheit sei besonders daran erinnert, daß die vorgegebene Struktur nur als Angebot gedacht ist und in allen Punkten variiert werden kann.

Ziele der Kurseinheit:

- Spüren, wie sich die Tonusregulierung auf Atmung und Stimme auswirkt;
- Beziehung zwischen Atem, Bewegung und Stimme wahrnehmen;
- Stimmbildende Übungen kennenlernen;
- Ausatmung fördernde Übungen kennenlernen.

Phasen und Übungen	Methode	Zeit
Einstieg Zitat: Galilei	Gespräch	5-10 Min.
1. Anregungsphase Ausstreichen der Arme und Beine	Selbstmassage	5 Min.
2. Zur Ruhe kommen Füße vom Boden tragen lassen	Spürübung	5-10 Min.
3. Arbeit an der Körperbasis Unterkiefer lockern; Summen; »mmm« tönen; »pf« tönen; »f« tönen; Steißbeinspitze tanzen lassen	Spürübung, Tönen, Wahrnehmungsübung	25 Min.
4. Arbeit am mittleren Körperbereich »hu«; »o« tönen	Tönen	15 Min.
5. Arbeit am oberen Körperbereich Nacken und Schultern lockern; Ohren wärmen; Mund langsam öffnen; in eine saftige Frucht beißen; »a« tönen	Bewegen, Spüren	15 Min.
6. Schließen Hände auf den Nabel legen	Spürübung	3-5 Min.
Variationen zu 3.: »weg, weg, weg«; »ha, ha, ha« zu 4.: Vokal »o« mit Handbewegung und als PA; Vokal »e«	Bewegen, Tönen	je 5-7 Min.

Übungen

Ausstreichen

Unterkiefer lockern

Ziele:
- Aktivieren der Empfindungsfähigkeit
- Lösen von Spannungen

2. Zur Ruhe kommen

Füße vom Boden tragen lassen
Im Sitzen werden die Füße durch Hinspüren bewusst gemacht und daran geübt, dass das Gewicht vom Boden getragen werden kann. Auch dieses Üben ist ganzheitlich und kann sich nur vertiefen, wenn es in seiner Ganzheitlichkeit wahrgenommen wird.

Ziele:
- Üben des Bodenkontakts
- Bewusstwerden des Rückens
- Üben der Sammlungsfähigkeit
- Regulierung des Tonus

Einstieg

»Denken Sie sich die Luft weg!« forderte Galileo Galilei in einem Gespräch über die Weltsysteme seine Gesprächspartner auf und wollte damit seine Erkenntnisse über die Fallgesetze demonstrieren.

Denken auch Sie sich die Luft weg. Können Sie so weit denken, übersteigt das nicht schon das Vorstellungsvermögen? Gut vorstellbar, wie schockierend Galileis Äußerung gewesen sein muss. Abgesehen davon, dass kein Lebewesen existieren könnte, wenn die Atemluft fehlt, würde sich alles verändern, was Leben ausmacht. Töne könnten nicht erzeugt werden. Sich koordiniert zu bewegen, würde kaum möglich sein, denn es fehlte der Reibungswiderstand der uns umgebenden Lufthülle.

Die Redewendung: »sich im luftleeren Raum zu befinden«, deutet auf Beziehungslosigkeit, Kontaktarmut und Hilflosigkeit. Ohne Luft wären die Möglichkeiten des Austauschs mit anderen Menschen oder mit dem Kosmos auf die Augen reduziert.

Im Gespräch kann auf diese Weise die Untrennbarkeit von Atem (Atemluft) und Kommunikation (Stimme, Sprache und Ton) bewusst werden. Didaktisch kann dieses Zitat anregende kreative Spannung erzeugen.

1. Anregungsphase

Streichen der Arme und Beine
Mit flacher Hand wird zuerst über die Beine von unten nach oben zum Rumpf gestrichen, anschließend die Arme von der Hand bis zum Schultergelenk, zuletzt über den Rumpf selbst in Richtung Beckenzentrum, das heißt, zur Nabelgegend.

3. Arbeit an der Körperbasis

Den Unterkiefer lockern
Im Sitzen: Die Hände werden durch kräftiges Reiben belebt. Dann werden beide Hände, die sich auf das Gesicht gelegt haben, langsam nach unten bewegt. Der Unterkiefer wird dabei ein kleines Stück mitgenommen.

Ziele:
- Lockern des Unterkiefers
- Indirektes Lösen des Zwerchfells

Summen und den Brustkorb klopfen

Summen
Auf dem Hocker sitzend wird mit locker aufeinandergelegten Lippen ohne jeglichen Krafteinsatz gesummt. Es kann mit sensiblen Fingerkuppen, die Gesicht und Schädel berühren, geprüft werden, wo überall Vibrationen durch das Summen entstehen. Die Übenden können auch während des Summens mit federnden lockeren Fingerkuppen auf den Brustkorb klopfen.

102   Sich einstimmen

Ziele:
- Finden der sogenannten Indifferenzlage der Stimme (physiologische Sprechstimmlage)
- Erarbeiten gesamtkörperlicher Resonanzfähigkeit
- Erkennen, dass die Stimmgebung mit dem ganzen Körper zusammenhängt
- Wahrnehmen der Körpervibration

»mm« tönen

Diese Übung sollte nicht mit der vorangegangenen verwechselt werden. Zuerst wird der Beckenboden, der auf dem Hocker aufliegt, wahrgenommen. Dieser »mmm«-Ton entsteht in der Vorstellung im Beckenboden. Tatsächlich wird er auch gebildet, während sich der Beckenboden in der Ausatmungsphase etwas nach oben hebt.

Ziele:
- Erkennen, dass Tongeben mit der Ausatmung verbunden ist, auch mit den gesamtkörperlichen Muskelbewegungen der Ausatmung
- Stabilisieren des Beckenbodens

»pf« tönen

Der Beckenboden wird jetzt aktiv hochgezogen, während ein kurzes, scharfes »pf« gebildet wird. In der Einatmungsphase lösen sich die Beckenbodenmuskeln und der Beckenboden sinkt. Das kann längere Zeit geübt werden. Gesäßmuskeln und Bauch sollten locker bleiben. Mit genügend Übung kann die Beckenbodenmuskulatur auch differenzierter kontrahiert werden, z. B. hinterer, mittlerer und vorderer Teil.

Ziele:
- Trainieren der Beckenbodenmuskulatur
- Anregen des Tonus
- Wahrnehmen, dass während der Tonbildung auch der Beckenboden aktiv ist

»f« tönen

Diese Übungsweise ist ähnlich wie die vorhergehende. Jetzt wird ein weicheres »f« gebildet, während der Beckenboden nur noch sanft kontrahiert wird.

Ziele:
- Lösen von Beckenboden und Zwerchfell
- Erspüren und Erkennen des Wechselspiels zwischen Beckenboden und Zwerchfell

Die Steißbeinspitze tanzen lassen

Die Wahrnehmung wird auf die Steißbeinspitze gelenkt. In der Vorstellung bewegt sich die Steißbeinspitze hin und her oder kreist.

Ziele:
- Belebung der Körperbasis
- Tonusanregung

4. Arbeit am mittleren Körperbereich

Der Laut »hu« aus der »Sechs-Laute-Methode« des Lehrsystems Qigong Yangsheng (s. S. 107)

Es ist möglich zu sitzen oder zu stehen. In jedem Fall stehen die Füße zwanglos parallel in Beckenbreite nebeneinander. Die Arme bilden Bogen und die Hände bilden vor dem Unterbauch ein weiches Oval. Die Handflächen zeigen nach oben. Die Hände werden langsam bogenförmig zu den Seiten und wieder nach vorne bewegt und legen sich mit den Handmitten übereinander. In der Einatmungsphase nähern sie sich dem Nabel und werden dann mit dem Tönen des Lautes »hu« vom Nabel weg in den Raum geführt. Dieser Ablauf findet im Allgemeinen sechsmal statt. Es kann auch festgelegt werden, weniger oder häufiger den Laut zu bilden.

Ziele:
- Beleben des Beckeninnenraums und der Zwerchfellgegend
- Erleichtern ungehinderter Zwerchfellbewegung
- Zentrieren
- Erspüren der Vibrationen, die ausgelöst werden können

»o« tönen

Die Übenden können sitzen oder stehen. Im Sitzen liegen die Hände auf den Oberschenkeln. Der Laut »o« wird in der Vorstellung bereits im Raum klingend wahrgenommen, dann einige Male tonlos gebildet und schließlich hörbar mit gerundeten Lippen geformt. Die Tonlänge ist exakt der Länge der Ausatmung angepasst. Die Ausatmung sollte auf keinen Fall überzogen werden. Fragen Sie nach dem Üben, welcher Körperbereich besonders lebendig wurde.
Jede Übende bleibt in ihrem Atemrhythmus. Das bedeutet, dass die Töne nicht immer gleichzeitig gebildet werden. Eben weil alle den *eigenen Rhythmus* beachten, entsteht mit der Zeit ein »Gleichklang«; in dem jede ihren Platz gefunden hat.

Auch andere Laute, zum Beispiel »u« oder »e«, die zunächst innerlich aufgenommen werden, »gehört« werden, können dem hörbaren Tönen des Vokals »o« vorausgehen.

Ziele:
- Bewusstwerden des Vokalraums »o«
- Beleben des mittleren Atemraums
- Wecken der Körperresonanz
- Stärken des individuellen Atemrhythmus

Sich einstimmen

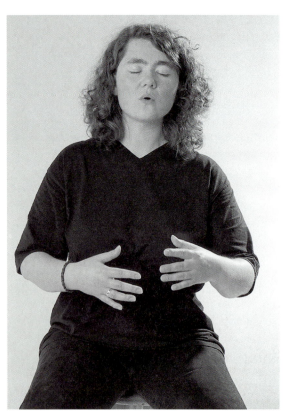

»o« tönen

5. Arbeit am oberen Körperbereich

Nacken und Schultern lockern

Mit dem Kinn wird eine Zackenlinie beschrieben, so als würde eine Krone gezeichnet. Das heißt, beim vorderen Halbkreis wird das Kinn nach vorne gestreckt und bewegt sich nickend nach oben, beim hinteren Halbkreis wird das Kinn stark zurückgezogen und dehnt sich nickend nach unten. Die Richtung kann gewechselt werden.

Ziele:
- Lösen von Nacken und Schultern zur allgemeinen Tonusregulation
- Aufheben von Spannung im Artikulations- und Phonationsbereich

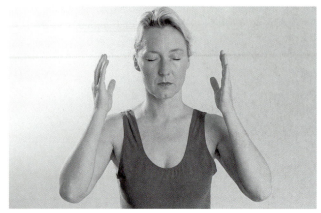

Die Ohren wärmen

Ohren wärmen

Die Hände werden im Abstand von wenigen Zentimetern an die Ohren gestellt. Mit der Einatmung entfernen sich die Hände etwas von den Ohren und mit der Ausatmung gehen sie zum Ohr zurück. Die Bewegung wird mehrfach wiederholt.

Ziele:
- Erspüren und Beleben des Innenohrs
- Erschließen des Mund- und Kehlkopfgebietes als Resonanzraum
- Wahrnehmen der Verbindung zwischen den Ohren

Den Mund langsam öffnen und schließen

Der Mund wird 4- bis 5-mal sehr langsam geöffnet und ebenso langsam wieder geschlossen. Diese Bewegung in Zeitlupe kann einige Male wiederholt werden. Wenn auf die Vielfalt der Wahrnehmungsmöglichkeiten hingewiesen wird, verstärkt sich die Wirkung.

Ziele:
- Lockern der Kiefergelenke
- Weiten des Ansatzrohrs (Raum oberhalb der Stimmritze)
- Wahrnehmen der möglichen Festhaltungen der Kiefergelenke

In eine saftige Frucht beißen

Der Mund wird so weit geöffnet wie es notwendig wäre, wenn in eine große saftige Frucht gebissen würde. Auch die Beißbewegung wird ausgeführt.

Ziele:
- Lösen der Kiefergelenke
- Vorverlagern des Stimmansatzes

»a« tönen

Der Laut »a« beeinflusst den gesamten Leib, nicht nur den oberen Raum. Er kann in ähnlicher Weise wie der Laut »o« getönt werden. Voraussetzung sind Lockerheit der Kiefergelenke, des Mund- und Rachenraums und der Halsmuskulatur.

Ziele:
- Sensibel werden für das Entstehen von Weite im Ansatzrohr *(s. S. 107)*
- Wecken der Körperresonanz und der Empfindung der Körperwände
- Verbinden aller Vokalatemräume *(s. S. 107)*

6. Schließen

Zum Ausklang können die Hände auf dem Nabel ruhen.

Variationen

Ergänzend zu 3.:
»Weg, weg, weg« sprechen (oder »Hopp, hopp, hopp«)
»Weg, weg, weg« wird schnell und zügig hintereinander gesprochen mit der Vorstellung etwas Lästiges zu verscheuchen, ohne dass zwischen den Lauten willkürlich Luft geholt wird. Die Intention ist wichtig.

Ziele:
- Wahrnehmen der reflektorischen Atemergänzung
- Üben des Absenkens des Zwerchfells (des sogenannten »Abspannens« nach Coblenzer)
- Üben von Dynamik, Melodik und Rhythmik

»Ha, ha, ha«
Zunächst wird im Sitzen geübt. Die Füße werden etwas breiter als die Schultern parallel auseinandergestellt. Die Hände sind oberhalb der Knie auf die Oberschenkel gestützt. Die Fingerspitzen zeigen nach innen. Kreuzbein und Lende dehnen sich nach hinten.

Ziele:
- Dehnen der Kreuzbein-Lendengegend
- Beleben des unteren Raums
- Üben der reflektorischen Atemergänzung

Hände sind aufgestützt

Oberkörper und Becken wippen nach oben

Während der Laut »Ha, ha, ha« mehrmals hintereinander mit weit geöffnetem Mund ohne ausdrückliche Pause gebildet wird, wippen Oberkörper und Becken ein wenig nach oben. Die Hände bleiben auf den Oberschenkeln liegen.

Das Becken senkt sich während der reflektorisch erfolgenden Einatmung wieder nach unten.
Wer Rückenbeschwerden hat, kann auf diese Weise, das heißt, mit Aufstützen der Hände und mit Hilfe der Ausatmung, leichter aus dem Sitzen hochkommen.

Mit etwas Übung kann diese Bewegung auch mit weiter Kniestellung im Stand geübt werden. Dann entwickelt sie sich noch kraftvoller.

Als Erweiterung zu 4.: Vokal »o« mit Handbewegung
Der Vokal »o« kann während des Tönens auch mit den Händen in freier nicht vorgegebener Bewegung begleitet werden, evtl. in Partnerinnenarbeit. Die Partnerinnen sitzen einander gegenüber.

Ziele:
- Üben von Intention und Partnerinnenbezug (s. S. 106)
- Üben der Verbindung von Bewegung und Ton

Auch andere Vokale, wie zum Beispiel der Vokal »e« können an dieser Stelle eingesetzt werden.

Sich einstimmen

Hintergrundmaterialien

Beziehung zwischen Stimme und Atem

Die Erfahrung des Atems kann als grundlegend für die Arbeit mit der Stimme betrachtet werden. Die Atemräume *(s. S. 89)*, der Atemrhythmus *(s. S. 44)*, die Bewegung, die sich aus dem Atem gestaltet und die Körperhaltung beeinflussen Lautbildung, Stimmgebung und Klang. Alle Faktoren, die auf Haltung, Bewegung und Atmung einwirken, sind auch Bildkräfte der Stimme. Stimmarbeit und Atemarbeit, die sich auf den ganzen Menschen beziehen, stehen in Wechselwirkung mit den personalen Prozessen. In der Stimme erscheint die Persönlichkeit mit all ihren Facetten, dem Geist, der Psyche und der körperlichen Befindlichkeit. Und so wie wir mit der Stimme übend auf den Atem einwirken können, wirken wir mit Atemübungen auf die Stimme.

Beziehung zwischen Stimme, Bewegung und Tonus

»Im Allgemeinen bewegt man sich beim Sprechen. Dabei handelt es sich vorwiegend um Mikrobewegungen. Bei stärkeren Bewegungen wird das Sprechen erschwert, dagegen kann bei leichten Haltungsänderungen sogar eine verbesserte Stimmfunktion eintreten. Somit besteht ein enges psychomotorisches Zusammenspiel zwischen Respiration, Phonation und Artikulation sowie Bewegung.« *(s. (61) S. 100).*

Für die Stimme – gleichermaßen Bewegung wie die Atmung – hat die Tonussituation des Organismus entscheidende Bedeutung. Denn eine koordinierte Bewegung ist ohne angemessenen Muskeltonus nicht möglich *(s. S. 78)*. Am Tonus können wir arbeiten, indem er uns als aktuelle Tonusbefindlichkeit – als Grad der Spannung bzw. Entspannung – bewusst wird. Bewusstwerden geschieht mittels der Selbstwahrnehmung, durch die Entwicklung des Empfindungsbewusstseins *(s. S. 34)*. Bereits dadurch werden regulierende Prozesse im Muskel in Gang gesetzt, denn auch die Propriozeption *(s. S. 33)* kann als Bewegung verstanden werden, als Kraft, die balancierend wirkt. Da auch die Körperwahrnehmung – also das Bewusstwerden sensorischer und motorischer Reize – mit Denkprozessen verknüpft ist und – wie die moderne neurophysiologische Forschung herausgefunden hat – jeder Gedanke zuerst bildhaft ist, wird die enge Verbindung von Wahrnehmung und Vorstellung offensichtlich.

Menschen werden von sehr individuellen, oft unbewussten Vorstellungen bestimmt, die sowohl unterstützen wie behindern können. Sich dieser Vorstellungen mit der Zeit bewusst zu werden, ist ein notwendiger Lernprozess. Der bewusste Einsatz einer unterstützenden Vorstellung kann die Übung anleiten, z. B. sich ein Gegenüber während der Stimmarbeit vorzustellen, das wir erreichen wollen, von dem wir wahrgenommen und gehört werden wollen. Auch die Erinnerung an Situationen zu wecken, in denen wir uns wohl fühlen, erleichtert die Lösungsprozesse, die durch Spürübungen und lockernde Bewegungen angeregt werden.

Der optimale Tonus für Wohlbefinden und eine gelöste Stimme ist eine Gesamtkörperspannung, die weder zu hoch noch zu niedrig ist und von Gerda Alexander, der Begründerin des Übungssystems »Eutonie«, »Eutonus« genannt wurde (Eutonus = Wohlspannung).

In der Stimmarbeit wird manchmal Balancieren, Wippen und Schaukeln, das »ständiges Ausgleichen-Müssen« erfordert, eingesetzt, um den »Eutonus« aufzubauen.

Bedeutung der Intention in der Stimmarbeit

Der Eutonus kann auch als Zustand der Schwingungsfähigkeit und Durchlässigkeit für die Innenbewegung *(s. S. 116)* betrachtet werden. Begünstigt wird diese Körperspannung durch das Sicheinlassen auf die Sprechsituation und die kommunikative Verbindung zum Gegenüber. Wenn die Absicht, die »Intention« (so die Stimmlehrer Coblenzer und Muhar) im Sprechenden präsent wird, wenn eine Form der Zuwendung zum anderen das Sprechen anleitet, reguliert sich die Muskelspannung der Sprechorgane. Dann kann das Sprechen selbstlösend wirken. Dass Übertreibungen auch in diesem Bereich das Gegenteil bewirken können, ist bekannt.

Volkmar Glaser nannte diesen gefühlsmäßigen Kontakt zur Umwelt und den Aufbau eines Kontaktfeldes, das maßgeblich auf die Tonusregulation einwirkt, »Transsensus«. Dazu führt er aus: »Mit dieser Intention, sich der Welt gegenüber zu öffnen, hebt sich ein Mensch aus dem Zustand der Ruhe in den der Munterkeit. Dadurch erfährt er eine allgemeine Aktivierung, die sich als erstes in seinem Atem ankündigt, ihn dann aber weiterhin ihn in einen generalisierten Bereitschaftszustand versetzt, aus dem heraus er reaktions- und handlungsfähig wird, um so die gegebene Situation angepasst zu bewältigen.« *(s. (62) S. 4).*

Stimmorgane

Der gesamte Atemapparat kann zu den Stimmorganen gezählt werden. Doch geht es hier um die primären Stimmorgane: die **Stimmlippen.** Sie liegen im Innern des Kehlkopfes und bestehen aus den Stimmmuskeln. Die zarten inneren Ränder des Stimmmuskels sind die Stimmbänder.

Damit ein Ton entstehen kann, müssen die Stimmlippen zusammengelegt werden und sich wieder öffnen. Während der Atmung ist die Stimmritze geöffnet. Die zwischen Öffnen und Schließen schwingenden Stimmlippen erzeugen den Ton.

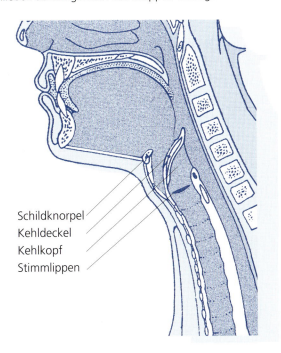

Schildknorpel
Kehldeckel
Kehlkopf
Stimmlippen

Stimmorgane

Die Frequenz dieser Schwingung bestimmt die Tonhöhe. Auch Spannung, Länge und Volumen der Stimmlippen sind für die Tonhöhe maßgeblich. Der Anblasedruck der Luft auf die Stimmlippen und die Amplitude der Stimmlippenschwingung bestimmen die Lautstärke.

Damit ein Ton klingen kann, benötigt er Resonanzräume. Der erste Resonanzraum ist das sogenannte **Ansatzrohr**: der Raum oberhalb der Stimmritze, der von der Lockerheit der Kiefergelenke, der Spannung der Muskeln von Zunge, Gaumen und Lippen geprägt wird. Sinkt der **Kehlkopf** bei Entspannung, vergrößert sich das Ansatzrohr, steigt der Kehlkopf, z. B. bei Anspannung durch Stress, verkleinert sich der Resonanzraum. Die Resonanz des Ansatzrohrs wird durch die Resonanzfähigkeit – Durchlässigkeit – des ganzen Körpers ergänzt.

Artikulation

Die Artikulation des Tons, die Lautbildung, wird durch die Charakteristik des Mundraums und die Lippen- und Zungenbewegung geprägt.

Vokalraumarbeit

Vokale werden im Resonanzraum des Ansatzrohrs gebildet. Ilse Middendorf berücksichtigt in ihrer Vokalraumarbeit, dass der ganze Körper als großer Resonanzraum – als Klangkörper – mitschwingt. Im zunächst schweigenden »Tönen« eines Vokals wird ein Atemraum belebt, d. h., die Atembewegung ist vor allem in einem bestimmten Bereich wahrnehmbar. Atemraum und Atemkraft entfalten sich. Die Atemkraft wird im tönenden Vokal hörbar. In der Vokalraumarbeit geht es in besonderer Weise um Ausdruck und Hörbarwerden der Atemkraft.

Reflektorische Atemergänzung

Der Begriff »reflektorische Atemergänzung« bezieht sich auf die Sprechatmung und meint das reflexartige Einströmen der Luft nach dem Loslassen des Zwerchfells am Ende des Sprechabschnitts. Je prägnanter die »Lautung«, auch je mehr Gefühlsausdruck in die Stimme fließen darf und je mehr Partnerinnenvorstellung und Umweltbezug entwickelt werden, desto müheloser und natürlicher ist das sogenannte »Abspannen«, wie Horst Coblenzer diesen Vorgang nennt. Dabei öffnen sich die Stimmlippen weit für die einströmende Atemluft. Dann kann die »atemrhythmisch angepasste Phonation« (Coblenzer) entstehen.

Wo es gelingt, sich zu lösen, kommt die Einatmung von selbst, wo Erschlaffung besteht, muss die Luft geholt werden! Im rhythmischen Auf und Ab von Spannung und Entspannung – auch im Sprechgeschehen – verlangt der Organismus nach einem Moment des Ausgleichs, nämlich der regenerierenden und schöpferischen Pause. Wie beim gesunden und erholsamen Schlaf Beruhigung eintritt, aus der die neue Inspiration aufsteigt, so soll auch die Sprechatmung am Ende immer einen Ausgleich haben *(vergleiche S. 23).*

Lautübungen im Lehrsystem Qigong Yangsheng

Die Beeinflussung des Organismus durch Stimmschwingungen, durch Vibrationen, kann eine Heilwirkung entwickeln. Die physische und psychische Belebung durch die Ansprache der tiefliegenden Gewebeschichten ist nach einiger Übungsdauer erkennbar.

Die »6-Laute-Methode zur Heilung von Krankheiten und zur Verlängerung des Lebens« folgt alten Überlieferungen und ist den 5 Funktionskreisen und Jahreszeiten zugeordnet. So heißt es beispielsweise im »Leitfaden zur Vorbeugung gegen frühzeitiges Altern« zum Funktionskreis Milz: »Die Milz ist der Erde zugeordnet und gilt als Speicher. Wenn man ›hu‹ bei Husten und Auswurf übt, ist dies noch besser als Medikamente. Bei Durchfalle und Gurgeln im Darm, bei Erbrechen, soll man schleunigst die ›hu‹-Übung ausführen, damit sich die Krankheit nicht verschlimmert.« *(s. (64) S. 123).*

Hingabe und Achtsamkeit

Was in der Stimmarbeit mit »Intention« (Coblenzer/ Muhar) oder in der Psychotonik mit »Transsensus« (Glaser) angesprochen wird, berührt m.E. Ilse Middendorf mit dem Begriffspaar »Hingabe und Achtsamkeit«. Das heißt, mit dem Hinweis, dass es die Mitte zwischen Hingabe und Achtsamkeit zu finden gilt. Hingabe ermöglicht die Teilnahme am Geschehen, die Hinwendung zur Partnerin, das Zulassen des Innenlebens und der unwillkürlichen Atmung. Achtsamkeit bietet Maß und beschützenden Rahmen für diesen Prozess.

»*Transsensus*«

Dem Fluss folgen

Auf einen Blick

Wenn die Atemkraft lebendig ist, fließt sie in die Bewegung hinein, bzw. sie gestaltet die Bewegung. Fließende rhythmische Bewegungsgestalten entstehen, die Gefühle von Getragensein und Mühelosigkeit vermitteln können.

Aufbau der Übungssequenz:
Damit Bewegungsfluss entstehen kann, der in Beziehung zum Atemfluss steht, werden in diesem Kapitel Übungen angeboten, die den Bodenkontakt begünstigen, die Gelenke lockern und die Erfahrung von Rhythmus in der Bewegung ermöglichen.

Ziele der Kurseinheit:
- Umgehen mit Blockaden und Spannungen lernen;
- Erkennen, wie die Innenbewegungen des Organismus beeinflusst werden;
- Erkennen, wie sich Innenbewegung und Außenbewegung gegenseitig einschränken oder fördern können.

Phasen und Übungen	Methode	Zeit
Einstieg Zitat: J. Beuys	Gespräch	10 Min.
1. Anregungsphase Dehnen, auf dem Boden liegend	Bewegung	5-10 Min.
2. Zur Ruhe kommen Den Boden spüren	Spürübung, Ruheübung	5 Min.
3. Arbeit an der Körperbasis Beckenschaukel; seitliche Dehnung im Liegen; Beckenkippen	Bewegung, Spüren, Wahrnehmen	15-20 Min.
4. Arbeit an der Körpermitte 3-Kreise-Übung; »Rolle den Ball nach links und rechts«	Bewegung, Spürübung	15 Min.
5. Arbeit am oberen Körperbereich Atem aus den Fingerspitzen fließen lassen; Gesicht eintauchen; Schulterkuppen bewegen	Bewegung, Spürübung	15 Min.
6. Schließen Dem Fluss folgen; Hände auf den Nabel legen; um das Dantian kreisen	Bewegung, Ruheübung, Spürübung	15 Min.
Variation zu 3.: »Drachenübung«	Bewegung	10-15 Min.

Übungen

Einstieg

»Wichtig ist mir Offenheit. Man muss herausstellen, was man ist. Es gibt gar keinen Grund dafür, seine Fehler, Mängel oder Verzerrungen zu verstecken. Dass es für die ganze Welt erst interessant und produktiv wird, wenn die Menschen sagen: Ich habe nichts zu verbergen! Die Wahrheit ist, dass ich ein fehlerhaftes unvollkommenes Wesen bin. Indem ich das dem anderen zeige, entsteht ein kreativer Prozess. Diese Wunde, dieses Unvollkommene, dieses Fragmentarische muss man anschauen und dann weitergehen, sich ergänzen lassen vom anderen.« Joseph Beuys (s. (65) S. 208)

Wenn es – wie in dieser Übungssequenz – um die Auflösung von Blockaden und die Förderung des Atem- und Bewegungsflusses geht, können die Worte J. Beuys' aufschlussreich sein. Wird die Auflösung von Blockaden doch hin und wieder als mühevolles Streben nach Vollkommenheit missverstanden, ohne zu sehen, dass sogar das Unvollkommene ein Aspekt von »Ganzheit« ist. Denn erst, wenn auch das Unvollständige akzeptiert wird, kann ein Bewusstsein von Fülle entstehen. Dann kann sich die Kraft, die sogar im »Mangel« verborgen ist, entfalten und weiterführen.

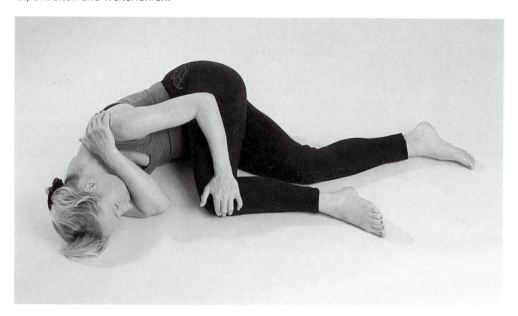

In den Rücken hinein dehnen

Fragen, die Sie als Kursleiterin zu diesem Thema stellen können:
»Wie stehen Sie zu dem, was Sie selbst bei sich als unvollkommen erleben?«
»Sind Sie der Meinung, dass Sie Fehler machen dürfen?«
»Glauben Sie, dass jeder Mensch eine ›Wunde‹ hat?«
»Meinen Sie, dass es erlaubt ist und gut tun kann, dem anderen diese Wunde zu zeigen?«

1. Anregung

Dehnen im Liegen *(s. S. 29)*

2. Zur Ruhe kommen

Den Boden spüren
Nach den Dehnungen bleiben die Übenden eine Weile ruhig auf dem Rücken liegen und nehmen wahr, wie sie liegen, welche Körperbereiche aufliegen können, welche naturgemäß abgehoben sind und welche aufgrund von Anspannung keinen Kontakt zum Boden haben. Das ist eine Art Bestandsaufnahme, es geht noch nicht um Änderung. Dennoch können Impulse zu weiteren Dehnungen aufgegriffen werden. Diese neuen Dehnungen werden wahrscheinlich feiner und gezielter sein.

Ziele:
- Tonusregulierung
- Bewusstwerden des Rückens

3. Arbeit an der Körperbasis

Beckenschaukel
Auf der linken Seite liegend, wird der Kopf evtl. mit einem Kissen abgestützt. Die Beine liegen übereinander oder das rechte Bein hat sich vor das linke gelegt.
Der rechte Arm umfasst den rechten Oberschenkel, der linke die rechte Schulter. Der Rücken wird langsam nach hinten ausgedehnt und rundet sich dabei. Die rechte Hand kann den rechten Oberschenkel etwas nach vorne dehnen und die linke Hand die rechte Schulter. Damit wird die Rundung der Hinterseite noch ausgeprägter. Der Kopf schmiegt sich weich in die Bogenform des Rückens. Dann wird die Dehnung wieder gelöst. Wenn Dehnen mit Loslassen abwechselt, entsteht ein sanftes Schaukeln. Anschließend wird auch mit der rechten Seite geübt.

Ziele:
- Dehnen der Hinterseite des Körpers
- Erspüren von möglichen Blockaden in der Wirbelsäule und in den Hüftgelenken
- Bewusstwerden, wie die Wirbelsäule Kreuzbein und Hinterhauptsbein verbindet

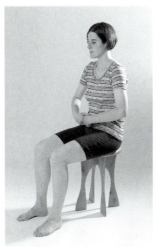

In die Seite hinein dehnen

Beckenkippen

Ziele:
- Dehnen der Kreuzbein-Lenden-Gegend
- Bewusstwerden der Kreuzbein-Lenden-Gegend
- Erspüren der Aufrichtung des Kreuzbeins
- Üben des Atemrhythmus

Seitliche Dehnung in Halbmondform

Auf dem Rücken liegend, wird eine Körperseite so gebeugt, d. h. zur Seite gedehnt, dass sie einen Halbmond bildet. Die Arme sind über den Kopf gelegt und formen das obere Mondhorn, die Beine übereinandergelegt das untere. Die Übenden bleiben eine Weile so liegen und nehmen den Atem in Empfang, der besonders in die gedehnte Seite einströmen möchte. Später wird die Seite gewechselt.

Ziele:
- Fördern des Bodenkontakts im Liegen
- Abbauen von Spannungen
- Vertiefen der Atmung

Beckenkippen

Auf dem Hocker sitzend wird das Kreuzbein durch Reiben oder Klopfen angeregt. Die Fingerspitzen beider Hände – etwas unter den Nabel zum Körper gerichtet (mit sanfter Berührung) – leiten einen sanften Impuls durch das Becken zum Kreuzbein. Das Kreuzbein sinkt etwas nach hinten und dehnt sich dabei. Mit ihm dehnt sich auch die Lendengegend, schließlich der ganze Rücken. Das Becken ist dabei hinter die Sitzknochen verlagert. Mit dem Ausatmen richtet sich das Kreuzbein wieder auf und der Rücken streckt sich auf wieder natürliche Weise. Die Bewegung wird eine ganze Weile geübt, bis sie rhythmisch und fließend abläuft.

4. Arbeit an der Körpermitte

Drei-Kreise-Übung

Es wird im Sitzen geübt. Die Hände ruhen auf den Oberschenkeln und werden dann langsam angehoben. Hände und Ellbogen hängen locker herunter.

Erster Kreis: In Brusthöhe beschreiben beide Hände – die Handflächen zeigen zueinander – zwei senkrechte Kreise zur Seite, zunächst nach vorne und unten. Die Vorstellung, dass die Kreise wie zwei seitlich stehende Räder sind, kann die Bewegung unterstützen. Der Atem fließt natürlich weiter. Nach einigen Kreisbewegungen – die Anzahl kann vorher festgelegt werden – wird die Richtung der Bewegung gewechselt. Dann sinken die Hände wieder auf die Oberschenkel.

Zweiter Kreis: Diesmal beschreiben die Hände zwei waagerecht vor dem Nabel liegende Kreise nach vorne und nach außen gehend und anschließend seitlich zurück zur Körpermitte. Nach einigen Malen wird die Bewegungsrichtung gewechselt.

Dritter Kreis: Die Hände werden bis in Kopfhöhe gehoben und zeichnen zwei große senkrechte Kreise, die vor dem Körper stehen, zunächst nach außen und unten. Die Handinnenseiten zeigen nach außen. An der Mittellinie vor dem Körper werden die Hände wieder nach oben geführt. Wenn die Richtung gewechselt wird, gehen die Hände an der Mittellinie nach unten und dann zu den Seiten.

1. Kreis *2. Kreis* *3. Kreis*

Dem Fluss folgen

Rolle den Ball nach links …   *und zur Mitte zurück*   *Atem aus den Fingerspitzen fließen lassen*

Es kann auch im Stehen geübt werden.

Ziele:
- Üben der »Wirkrichtungen des Qi« *(s. S. 116)*, Sinken, Steigen, Schließen, Öffnen
- Üben langsamer, mit der Innenbewegung *(s. S. 116)* verbundener Bewegungen

Kreisbewegungen oder Aspekte des Kreises sind immer wieder Bestandteil von Qigong-Übungen, auch der »13 gesunderhaltenden Übungen« (beinhalten die 3-Kreise-Übung) des Lehrsystems Qigong Yangsheng. Manchmal sind diese Formen von der Vorstellung, Bälle oder Räder in unterschiedlicher Weise zu bewegen, begleitet. »Das Schöpfrad drehen« – verwandt mit der ersten Kreisbewegung – ist beispielsweise ein Bild aus dem Zyklus der »8 Brokate im Sitzen«, die auch im Lehrsystem Qigong Yangsheng geübt werden.

»Rolle den Ball nach links und rechts«
(aus »15 Ausdrucksformen des Taiji-Qigong« des Lehrsystems Qigong Yangsheng von Jiao Guorui)

Im Stehen sind die Füße locker nebeneinandergestellt. Beide Hände mit nach unten zeigenden Handflächen werden vor den Bauch gehalten, etwa in Höhe des Bauchnabels. Die Fingerspitzen zeigen leicht zueinander. Zwischen Händen und Leib ist ungefähr eine Handbreit Platz. Der linke Fuß macht einen Schritt diagonal in den Raum und allmählich verlagert sich das Gewicht zu 70% nach vorne auf den linken Fuß. Die Sohle des rechten Fußes bleibt dabei ganz auf dem Boden. Die Hände haben sich gleichzeitig in einem seitlichen Bogen nach links vorne bewegt. Anschließend beschreiben sie eine gerundete Linie über die Mitte hinaus nach halbrechts, dann bogenförmig zur Mitte zurück, über diese etwas nach links hinaus und wieder zum Nabel zurück.

Dabei wird das linke Bein zurückgeholt. Das Gewicht ruht wieder auf beiden Füßen. Schritt und Bewegung können nach rechts erfolgen. Der Atem verhält sich frei und wird nicht gelenkt. Mit diesen Bewegungen können die »Wirkrichtungen des Qi« wahrgenommen werden.

Ziele:
- Üben der Verbindung von Innen- und Außenbewegung
- Wahrnehmen des Bewegungsflusses

Den Atem aus den Fingerspitzen fließen lassen
Die Körperseiten werden durch Streichen angesprochen, die Achselhöhlen durch leichtes Klopfen belebt, gleichfalls Hände und Arme. Im schulterbreiten Stand stehend, wird das Gewicht nach unten gesenkt. Beide Füße drücken etwas auf den Boden und lassen dann den Druck wieder los. Nun strömt die Ausatmung über die Seiten nach oben zu den Flanken, öffnet die Achseln, hebt die Arme etwas und geht über die Fingerspitzen hinaus.

Ziele:
- Üben des Über-Sich-Hinaus-Spürens
- Wahrnehmen, wie die Ausatmung fließt

5. Arbeit am oberen Körperbereich

Das Gesicht eintauchen und wieder aufrichten
Die Übenden sitzen auf dem Hocker und massieren sich den Nacken, d. h., die oberen und seitlichen Ausläufer des Trapezmuskels bis zum Ansatz am Hinterhauptsbein und zu den Schultern. Dann werden die Handflächen in kleinem Abstand vor das Gesicht gehalten. Kopf und Hände sinken gemeinsam so weit nach unten, bis die Nackenwirbel (Hals- und obere Brustwirbel) gedehnt sind.

Gesicht und Hände werden wieder gehoben. Die Hände bewegen sich, sobald der Kopf aufgerichtet ist, zu den Seiten. Die Bewegung wird einige Male wiederholt.

Ziele:
- Lösen der Hals- und Brustwirbel
- Beleben des oberen Atemraums

Eintauchen

Im Atemrhythmus einrollen …

… und ausrollen

- Entstehen lassen der Bewegung aus dem Atem
- Lernen, die Bewegung von der Atemkraft bestimmen zu lassen
- Erleben des individuellen Atemrhythmus
- Erspüren der Verbindung von Innen- und Außenbewegung

Die Schulterkuppen im Atemrhythmus bewegen

Auf dem Hocker sitzend, werden die Schulterkuppen mit den Fingerspitzen ertastet und auch die zarte Einbuchtung erfasst, die sich vorne vor der Kuppe befindet. Beide Schulterkuppen werden in der Einatmungsphase leicht nach vorne ein- und in der Ausatmungsphase ausgerollt.

Ziele:
- Lockern des Schultergürtels
- Bewusstwerden des oberen Atemraums
- Erspüren der absteigenden Atemkraft

Dem Fluss folgen

Im Sitzen liegt eine Hand auf dem Nabel und die andere auf der Brustbeinspitze. Nach einer angemessenen Zeit der Sammlung begleiten die Hände den ausströmenden Atem in den Raum. Manchmal will sich zunächst nur eine Hand vom Körper lösen. Die andere kommt dann später spontan dazu. Die Bewegungen sind frei und nicht vorgegeben. Während der Einatmung verbinden sich die Hände wieder mit dem Leib und folgen während der Ausatmung wieder dem Bewegungsimpuls in den Raum. Nach einiger Zeit kann auch im Stehen geübt werden. Entscheidend ist der Bezug zum Nabelzentrum, der immer wieder während der Einatmungsphase aufgebaut wird und auch während der Ausatmungsphase nicht verlorengeht.

Ziele:
- Üben der Verbindung von Innen- und Außenbewegung

6. Schließen

Hände auf den Nabel legen

Um das Dantian kreisen

Die Hände liegen mit den Handmitten übereinander auf dem Nabel und bewegen sich zunächst nach rechts und beschreiben vier größer werdende Kreise. Der vierte, größte Kreis reicht bis zum Brustbeinende. Dann gehen die Hände den Weg zurück – die Kreise werden kleiner – bis sie den Nabel erreicht haben und halten dort wieder inne.

Das ist eine der bekannten »Shougong«-Übungen des Qigong und ist der letzte Abschnitt der fünfteiligen Abschlussübung des Lehrsystems Qigong Yangsheng. »Shougong« bedeutet »Einbringen der Ernte«. »Das Qi, das durch die Übungen üppig geworden und in harmonischen Fluss gekommen ist und alle Extremitäten gut durchströmt, wird zu seinem Ursprung, d.h. zum mittleren Dantian, zurückgeführt.« *(s. (66) S. 152)*

Nach innen spüren und …   *… sich bewegen mit dem Atemfluss*

Variation

Als lebhafte Anregung eignet sich die »Drachenübung«:
Die Gruppe bildet eine lange Schlange, indem jede Teilnehmerin die vor ihr stehende an den Schultern anfasst. Der Drachenkopf beginnt zu rennen, alle müssen mitrennen. Der Kopf versucht, den Schwanz »abzubeißen«, das heißt, die Letzte zu fangen. Wird die Letzte von der Ersten berührt, scheidet die Letzte aus. Das Spiel endet, sobald der Drache nur noch aus vier Personen besteht.

Ziele:
- ganzheitliche Belebung
- Anregung der Atmung

Im Fluss sein

Hintergrundmaterialien

Die Entstehung von Blockaden

Wie sehr die Atmung nicht nur durch physische, sondern auch durch geistig-seelische Prozesse beeinflusst wird, wurde bereits hinreichend erläutert. *(s. z. B. S. 89)*

Jede Emotion, jede Vorstellung, ja jeder Gedanke (der zunächst als Vorstellungsbild erscheint, siehe Damasio, s. (67)) hat seine physische Entsprechung und spiegelt sich im Atemverlauf. Die Atemschwingung, die den Körper durchpulst, verändert sich wie der Atemrhythmus selbst. Rhythmus, griechisch »rheein«, bedeutet »fließen« in einer kontinuierlichen Bewegung. Für die Atmung ist damit das nahtlose Übergehen von einer Phase zur anderen gemeint. Alles, was uns innen und außen widerfährt, hinterlässt seine Spuren, bildet sich in irgendeiner Weise ab, kann den Rhythmus, das Fließen, unterbrechen.

Wir werden in der Einatmungsphase aufgeladen, mit Energie, mit Eindrücken verschiedener Art und gehen in Kontakt mit Innen- und Außenwelt. Kann zugelassen werden, sich im Ausatmen wieder durch Sprechen, Singen, Lachen, Weinen, Schreien, Seufzen, Schluchzen, Stöhnen zu entladen? Ist Gelegenheit, die Kräfte in der Gestaltung der Lebenssituation einzusetzen? Können die Kräfte in einen kreativen Prozess fließen?

Das sind die Möglichkeiten, die uns die Natur an die Hand gibt, um wieder ins Gleichgewicht zu kommen. Wird Entladung verhindert – der Gefühlsausdruck in der Anpassung an die Forderungen von Innen oder Außen zurückgehalten – entstehen mit der Zeit Blockaden, die nicht nur spürbar sind, sondern auch in der Körperstruktur sichtbar werden können und ihrerseits den Prozess der spontanen Selbstorganisation und Selbstregulierung – Aufladen – Entladen – Spannung – Lösen – beschränken. Dann hat das Atem- und Bewegungssystem seine Eigenschaft, Belastungen und Eindrücke elastisch abzufedern und auszugleichen, verloren.

Blockaden

Blockaden sind Verspannungen, Verhärtungen in verschiedenen Leibregionen, die teilweise oder ganz unbewusst sein können und in jedem Fall die Atmung beeinflussen, d. h., die Zwerchfellbewegung behindern. Das kann zur Folge haben, dass ein Teilbereich (Flanke, Brust oder Bauch) überbetont wird oder die Atmung arhythmisch wird.

Umgehen mit Blockaden und Stauungen

Im aufmerksamen Zuwenden in die verschiedenen Leibregionen werden nach und nach auch bisher unbewusste Zonen lebendig und dem Körperbewusstsein zugänglich. Die Kommunikation mit diesen Bereichen entsteht wieder. Die Propriozeption kommt in Gang. Nach und nach werden die schmerzhaften Zonen und schließlich auch die tauben, unbewusst gebliebenen Stellen vertraut.

Bereiche, die nicht in das Ganzheitsempfinden integriert sind, können sogenannte »annullierte« oder »ignorierte« Zonen sein (wie sie Bernhard Aucouturier bezeichnet).

Ignorierte Zonen sind solche, die vielleicht schon in der Kindheit zuwenig Beachtung fanden und in denen weder Lust noch Unlust, weder Spannung noch Entspannung empfunden werden. Sie sind zunächst empfindungstaub. Annullierte Zonen dagegen sind überempfindlich, sehr angespannt oder schmerzend. Sie sind Ausdruck negativer Erfahrungen und verdrängter Emotionen.

Die Kommunikation mit diesen Zonen ermöglicht ihre Stimulierung und anschließende Integration. Manchmal werden dabei Bilder und Emotionen freigesetzt, manchmal allerdings auch Schmerzen zum ersten Mal bewusst wahrgenommen.

Wenn Ilse Middendorf von »Sammeln – Empfinden – Atmen« spricht, dann zeigt sie damit einen Weg, wie sich Blockaden auflösen können. Während der Sammlung – der Wahrnehmung einer Gegend des Körpers – wird die Empfindung in diesem Bereich gesteigert, die Propriozeption geweckt. Dadurch werden auch die Atembewegung und die Zellatmung in dieser Gegend intensiviert. Die Atemschwingung kann allmählich den in Mitleidenschaft gezogenen Körperbereich befreien. Differenzierte Empfindungen können entstehen und wirken ihrerseits verstärkend auf den Prozess.

Blockaden äußern sich auch in verminderter allgemeiner Beweglichkeit oder reduzierter lokal begrenzter Beweglichkeit. Auch hier wirkt die wachsende Empfindungsfähigkeit verändernd, denn nur sie informiert über die Bewegungsgrenze. Experimentieren mit der Grenze, der gerade noch schmerzfreien Bewegung, das Auskosten des Bewegungsspielraums, ermöglicht eine Erweiterung der Grenze.

Manchmal ist es notwendig zu akzeptieren, dass ein Bereich den Zugang verwehrt oder ein Bewegungsraum jetzt noch nicht erschlossen werden kann. Gerade das »In-Ruhe-Lassen« und das Lenken der Aufmerksamkeit auf einen anderen Ort kann dann der Beginn für einen Lösungsprozess sein. So wie es manchmal im Außenbereich (Alltag) gut ist, den Platz zu wechseln, um wieder auf neue Gedanken zu kommen. Sogar das Üben einer Gegenbewegung kann Entspannung und Ausgleich herbeiführen.

Die Traditionelle Chinesische Medizin kennt seit dem Altertum (z. B. von Zhuangzi erwähnt, 4. bis 2. Jh. v. Chr.) Praktiken zur Lebenspflege, in denen u. a. »Übungen zum Leiten und Dehnen« (daoyin) – heute Qigong genannt – eingesetzt werden, um Stauungen und Blockaden aufzulösen, die Leitbahnen durchlässig zu machen, damit der Qi-Fluss ungestört den Körper beleben und gesund erhalten kann *(vergleiche Engelhardt s. (68) S. 10)*.

Dem Fluss folgen

Innenbewegung

»Innenbewegung« ist ein Begriff, den die Gymnastiklehrerin Dore Jacobs geprägt hat. Der gelöste Organismus – das ist nur relativ zu verstehen – wird von der Innenbewegung durchströmt.

»Unter Innenbewegung verstehen wir die Gesamtheit der innerleiblichen Lebensvorgänge, die mit der Bewegung zusammenhängen und auf sie wirken, insbesondere Atmung und Säfteströmung als die beiden Organtätigkeiten, die der Bewegung am nächsten verwandt sind; darüber hinaus aber auch die Lebenstätigkeit der Gewebe, ihre Durchblutung, ihre Entschlackung, ihren Gaswechsel usw.« (s. 69 S. 62)

Äußere Bewegung kann die Innenbewegung fördern oder stören. Je arhythmischer und erzwungener Bewegung ist, desto einschränkender kann sie für die Innenbewegung sein. Auch Blockaden, Haltungsfehler und Fehlatemformen behindern die Innenbewegung.

Bewegung aus dem Atem

Besonders förderlich auf die Innenbewegung wirken Bewegungen, die von innen kommen, aus einem Bewegungsimpuls entstehen oder direkt mit der Atembewegung (die Teil der Innenbewegung ist) zusammenfließen wie in der »Bewegung aus dem Atem«. Das ist eine besondere Übungsform des »erfahrbaren Atems«. Aus der Entwicklung der Atemräume und Zentren drängt die entstandene Atemkraft in eine Bewegungsrichtung. Diese Bewegung wird nicht willkürlich gesteuert; sie formt sich durch die Atemkraft von selbst. Bleibt die Verbindung zu Raum und Zentrum erhalten, wird der kontinuierliche Austausch zwischen Innen und Außen sichtbar.

Der Bewegungsfluss, der sich in der »Bewegung aus dem Atem« schon ankündigt, steigert sich im Tanz. »Der Tanz ist ein Prozess der Öffnung, der Sensibilisierung und des Hineingleitens in einen Strom nicht-linearer Transformationen, welche nicht aus der Bestimmtheit der Grenzen, sondern aus deren Durchlässigkeit und Nachgiebigkeit, nicht durch das Feste, durch das Flüssige dem unsichtbaren Gestalt verleihen. Selbst ein Verschwinden des Körpers und scheinbarer Stillstand bedeutet keine Unterbrechung des Bewegungsflusses, da er auf unterschiedlichen Ebenen wie z. B. der Bewegung des Gedächtnisses fortdauert.« (s. 70 S. 52)

Bewegungsfluss und lebendiger Austausch von Innen und Außen sind auch Merkmal gelungener Alltagsbewegung. Dann stützt die Innenbewegung die Außenbewegung, die an Mühelosigkeit und Natürlichkeit gewinnt.

Qi

»Die Innenbewegung ist beweglich, flutend, nie dieselbe und dadurch beinahe unbegrenzt anpassungsfähig. Die Natur wirkt im Menschen immer anders, – anders am Morgen als am Abend, im Sommer als im Winter, bei der Arbeit als in der Ruhe, im Schmerz als in der Freude. Sie gibt für schwere Arbeit Spannung und Lust, für feine Zartheit und Feingefühl, im Sommer leichte, weite Schwingung, im Winter verhaltene, stille Lebendigkeit. Sie gibt, was der Mensch braucht, wenn er auf sie horcht und sich ihr einordnet.« (s. 71 S. 79)

Wenn Dore Jacobs mit diesen Worten die Innenbewegung beschreibt, wird die Nähe zu dem Begriff »Qi« in der traditionellen chinesischen Medizin offensichtlich.

»Qi, die Kraft, die bewegt und erwärmt, der Urstoff aus dem Leben entsteht« definierte Jiao Guorui Qi. (Unterrichtsnotizen) Und Paul U. Unschuld formuliert: »Der Fluss des Qi verläuft wie ein Ring ohne Anfang und Ende.« (s. 72 S. 28)

Fließsysteme

In sogenannten »Fließsystemen« können Blut, Lymphe, Zellflüssigkeiten, Nährstoffe etc. und auch bisher noch nicht messbare, jedoch in ihrer Wirkung spürbare Substanzen transportiert werden. Zu diesen Fließsystemen gehört auch das Leitbahnensystem, in dem sich Qi bewegt. Auf zwölf Haupt-Leitbahnen verteilt sich Qi fließend im Organismus und beeinflusst all seine Aktivitäten und Funktionen. Der jeweilige Energiezustand ist ablesbar an den unterschiedlichen Ausdrucksbewegungen (Haltung, Sprache, Bewegung, Atmung) und wird entscheidend von Geist und Psyche beeinflusst. Das haben die Chinesen schon vor 2000 Jahren in ihren Überlegungen über die Wandlungsphasen bzw. Funktionskreise berücksichtigt. Die fünf Wandlungsphasen (Holz, Feuer, Erde, Metall und Wasser) können als übergeordnete Fließsysteme betrachtet werden, in denen Qi von Wandlungsphase zu Wandlungsphase fließt.

Wirkrichtungen des Qi

Im Lehrsystem Qigong Yangsheng wird von den Wirkrichtungen des Qi gesprochen, die sich auf die Möglichkeit des Qi-Flusses zum … Steigen und Sinken, Öffnen (nach außen gehen und verteilen) und Schließen und Verdichten (nach innen gehen) beziehen.

Beharrliches Üben fördert den Atemfluss, den Qi-Fluss und den Bewegungs-Fluss. Im I-Ging (Hauptkommentare 206 v. bis 220 n.Chr.) wird geschildert, welche Möglichkeiten sich damit eröffnen:

»Der Lauf des Schöpferischen verändert und gestaltet die Wesen, bis jedes seine rechte, ihm bestimmte Natur erlangt, dann bewahrt er sie in Übereinstimmung mit dem großen Gleichmaß. So zeigt er sich fördernd durch Beharrlichkeit.« (s. 73 S. 26)

Dem Fluss folgen

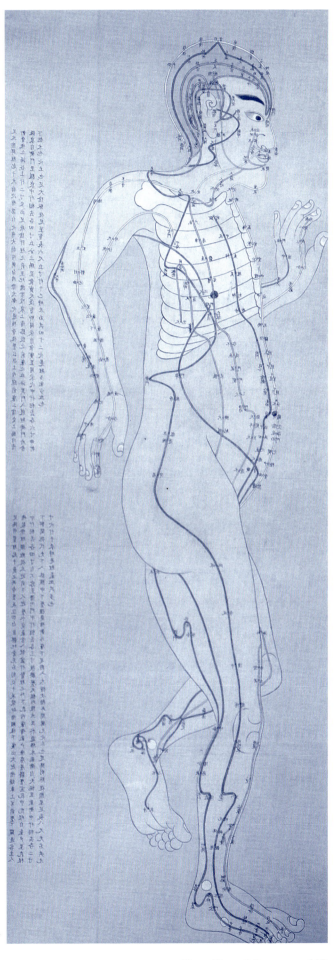

*Das Leitbahnensystem –
Fluss des Qi*

Glossar

Absteigender Atem
Die oberen Körperbereiche (»oberer Raum«) werden durch Berührung, Bewegung und Sammlung angesprochen. Dann kann die Ausatmung in der Körperwahrnehmung weich und mühelos nach unten fließen.

Atem- und Bewegungsarbeit
Die Bedeutung von Atmung, Stimme und Bewegung für den gesunden und kranken Menschen wurde zu Beginn des 20. Jahrhunderts wiederentdeckt. Mittels Übungen des Sammelns, Spürens und Bewegens wird die Körperbewusstheit entwickelt und der Körper in all seinen Funktionen angeregt und gestärkt. Es ist eine ganzheitliche Methode der Selbsterfahrung.

Atembewegung
Als Atembewegung wird das Weiter- und Schmaler-Werden des Körpers verstanden, am deutlichsten an der Leibesmitte, aber auch sonst an der ganzen Körperoberfläche mehr oder weniger gut spürbar. Die Atembewegung geht von der Zwerchfellbewegung aus.

Atemkraft
Die Atemkraft entsteht durch Lenken der Aufmerksamkeit in das Becken bzw. den »unteren Raum« (Füße, Beine, Becken), das Bewusstwerden der Empfindungen in diesem Bereich und das Sammeln der Aufmerksamkeit in das Zentrum des Raums.

Atemmechanik
Das Zwerchfell kontrahiert in der Einatmungsphase. Die Zwerchfellkuppel flacht sich dabei ab. In der Lunge entsteht durch das Druckgefälle zur atmosphärischen Luft ein negativer Druck, der eine Aufweitung des Brustraums bewirkt. Das kontrahierte Zwerchfell verkleinert den Bauchraum und schiebt den Bauchinhalt nach unten. Dadurch wölbt sich der Bauch nach vorne und den Seiten aus, sofern dies die Elastizität der Bauchmuskeln zulässt.

Atemmuskulatur
Dazu gehören der Hauptatemmuskel, das Zwerchfell, die Interkostal- (Zwischenrippen-), Atemhilfs- und Bauchmuskeln. Von Bedeutung ist auch die Becken-Lendenmuskulatur.

Atemräume
Die Atemräume, ein Begriff Ilse Middendorfs, entfalten sich in der Körperwahrnehmung während des Übens mit Bewegung und Atem. Der »**untere Atemraum**« wird durch Füße, Beine und Becken gebildet, der »**mittlere Atemraum**« im Bereich des Zwerchfells, des unteren Brustkorbs und der Flanken, der »**obere Atemraum**« in Höhe von Brustbein, Schultergürtel und Kopf.

Atemregulation
Die Regulierung des Atems erfolgt vor allen Dingen durch das Atemzentrum in der »Medulla oblongata«, einer Verlängerung des Rückenmarks in die Schädelhöhle. Dort regeln mehr als 26.000 Neuronen den Atemzyklus, das heißt, den Zeitpunkt und die Dauer von Ein- und Ausatmung.

Atemrhythmus
Er gehört zu den wichtigsten biologischen Rhythmen. Damit ist der periodische Wechsel von Aus- und Einatmung gemeint, der in einer Atemkurve mit seinen wichtigsten Größen sichtbar gemacht werden kann: **Atemfrequenz, Atemtiefe** (Amplitude der Zwerchfellbewegung) und **Länge der Atemphasen,** – Einatmen, Ausatmen und Pause.

Atemwege
Die Atemwege, innere wie äußere, beginnen bei der Nase. Von dort aus wird die Luft durch ein differenziertes Röhrensystem zu den Lungenbläschen geleitet.

Atemzentrum
Die Atmung wird vor allem durch das Atemzentrum, das in der Verlängerung des Rückenmarks in Höhe des Hinterhauptlochs liegt, reguliert.

Aufsteigender Atem
Der »aufsteigende Atem« (Ilse Middendorf) entsteht, wenn Becken, Beine und Füße angeregt, die Empfindungen von Fülle und Kraft im »unteren Raum« wahrgenommen werden und die Ausatmung sich als verdichteter Kraftstrom (siehe Atemkraft) eine Richtung nach oben sucht.

Becken-Lendenmuskulatur
Zu diesen Muskeln, die für die Beckenaufrichtung und optimale Atemfunktion so entscheidend sind, gehören der quadratische Lendenmuskel, der Lendenmuskel und der Darmbeinmuskel.

Dantian, vorderes und mittleres
Damit ist der Nabelbereich, innen und außen, ein Zentrum der Sammlung im Qigong, gemeint. »Dantian« heißt soviel wie »Zinnoberfeld«, rotes Feld. Zinnoberrot war im Altertum sehr kostbar und weist darauf hin, dass diesem Zentrum im alten China große Bedeutung beigemessen wurde.

Dehnungsreflex oder Streckimpuls
Eine von außen wirkende Kraft verursacht Dehnung im Muskel und setzt eine der Dehnung entgegenwirkende Kraft über die Muskelspindel-Reflexe in Gang, damit die ursprüngliche Muskellänge erhalten bleibt. Der Dehnungsreflex ist ein Steuerungsmechanismus des Haltungstonus und wird vor allem durch die Schwerkraft ausgelöst.

Empfindungsbewusstsein
Damasio unterscheidet zwischen Hintergrundsempfindungen und Gefühlsempfindungen. Beide können wir wahrnehmen. Das Empfindungsbewusstsein bezieht sich auf Empfindungen wie auf die Gefühle.

Gestaltkreislehre
Das Denkmodell von Viktor v. Weizsäcker veranschaulicht die Beziehung zwischen Bewegen und Wahrnehmen, der Gestaltkreis von Piaget die Beziehung von Denken und Sprechen. Das »Begreifen« umfaßt beide Kreise. (H. Stolze) (s. S. 120). Der Gestaltkreis vermag die Wirkfaktoren der Atem- und Bewegungsarbeit darzustellen.

Grundtonus
Der Grundtonus ist die Grundspannung oder das mittlere Niveau der Spannung der Muskulatur, die sich von Mensch zu Mensch unterscheidet und sogar bei einer Person im Laufe des Tages- und Nachtrhythmus differiert.

Horizontaler Atem
Der sogenannte horizontale Atem, wie ihn Ilse Middendorf nennt, entsteht aus der Wahrnehmung des Körperraums und der Zentrierung in diesen Raum. Der Raum dehnt sich in alle Richtungen aus und schwingt wieder zum Zentrum zurück.

Leitbahnensystem
Die Traditionelle Chinesische Medizin kennt das Leitbahnensystem. Es gehört zu den körpereigenen Fließsystemen. In den Leitbahnen bewegt sich Qi.

Muskeln des Beckenbodens
Die wichtigsten Muskeln des Beckenbodens sind: Hebemuskel des Anus (M. levator ani), Sitzbeinmuskel (M. coccygicus), oberflächlicher und tiefer Dammmuskel (M. transvers. perinei).

Propriozeptiver Sinn
Durch Bewegung und Berührung werden Berührungsrezeptoren im Gewebe geweckt. Innere minimale Druck- und Reibungsprozesse in Gelenken, Sehnen, Muskeln und Blutgefäßen informieren über den aktuellen Zustand. Die Propriozeption wird auch kinästhetischer Sinn, Muskelsinn oder Bewegungssinn genannt. Propriozeption leitet sich von »property« (Besitz) ab und heißt so viel wie: sich selbst in Besitz nehmen.

Propriozeptoren
Die Propriozeptoren – Rezeptoren der Muskelspindeln, Sehnenorgane und Gelenk- und Hautrezeptoren – haben die Aufgabe, alle sensorischen Stimulierungen in alle Schichten des Nervensystems zu übermitteln.

Qi
»Qi ist die Kraft, die bewegt und erwärmt, der Urstoff, aus dem Leben entsteht.« (Jiao Guorui, Unterrichtsnotizen)

Qigong
Qigong ist ein Teilbereich der Traditionellen Chinesischen Medizin. Erste bildliche Darstellungen gehen auf das Jahr 168 v. Chr. zurück (Seidenbild aus dem Mangwandui-Grab). Eine lange Kette der Überlieferungen in sich verzweigenden Traditionen und Schulen folgte. Qigong zeichnet sich durch eine Vielfalt der Richtungen aus. Qigong kann als Oberbegriff für eine Reihe von Übungssystemen verstanden werden, die der Stärkung der Lebenskraft, der Vorbeugung und der Behandlung von Krankheiten dienen.
In dem Lehrsystem **Qigong Yangsheng** von Jiao Guorui (yangsheng = Lebenspflege, Lebenserhalt) wird das Erhalten und Stärken der Lebenskraft betont.

Reflektorische Atemergänzung
Der Begriff »reflektorische Atemergänzung« bezieht sich auf die Sprechatmung, und meint das reflexartige Einströmen der Luft nach dem Loslassen des Zwerchfells am Ende des Sprechabschnitts.

Reflektorischer Atem
Die Einatmung erfolgt bei bestimmten schnellen Bewegungen oder bei Anstrengung (z. B. schnellem Laufen) reflektorisch auf die Ausatmung ohne Atempause. Hecheln ist ein Beispiel für den reflektorischen Atem.

Sammlung
Das Lenken der Aufmerksamkeit auf bestimmte Körperbereiche oder auf eine spezifische Frage, ein Bild etc. kann als »Sammlung« bezeichnet werden. Die innere Sammlung ist Bestandteil aller Methoden der Körperwahrnehmung, sei es in der Körperarbeit oder bei den unterschiedlichen Versenkungspraktiken.

Sonnengeflecht
Das Sonnengeflecht liegt in der Höhe des Oberbauches und ist ein autonomes Nervengeflecht, das neben Speiseröhre und Magen auch Dünndarm und Dickdarm innerviert.

Sprudelnder Quell
ist in der Traditionellen Chinesischen Medizin ein Name für den ersten Akupunkturpunkt auf der Nierenleitbahn.

Tastsinn oder Berührungssinn
Mittels Tastsinn kann ein Bild von Form, Beschaffenheit und Temperatur der Objekte entstehen. Tastnervenendigungen versorgen die Haut und verteilen sich in unterschiedlicher Dichte.

Trapezmuskel
Der große rautenförmige Rückenmuskel verbindet Hals und Kopf und ist an der Armbewegung beteiligt. Er ist für die Beweglichkeit der Schultern sehr wichtig und wird durch die Form der Wirbelsäule, die Lage des Schultergürtels und die Atmung beeinflusst.

Vokalraumarbeit
Vokale werden im Resonanzraum des Ansatzrohrs gebildet. Ilse Middendorf berücksichtigt in ihrer Vokalraumarbeit, dass der ganze Körper als großer Resonanzraum – als Klangkörper – mitschwingt.

Wirkrichtungen des Qi
Damit sind die Empfindungen von Öffnen und Schließen, Steigen und Sinken gemeint, die während des Übens durch die gemeinsame Aktivität von Gedankenbewegung, Atembewegung und Körperhaltung entstehen.

Zwerchfell
Das Zwerchfell setzt alle Gewebeschichten des Körpers in Schwingung. Je nach Entfernung von dieser Bewegungsquelle ist die Atembewegung deutlich oder weniger deutlich zu spüren. Das Zwerchfell (Diaphragma), das aus dem Rippenanteil, der Zentralsehne und den Schenkeln, die an der Lendenwirbelsäule aufgehängt sind, besteht, scheidet Brust- und Bauchhöhle voneinander.

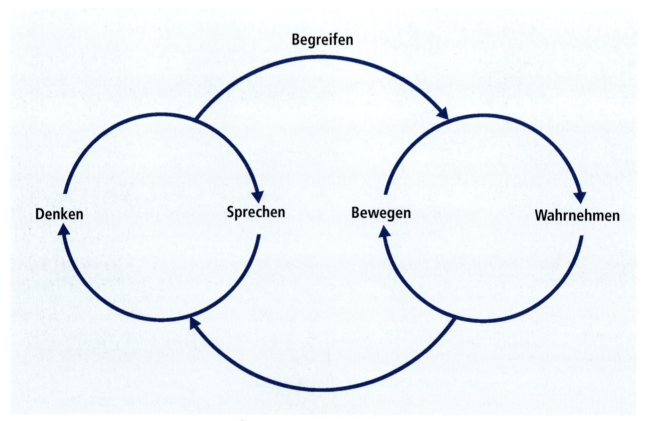

Gestalt-Kreis des Begreifens (Stolze 1972) (s. (74) S. 73)

Service

Wichtige Persönlichkeiten der Atem- und Bewegungsarbeit

Elsa Gindler (1885-1961)

Als eine Wegbereiterin der Atem- und Körpertherapie kann Elsa Gindler gelten. Sie wurde von Hedwig Kallmeyer ausgebildet, die bereits von Genevieve Stebbins in einer Art ganzheitlicher Heilgymnastik geschult wurde. Elsa Gindler entdeckte an der Arbeit mit sich selbst die Möglichkeit des »Spürens« und »inneren Tastens« und damit gleichzeitig die Fähigkeit des Organismus, sich selbst zu organisieren und zu regulieren.

Dore Jacobs (1894-1979)

Dore Jacobs, von Jacques Dalcroze und den Atemlehrerinnen Schlaffhorst und Anderson beeinflusst, befasste sich wie Elsa Gindler mit der Wechselwirkung innerer Prozesse mit äußerer Bewegung. Sie nannte die innerleiblichen Vorgänge »Innenbewegung«.

Beide – *Elsa Gindler und Dore Jacobs* – hatten bereits das Zusammenspiel seelisch-geistiger und körperlicher Prozesse erfahren und erkannt. Sie wussten schon, und das ist sehr modern, dass Gedanken, Gefühle, Einstellungen auch Bewegungen sind, die sich auf der Körperebene präsentieren.
Die neurophysiologische Forschung konnte in den letzten Jahren das Empfindungs- und Gefühlswissen dieser Pionierinnen bestätigen. Elsa Gindlers Einfluss auf *Wilhelm Reich, Laura und Fritz Perls und Moshe Feldenkrais* ist bekannt. *Charlotte Selvers, Lily Ehrenfried, Gertrud Heller und Frieda Goralewski* zählten zu ihren Schülerinnen. Auch *Helmuth Stolze* erhielt entscheidende Anstöße von Elsa Gindler und Gertrud Heller.

Johann Schmitt (1886-1963)

Johann Schmitt gründete vor dem Krieg in München eine Atemklinik und schrieb gemeinsam mit seiner Mitarbeiterin *Friederike Richter* eine wissenschaftliche Dokumentation über den Atem: »Die Atemheilkunst«.

Ilse Middendorf

gründete und leitet seit über 50 Jahren das »Lehrinstitut für den Erfahrbaren Atem« in Berlin. 1985 erschien ihr Lehrbuch »Der Erfahrbare Atem«, 1998 »Der Erfahrbare Atem in seiner Substanz«. Ein bedeutender Lehrer Ilse Middendorfs war *Cornelius Veening*, der die tiefenpsychologische Seite des Atems erforschte.

Volkmar Glaser (1912-1997)

Volkmar Glaser erhielt wesentliche Impulse von Johann Schmitt. Er setzte sich intensiv mit dem Gammanervensystem auseinander und betonte dessen Bedeutung für den Tonusaufbau und die Atemregulation.

Jiao Guorui: Begründer des Lehrsystems Qigong Yangsheng

Jiao Guorui (1923-1997), Arzt für Tradionelle Chinesische Medizin (TCM) und Qigong-Meister war Professor an der Akademie für TCM in Peking und legte sein umfassendes Wissen in zahlreichen Werken nieder. Er führte von 1984 bis 1997 sein Lehrsystem »Qigong Yangsheng« auch im Westen ein.

Quellen-Verzeichnis

Einleitung

(1) **Helmuth Stolze:** Die konzentrative Bewegungstherapie; Berlin/Heidelberg 1989, vergleiche S. 73; Springer Vlg

(2) **Cornelius Veening:** zitiert in: Der Atemlehrer im Gesundheitswesen; Heidelberg 1990, S. 68; Vlg für Medizin, Dr. E. Fischer

(3) **Jiao Guorui:** Youfagong; Uelzen 1995, ML Vlg

(4) **Gisela Hildenbrand:** Zeitschrift für Qigong Yangsheng; Uelzen 1996, S.12; ML Vlg

(5) **Jiao Guorui:** Zeitschrift für Qigong Yangsheng; Uelzen 1997, vergleiche S. 75; ML Vlg

(6) **Helmuth Stolze:** Die konzentrative Bewegungstherapie; Berlin/Heidelberg 1989, S. 381; Springer Vlg

Übungen und Hintergrundmaterialien

(7) **Ute Engelhardt in:** G. Hildenbrand (Hrsg.): Das Qi kultivieren – die Lebenskraft nähren; Uelzen 1998, S.12; ML Vlg

(8) **Ashley Montagu:** Körperkontakt, Stuttgart 1980 S. 84 (Ortega y Gasset); Klett Vlg

(9) **Deane Juhan:** Körperarbeit, München 1992, S.117; Knaur Vlg

(10) **Oliver Sacks:** Der Tag an dem mein Bein fortging, Reinbek 1989, S. 68; Rowohlt Vlg

(11) **Martina Freud:** in »Geo«, Sinne und Wahrnehmung, Hamburg 1997, S. 48; Gruner+Jahr AG

(12) **Antonio R. Damasio:** Descartes´ Irrtum, München 1998, S. 208; dtv

(13) **Antonio R. Damasio:** Descartes´ Irrtum, München 1998, S. 218; dtv

(14) **Helmuth Stolze:** Die konzentrative Bewegungstherapie, Berlin/Heidelberg 1989, vergleiche S. 43; Springer Vlg

(15) **Herbert Edel und Katharina Knauth:** Atemtherapie, Berlin 1993, S. 33; Ullstein Mosby

(16) **Deane Juhan:** Körperarbeit, München 1992, S. 432, Knaur Vlg

(17) **Herbert Edel und Katharina Knauth:** Atemtherapie, Berlin 1993 vergleiche S. 63; Ullstein Mosby Vlg

(18) **Jiao Guorui:** Die Acht Brokatübungen, Uelzen 1996, S. 151; ML Vlg

(19) **Herbert Edel und Katharina Knauth:** Atemtherapie, Berlin 1993, S.19; Ullstein Mosby Vlg

(20) **Christa Zumfelde-Hüneburg u. H. Hüneburg:** Zeitschrift für Qigong Yangsheng, Uelzen 1996, vergleiche S. 51; ML Vlg

(21) **Dore Jacobs:** Die menschliche Bewegung, Seelze-Velber 1990 S. 196; Kallmeyer'sche Vlgs-Buchhandlung

(22) **Ilse Middendorf:** Der Erfahrbare Atem, Paderborn 1990, S.19; Jungfermann Vlg

(23) **Dore Jacobs:** Die menschliche Bewegung, Seelze-Velber 1990 S. 90; Kallmeyer'sche Vlgs-Buchhandlung

(24) **Charlotte Selver:** in Speer, E. (Hrsg.) »Kritische Psychotherapie« 1958, vergleiche o. S. Springer Vlg

(25) **Antonio R. Damasio:** Descartes´ Irrtum, München 1998, S. 152; dtv

(26) **Jiao Guorui:** Die Acht Brokatübungen, Uelzen 1996, S.44; ML Vlg

(27) **Alex Ignatius:** Pilger Mu, Haldenweg 1987, 3. Geschichte; Edition Schangrila

(28) **Udo & Regina Derbolowsky:** »Atem ist Leben«, Paderborn 1996, S. 64; Jungfermann Vlg

(29) **Jeane Juhan:** Körperarbeit, München 1992, S. 515; Knaur Vlg

(30) **Alice Schaarschuch:** Lösung und Atemtherapie bei Schlafstörungen, Bietigheim 1962, S. 30; Turm Vlg

(31) **Dore Jacobs:** Die menschliche Bewegung, Seelze-Velber 1990, S. 286; Kallmeyer'sche Vlgs-Buchhandlung

(32) **Deane Juhan:** Körperarbeit, München 1992, S. 699; Knaur Vlg

(33) **Jiao Guorui:** Qigong Yangsheng, Frankfurt 1996, S. 75; Fischer Vlg

(34) **Dore Jacobs:** Die menschliche Bewegung, Seelze-Velber 1990 S. 411; Kallmeyer'sche Vlgs-Buchhandlung

(35) **Herbert Edel und Katharina Knauth:** Atemtherapie, Berlin 1993 vergleiche S. 158; Ullstein Mosby Vlg

(36) **Eva Ruhnau in:** Mensch und Zeit, Aachen 1996, S. 30; Thouet Vlg

(37) **Deane Juhan:** Körperarbeit, München 1992, S. 696; Knaur Vlg

(38) **Erich Neumann:** Die große Mutter, Olten und Freiburg 1985, S. 58; Walter Vlg

(39) **F. J. Buytendijk:** Allgemeine Theorie der menschlichen Haltung und Bewegung, Berlin 1956, S. 351; Springer Vlg

(40) **Jiao Guorui:** Qigong Yangsheng, Uelzen 1989, S. 99; ML Vlg

(41) **Rudolf von Laban:** Choreeutik, Wilhelmshaven 1991, S. 97; F. Noetzel Vlg

(42) **Dore Jacobs:** Die menschliche Bewegung, Seelze-Velber 1990, S. 294; Kallmeyer'sche Vlgs-Buchhandlung

(43) **Dore Jacobs:** Die menschliche Bewegung, Seelze-Velber 1990, S. 38; Kallmeyer'sche Vlgs-Buchhandlung

(44) **Deane Juhan:** Körperarbeit, München 1992, S. 466; Knaur Vlg

(45) **Volkmar Glaser:** Psychomotorik der Atembewegung, S. 19 / aus: Atem und Mensch, 19. Jg. Heft 2- 4, 1977; Bad Homburg, Helfer Vlg

(46) **Catherine Despeux:** (Übers. Stephan Stein) Das Mark des Roten Phönix, Uelzen 1995, S. 95; ML Vlg

(47) **Rudolf von Laban:** Choreeutik, Wilhelmshaven 1991, S.13; F. Noetzel Vlg

(48) **Helmuth Stolze:** Die konzentrative Bewegungstherapie, Berlin/Heidelberg 1989, S. 60; Springer Vlg

(49) **O.F.Bollnow:** Mensch und Raum, Stuttgart 1963, S. 284; Kohlhammer Vlg

(50) **Rudolf von Laban:** Choreeutik, Wilhelmshaven 1991, S. 27; F. Noetzel Vlg

(51) **Rudolf von Laban:** Choreeutik, Wilhelmshaven 1991, S. 103; F. Noetzel Vlg

(52) **Dore Jacobs:** Die menschliche Bewegung, Seelze-Velber, 1990, S. 375; Kallmeyer'sche Vlgs-Buchhandlung

(53) **Antonio R. Damasio:** Descartes´ Irrtum, München 1998 Einband, Umschlag-Rückseite, S. 44; dtv

(54) **Schmidt:** Grundriß der Sinnesphysiologie, Berlin 1985, Springer Vlg.

(55) **Jiao Guorui:** Qigong Yangsheng, Frankfurt 1996, S. 81; ML Vlg

Literaturtipps

56. **Ingrid Reuther:** Qigong Yangsheng als komplementäre Therapie bei Asthma, Erlangen 1997, S. 162; Dissertation
57. **Dore Jacobs:** Die menschliche Bewegung, Seelze-Velber 1990 S. 213; Kallmeyer'sche Vlgs-Buchhandlung
58. **Antonio R. Damasio:** Descartes' Irrtum, München 1998, S. 165; dtv
59. **Volkmar Glaser:** Eutonie, Heidelberg 1993, S. 157; K. F. Haug Vlg
60. **Karlfried Graf Dürckheim:** Vom doppelten Ursprung des Menschen, Freiburg 1973, S. 193; Herder Vlg
61. **Böhme (Hrsg.):** Therapie der Sprach-, Sprech- und Stimmstörungen, Stuttgart 1980, S. 100; Gustav Fischer Vlg
62. **Volkmar Glaser:** Der Atem als Zeitproblem, Information des Verbandes der Pneopäden, Heft 2 – 81.9, S. 4
63. **Horst Coblenzer:** Abdruck des Vortrags auf der Wiss. Arbeitstagung der PSG und AFA 1981, vgl. S. 23
64. **Jiao Guorui:** Qigong Yangsheng, Uelzen 1989, S. 123; ML Vlg
65. **Joseph Beuys:** Eine Innere Mongolei, München 1991, S. 208; Bayerische Akademie der Schönen Künste © Kestner-Gesellschaft
66. **Jiao Guorui:** Qigong Yangsheng, Uelzen 1989, S. 152; ML Vlg
67. **Antonio R. Damasio:** Descartes' Irrtum, München 1998, dtv
68. **Ute Engelhardt:** Die klassische Tradition der Qi-Übungen (Qigong), Stuttgart 1987, S. 10; Franz Steiner Vlg
69. **Dore Jacobs:** Die menschliche Bewegung, Seelze-Velber 1990 S. 62; Kallmeyer'sche Vlgs-Buchhandlung
70. **Susanne Steinig:** in »Arch+«, Berlin 1994, S. 52; Arch+Vlg
71. **Dore Jacobs:** Die menschliche Bewegung, Seelze-Velber 1990, S. 79; Kallmeyer'sche Vlgs-Buchhandlung
72. **Paul U. Unschuld:** Chinesische Medizin, München 1997, S. 28; C. H. Beck Vlg
73. **I Ging:** (Übersetzung: Richard Wilhelm), Regensburg 1973, S. 26; E. Diederichs Vlg
74. **Helmuth Stolze:** Die konzentrative Bewegungstherapie, Berlin/Heidelberg 1989, S. 73 Grafik; Springer Vlg

Ilse Middendorf, Der Erfahrbare Atem. Paderborn 1990; Jungfermann Vlg

Ilse Middendorf, Der erfahrbare Atem in seiner Substanz. Paderborn 1998; Jungfermann Vlg

Udo & Regina Derbolowsky, Atem ist Leben. Paderborn 1996; Jungfermann Vlg

Jiao Guorui, Qigong Yangsheng. Frankfurt 1996; ML Vlg

Jiao Guorui, Die 8 Brokatübungen. Uelzen 1996; ML Vlg

Jiao Guorui, Die 15 Ausdrucksformen des Taiji Qigong. Uelzen 1989; ML Vlg

Deane Juhan, Körperarbeit. München 1992; Knaur Vlg

Thomas Hanna, Beweglich sein – ein Leben lang. München 1990; Kösel Vlg

Ashley Montagu, Körperkontakt. Stuttgart 1980; Klett Vlg

Paul U. Unschuld, Chinesische Medizin. München 1997; C. H. Beck Vlg

Herbert Edel und **Katharina Knauth,** Atemtherapie. Berlin 1993; Ullstein Mosby Vlg

Gisela Hildenbrand, Jürgen Kahl und Stephan Stein, Qigong und China. Bonn 1998; JJZ / DVV

Adressen der genannten Ausbildungsinstitute

▶ Ilse Middendorf
Institute für den Erfahrbaren Atem:
Viktoria-Luise-Platz 9, 10777 Berlin
Postweg 23, 64743 Beerfelden-Falkengesäß
Tel. 0 18 02 - 86 00 66

▶ **Medizinische Gesellschaft für Qigong Yangsheng e.V.**
Herwarthstr. 21, 53115 Bonn
Tel. 02 28 - 69 60 04